Franz Reuleaux

Eine Reise quer durch Indien im Jahre 1881

weitsuechtig

Franz Reuleaux

Eine Reise quer durch Indien im Jahre 1881

ISBN/EAN: 9783956561283

Auflage: 1

Erscheinungsjahr: 2013

Erscheinungsort: Bremen, Deutschland

weitsuechtig

Eine Reise

Quer durch Indien

im Jahre 1881

Erinnerungsblätter

von

F. Reuleaux

Professor

———

Zweite Auflage

Berlin
Allgemeiner Verein für Deutsche Literatur
1885

Ceylon, Erkletterung einer Kokospalme.

Vorwort.

Die in den nachfolgenden Blättern beschriebene Reise quer durch die vorderindische Halbinsel führte ich im August 1881 aus. Das freundliche Interesse, welche der im Sonntagsbeiblatt der Nationalzeitung (April bis Oktober v. Jahres) veröffentlichen Schilderung meiner Fahrt zu Theil geworden, hat mich ermuthigt, mehrseitigen Aufforderungen, die Artikel in Buchform zusammenzufassen, entgegenzukommen. Das Ganze tritt indessen bedeutend erweitert vor den Leser, einestheils vermöge weit größerer Ausführlichkeit an vielen Stellen, anderntheils auch wegen der auf Vorschlag der Verlagshandlung aufgenommenen Abbildungen; sodann ist auch in einem Anhange einiges Wenige, was ich in Ceylon gesehen, mitgetheilt.

Ein sehr fühlbarer Fehler meiner Querreise war deren zeitliche Kürze; ich konnte nur fünfzehn Tage auf sie verwenden und vermochte beshalb kaum besser als im Fluge und nur oberflächlich das überall so fesselnd merkwürdige Land und Volk mit eigenen Augen kennen zu lernen, für dessen Eigenthümlichkeit ich mich übrigens schon lange vorher hoch interessirt hatte.

Letzterer Umstand hatte mir eine gewisse Vorbereitung gegeben. Zugleich aber machte die Noth erfinderisch. Ist man einmal angewiesen, in begrenzter Zeit Vieles und wahrscheinlich sich nie wieder Bietendes sehen zu sollen, so bewirkt der wohl= thätige Zwang der Eile fast Wunder. Durch sorgfältige Zeit= eintheilung, Inanspruchnahme aller erlangbaren Hülfsmittel und unausgesetze Spannung im Beobachten gelang es, die Ausbeute verhältnißmäßig recht groß zu machen. Glück war auch dabei. Die Reisezeit war zwar recht ungünstig insofern, als sie in die Periode ungefähr der größten Hitze fiel; zugleich aber war sie auch der Beginn der Regenzeit, was hie und da merkliche Erleichterung schuf. Immerhin war die Hitze oft furchtbar — bis 40° C. im Schatten — trotzdem bestanden wir, meine zwei jüngeren Reisegefährten und ich, die Reise ohne jede Gesundheitsstörung, und das war das Glück. Denn auch nur leichtes Unwohlsein würde uns sehr vieles unmöglich gemacht haben.

Wir hielten übrigens unabläſſig die ſorgfältigſte Diät und verſagten uns vollſtändig alle geiſtigen Getränke, eine Enthaltung, welche die Engländer in Indien ſich meiſtens nicht auferlegen und deshalb wohl namentlich dem Klima ſo wenig gut zu widerſtehen vermögen. Jedenfalls befanden wir uns ſehr wohl bei dieſem unſerem Anſchließen an die Gewohnheiten der Eingeborenen, die wir im Trinken äußerſt enthaltſam fanden. Andererſeits gingen wir auf die bei ihnen beliebten ſcharfen Würzen bei den Speiſen auch nicht ein, worin die Engländer ihnen bekanntlich gefolgt ſind. Der „Curry", dieſe pfeffrige ſcharfe Würzſpeiſe, aus ſo und ſo vielen ſtechenden, beißenden,

schneidenden, brennenden Körnern, Schoten und Kräutern zu=
sammengesetzt, wird auch im anglo=indischen Haushalt für un=
entbehrlich erachtet; die englisch=indischen Hausfrauen setzen
ihren Stolz in einen feinen Curry, wie unsere in absonderlich
delikates Eingemachtes; unter den Geheimnissen, die sie vor
einander haben, steht das ihres Curry=Rezeptes, so versichern
Eingeweihte, obenan. Auch die Deutschen da drüben haben
sich an die scharfe Zuspeise gewöhnt; das Klima soll bei seiner
durchgreifenden Einwirkung auf den ganzen Organismus diese
Reizung gebieterisch fordern. Ich erhebe keinen Widerspruch; wir
folgten aber dem Gebote nicht und befanden uns sehr wohl dabei.

Das Reisen in Indien der großen Heerstraße nach ist
übrigens nicht schwer. Ein regelmäßiger großartiger Bahn=
dienst, vortreffliche Wagen mit guten Vorkehrungen für die
Tagesgluth wie für die „nachtschlafende Zeit", große Gefällig=
keit der Zugführer, die Wagenabtheilungen nicht unnöthig zu
füllen, verringern die Schwierigkeiten um ein Bedeutendes.
In den größeren Städten findet man gute europäische Gast=
höfe, freundliche Aufnahme und bereitwilligen Rath. Dem
Klima freilich muß man sich fügen, vor allem ihm unbedingt
seine Kleidung anpassen, wie ich im Text beschrieben, und
nicht bloß seine Kleidung, sondern auch seine materiellen Ge=
wohnheiten, nicht Deutschland überall mitnehmen wollen, wie
der Engländer England. Letzterer mag und darf das vielleicht
auch thun, weil er fast überall in jenen Breiten staatlich Fuß
gefaßt hat; ob es ihm aber nicht manche Erkenntniß, manches
Verständniß verschlossen gehalten hat, ist eine Frage, die sich
mir oft aufgedrängt.

Manche Unbequemlichkeit nimmt man gelaſſen hin, weil man ſie abſolut nicht ändern kann. Oeffnet man ſeinen Koffer und findet die Wäſche von kleinen weißgelben Ameiſen wim=melnd, ſo laſſe man ſeinen Ekel nicht gleich im Zorn bis zum Erbrechen wachſen, wie der hypochondriſche Hildebrand uns durch Koſſak erzählen ließ, ſondern ſinne und ſinne, was man wohl an Eßbarem oder doch für die kleinen Raubzügler Ge=nießbarem eingepackt haben mag. Das kleinſte Stückchen Zucker finden dieſe Findigſten unter den Findigen tief im Koffer und ſteigen in langer Zeile aus irgend einer Fußboden=ſpalte hinan und hinauf zur Deckelfuge, und ſpüren das „ſüße Geſchleck" auf und tragen Atom um Atom wieder heraus in langer Karawane zur fernen Heimath unter dem Fußboden oder unten im Garten. Ein Huber oder Karl Vogt möge ausmachen, wie ſie den Zucker oder andere ſüße Beute ver=werthen. Aber wie bringt man die winzigen — nicht zwei Millimeter langen — Ungeheuer, Scheuſale, Beſtien (ſo titu=lirt man ſie nämlich im erwachten und doch lachenden Zorn) wieder aus Wäſche und Kleidern heraus? denn ſtechen oder richtiger beißen kann das verwünſchte Pack doch trotz ſeiner Kleinheit. O, das haben wir gelernt, ſchon in Batavia; die Eindringlinge werden wir ſchon herausbekommen. Similia similibus, wenn's erlaubt iſt, dieſen gelehrten Satz auf den Fall anzupaſſen; Zuckerfreſſer mit Zucker! Auf einen ausge=breiteten Zeitungsbogen ſtreut man an einer Seite zerkrümel=ten Zucker, alles am Boden, legt die infizirten Garderobeſtücke auf die andere Bogenhälfte und darüber hinaus und überläßt dann das Ganze ſich ſelbſt. Kommt man nach einer Stunde

wieder — das anlockende Genießbare hatte man natürlich
vorher aus dem Kofferinhalt entfernt — so findet man die
ganze würdige Gesellschaft von räuberischen Beißern bei
dem Zucker auf dem Papier versammelt, ein gelbes
Gewimmel, und die Kleider wieder völlig frei, die man
vergnügt wieder einpackt und den Ameisen mit Selbst-
bewußtsein zunickt: Seht ihr, wir haben eure Taktik
übertaktikt!

Von Moskitos hat man nicht zu leiden in Indien,
wenigstens wurden wir nicht davon geplagt. Ich schreibe dies
nicht der Gunst des Klimas, sondern dem Umstande zu, daß
der zur heißen Zeit reisende Europäer stets bei Nacht und
Tag, wenn er sich wehrlos dem Schlaf oder nur bloßem Ausruhen hingibt, sich den Luxus der Punkha, des großen
Schwingfächers erlaubt, ja leisten muß, wenn er überhaupt
existiren will. Es ist eben die Nacht, oder richtiger die
Schlafenszeit, wo in Australien, aber auch schon in Italien,
gelegentlich auch sogar in Deutschland, dieser Quäler der
Menschheit seine Angriffe auf Gesicht und Hände ausführt.
Hier müssen wir uns durch Moskitonetze¹ schützen, dort wehrt
die an sich schon unentbehrliche Punkha die Quälgeister ab.
Von der entsetzlichen Plage, die der Landblutegel dem in der
Dschungl Wandernden bereitet, namentlich auf Ceylon, sowie auf
Sumatra und Java, bekamen wir auf unserem civilisirten Reise-
wege nichts zu spüren. Schlangen sahen wir bloß, allerdings
aber sehr häufig, beim Schlangenbändiger, Skorpione gar nicht.

Der Theil der indischen Bevölkerung, mit welchem der
Durchreisende in Berührung kommt, zeigte sich uns stets von

angenehmer Seite. Die Diener, die Lastträger, die Fähr= und
Fuhrleute, die Handwerker, Händler u. f. w. fanden wir stets
dienstefrig und gefällig, nie unbescheiden, je höher hinauf aber,
um so zurückhaltender, bis zum Stolz. Bei der niedrigeren
Bevölkerung viel Geschrei, viel Gelaufe, Angebot von bezahl=
baren Diensten; aber nach Abschluß des Geschäftes wird man
auch in Ruhe gelassen, zumal wenn man, wie unbedingt zu
rathen ist, einen eingeborenen zuverlässigen Diener hält, der
sein Dolmetscheramt ja jeden Augenblick zu versehen hat. So
ist denn, so weit meine Erfahrung reicht und sich aus vor=
handenen Einrichtungen überall schließen ließ, die Bereisung
des Landes nicht schwierig, wenigstens da, wo die englische
Herrschaft thatsächlich besteht; Gesetz und Ordnung sind ihr
auch in die schwierigsten Regionen dort gefolgt, wie man über=
all erkennt und anerkennen muß.

Meine Mittheilungen folgen den an Ort und Stelle ge=
machten täglichen Aufzeichnungen und ordneten sich demzufolge
selbstverständlich nach den großen Städten, wo ein Aufenthalt
genommen wurde: Kalkutta, an einer der Gangesmündungen;
dann die alte heilige Benares am noch heiligeren Gangesstrome
selbst; darnach stromaufwärts nach Agra, der einst schimmernden
Residenz der Großmoguln; darauf noch weiter stromauf am
Dschumna, einem der Oberläufe der Ganges, nach Delhi der
viel umworbenen, oft zerstörten und wieder aufgerichteten; dann
endlich vom Gangesgebiet quer hinüber über die Wasserscheide
nach der Westpforte Indiens, Bombay. Anhangsweise ist
Point de Galles auf Ceylon hinzugenommen, das ich zweimal
besuchen konnte.

Dort, wie auch in Indien selbst, verfolgte ich neben dem allgemeinen ein Sonderinteresse, nämlich dasjenige für das technologische Studium. Die Frage nach der Entwicklung des Werkzeuges hat an anthropologischer Bedeutung nur zuge= nommen, wie die Arbeiten von Geiger, Kapp, Noiré und Anderen beweisen, welche in geistvollen Untersuchungen vieles klargelegt haben. Es scheint mir indessen, daß sie Alle unsere Kenntniß vom Werkzeug für vollständiger genommen haben, als sie thatsächlich ist, und zwar gerade in dem für die Anthro= pologie wichtigsten Gebiete der unteren und untersten Stufen. Hier unsere Kenntnisse zu vervollständigen, scheint mir besonders wichtig. Daher meine Besuche in Werkstätten, erwähnte und unerwähnt gelassene. Denn Indien, oder der ferne Osten überhaupt bietet in dieser Beziehung ausgezeichnetes Material. Der hohe Stand der indischen Kultur hat nicht gehindert, daß der Inder in unmittelbarer Nähe seiner bedeutenden Geistes= schöpfungen der Natur noch die Hand reicht. Trotz Kunst= und Prachtliebe ist selbst der vornehme, reiche Orientale im Grunde in seiner Lebensweise einfach, und unterscheidet sich darin wenig von seinem bedürftigsten Nachbarn. Bedürfniß= losigkeit in Speise und Trank, wenig Möbel, wenig Geräth im Haushalt, ob hoch ob niedrig. Darum auch wenig Geräth= schaften im Handwerk und einfache Form der Werkzeuge. Diese lassen deshalb den Gang der Entwicklung der Hülfsmittel aus noch viel Einfacherem mitunter wunderbar deutlich erkennen. Ich behalte mir vor, an anderem Orte auf Einzelheiten ein= zugehen. Hervorheben will ich nur, wie auffallend es war, mit geringem Werkzeug Künstliches und Vorzügliches hervor=

gebracht zu sehen. Was dem Hülfsmittel fehlte, ersetzten Hand
und Auge. Mit der Kunstfertigkeit, der Uebung von Auge
und Hand, steht aber das Gefühl für gute Leistungen in ge=
werblichen Künsten im engen Zusammenhang. Deshalb müssen
wir, die geschulten und gelehrten Europäer, die wir der Maschine
so viel übertragen, d. h. das Werkzeug so besonders entwickelt
haben, die intensivsten Anstrengungen machen, um die gewerb=
liche Kunst wieder zu fördern und auf Stilgesetze zu verweisen,
während dort scheinbar ohne Anleitung das Richtige getroffen wird.

Nun, die Anleitung ist die Ueberlieferung, das Vorbild,
und dieses schränkt auch wiederum ein, bannt in Grenzen.
Auffallend wird das in der merkwürdigen Thatsache, daß die
indische gewerbliche Kunst vor den höheren Stufen der Malerei
und Bildnerei auch Halt gemacht hat. Zum freien hohen
Kunstwerk in beiden haben die Inder es nicht gebracht, die=
selben Inder, welche erhabene Götterlieder, gewaltige Epen,
fesselnde Dramen zu schaffen verstanden haben, darunter die
zarte Sakuntala, deren poetischem Reiz nichts zugefügt werden
kann. Vielleicht hat man diese Anomalie der Fessel zuzuschreiben,
welche die Kaste früh schnürte, später auch wohl dem Einfluß
des Islams; an Talent hat es dem vielbegabten Volke gewiß
nicht gemangelt.

In der Wiedergabe meiner Beobachtungen habe ich mög=
lichst treu zu sein gesucht, selbst auf die Gefahr hin, mitunter
ganz einfache Dinge zu schildern. Sollte ich darin zu weit
gegangen sein, so wolle man es meinem Bestreben, das Ge=
sehene dem Leser möglichst klar vorzuführen, zu Gute halten.

Die äußere Form meiner Mittheilungen angehend habe

ich noch zu bemerken, daß ich in der Schreibung der indischen
Wörter nur ungern von der in Fachschriften üblichen Ueber=
schreibungsform Abstand genommen habe; es mußte aber ge=
schehen, um verständlich zu bleiben. Die schwerfälligen Formen
tſch und dſch z. B., welche jedesmal einem einzigen indischen Buch=
staben entsprechen, sind unangenehm genug, schienen aber hier
unumgänglich. Wie es im anderen Falle geht, sieht man
beispielsweise an dem unglücklichen bei uns so häufig ge=
brauchten Wort „Gutta percha".

Die Engländer haben, da ch bei ihnen tſch lautet, die
Schreibung herübergebracht; besser wäre noch tj gewesen, da
der Zischlaut hinter dem t in dem indischen Wort weich ist.
Die Folge aber war, daß die Einen bei uns das ch wie in
Storch aussprachen, die Anderen gar Gutta perka sagen, beide
unrichtig, beide aber behaupten, durchaus Recht zu haben. Der
alte Karmarſch entschloß sich deshalb in seinem letzten Werke,
der vortrefflichen Geschichte der Technologie, die zwar schwer=
fällige, aber doch eine nahezu richtige Aussprache bedingende
Form Gutta pertſcha anzuwenden, trotz deren fünf sich mit den
Ellenbogen stoßenden Konsonanten. Seine Freunde wissen,
wie witzig er so etwas zu vertreten verstand. Bei solchen
Gelegenheiten fällt einem die ganz unnütze Schwerfälligkeit
unserer Schreibung des Zischlautes recht auf. Welche Unbe=
hülflichkeit ist es doch, den uns völlig eigenen und so häufig
gebrauchten Laut mit drei ausgebildeten Zeichen zu schreiben!?
Wir müssen die Engländer beneiden, die sich doch mit zweien
begnügt haben, was wir auch ganz leicht hätten thun können;
selbst die Westfalen würden es gewiß nicht übel genommen

haben. Das unschuldige Wurm h, welches „dem Haß und der Verachtung" der Schuljugend so grausam preisgegeben wurde, ist ein Splitter gegen den Balken c in unserer — wie sage ich doch gleich? — Zischschreibung.

Der Verlagshandlung bin ich zu ganz besonderem Danke verpflichtet für die splendide Ausstattung meines Reiseberichtes mit Holzschnitten. Die zum größten Theil trefflich gelungenen Stiche sind in der Anstalt von Heuer & Kirmse nach einer Auswahl von unterwegs gesammelten Photographien ausgeführt. Hat doch überall die Lichtbildnerei ihre Pioniere hingesandt; auch sie sind Vorposten der modernen Kultur. Die Bilder führen vermöge ihres gewählten Realismus in die lebensvolle Wirklichkeit in deren besten Momenten ein, sei es, daß sie die brütende Stille des fremdartigen indischen Dorfes wiedergeben, sei es, daß sie traumhafte Baupracht der Städte des Inneren, oder auch die Straßen der europäisch eingesägten Städte des Küstenrandes darstellen. Freilich lassen auch die Bilder erkennen, wie weit die schriftliche Darstellung so häufig hinter ihrer Aufgabe zurückgeblieben ist.

Berlin im April 1884

Der Verfasser

Inhalt.

I.

Zufahrt.

Die wenigen Tage, welche wir auf Singapore hatten ver=
wenden können, waren rasch vergangen; ein dem Ver=
nehmen nach vorzüglicher „Gelegenheitsdampfer" zur Reise
nach Indien bot sich dar, und so setzten wir uns denn am
24. Juli (1881) nicht lange nach Mittag in Bewegung nach
einem der westlichen Werfte der berühmten Hafenstadt. In
Bewegung setzen war die richtige Bezeichnung. Denn unser
Gepäck füllte zwei ganze Ochsenkarren, das wirkliche Handgepäck
ungerechnet, das wir in unsere zwei Droschken, dort Palankine,
auch Gari genannt, pfropften, in welchen wir den vorausge=
schickten Karren nachfuhren. Der Verwalter des vortrefflichen
deutschen Hotels de l'Europe, ein Schweizer, Hr. F., dessen
Familie mir aus Zürich freundschaftlichst bekannt war, be=
gleitete uns zum Schiff, das wir nach einer halbstündigen
Fahrt erreichten. Da standen unsere Wagen vor den Kohlen=
schuppen, ringsum gaffende braune Burschen, welche als Träger
Verwendung zu finden hofften. Und nun ging's los. Der
nahm einen schweren europäischen Koffer auf seine nackten
Schultern, der andere zwei kofferähnliche Kasten aus Kampher=
holz, die man als insektensicher in Singapore anfertigt und

preist. Dann kam ein großer Korb mit Früchten, dann kamen
wieder Koffer, Herrn Sp.'s Flinte in ihrer Ledertasche, seine
lange javanische Lanze und Anderes mehr. Und dann endlich
die Thiere, unsere Reisemenagerie. Da waren doch in so und
soviel Käfigen gegen sechzig Papageien, große bis spatzenkleine,
und auch zwei wirkliche lebendige Affen (von denen heute noch
einer munter in der deutschen Reichshauptstadt lebt). Das
Alles mußte hindurch getragen werden durch das Menschen=
gewirre, welches noch mit Einschleppen von Gütern und Kohlen
in das Schiff beschäftigt war, wie Ameisen am gestörten Bau.
Unter stetiger Wachsamkeit und mit viel Geduld gelang es,
alle unsere Sachen unbeschädigt und unverkürzt an Bord zu
bringen. Herzlich verabschiedete sich nach dankenswerthesten
Hülfeleistungen Herr F., den wir in seinem schneeweißen An=
zuge noch mit Augen und Winken verfolgten, bis er hinter
den Kohlenschuppen und Werfthäusern verschwand. Von dem
Verdeck der Kampagne (Decksalon nennt man es auf Fluß=
schiffen) hatten wir noch eine reichliche Viertelstunde dem er=
wähnten Ameisengewirre zuzusehen.

Das rannte und schleppte und schrie durcheinander, Malayen,
Chinesen, Laskaren, alles in unmenschlicher Eile und mit fast
übermenschlichen Kraftäußerungen. Dazwischen das Komman=
diren, das Rufen, auf malayisch, auf chinesisch, auf englisch;
dann das Rasseln der Krahne, das Poltern der Kohlenstücke,
die in die Bunker rollten, ein Tohu=Wabohu. Wie da Ord=
nung zu halten, die Kolli zu zählen, wie die Masse der Träger
zu übersehen, zu überwachen sei, schien unbegreiflich. Daß
indessen Ueberwachung stattfand, und zwar recht genaue, zeigte
sich auf einmal. Der Kapitän, ein angehender Vierziger, der
in weißem Röckchen auf der Brücke stand, winkte leicht einem
malayischen Polizisten, der an einer der Laufplanken sich auf=
hielt, welche vom Werft auf das Schiffsbord führten. Dienst=
eifrig huschte er herauf, worauf der Kapitän auf einen scheinbar

sehr geschäftigen Burschen an der Zwischendeckluke hinwies und etwas Erklärendes zu flüstern schien. Zu dem Bezeichneten hin sprang nun der in dunkelblauen Zwillich gekleidete Polizist und that was? Er hieb ohne jede Parlamentirung mit seinem aus Rotang= (Stuhlrohr=) Ruthen geflochtenen Prügel so fürchterlich auf den Burschen ein — welcher sich in Form eines „Aujust" eingeschlichen, um mitzunehmen, was sich etwa böte — daß es zum Erbarmen war. Der Geschlagene, keine Gegenwehr auch nur versuchend, rannte davon, der Dunkel= blaue hinter ihm drein, immer zuhauend auf den braunen nackten Rücken, bis ihm endlich sein Opfer entspringen konnte und dann, wie immer noch gehetzt, hinter den getheerten Buden verschwand. Genugthuung keuchend kehrte der Mann des prompten Gesetzes auf seinen Aufsichtsposten zurück.

Endlich war der letzte Sack an Bord geschleppt, der letzte Kohlenkorb umgestülpt. Die schweren Landungsplanken wurden ans Land gehißt und gezogen, die herausgehobenen Bretter der Schanzkleidung wieder eingesetzt, nachdem die Dampfpfeife noch die letzten Besucher vertrieben. Rasselnd gingen zwar immer noch die Dampfkrahne des Schiffes, um die auf Deck gestapelten übrigen Ballen in den Schiffsraum zu befördern; inzwischen aber waren schon die Landungstaue gelöst worden und wurden eingeholt; dann auch wurden die gewaltigen quadratischen Lukendeckel über die Raumöffnungen gelegt und der Dampfer begann sich langsam vom Bollwerk zu entfernen. Noch einige Grüße des Kapitäns und der Offiziere nach den Agenten hinüber, und das Schiff wand sich hinaus zwischen Barken, Booten und Schiffen ins freie Wasser, wo die Schraube bald ihr puckerndes Normaltempo aufnahm.

Auf dem Deck begann der flinke Besen sein Regiment; auch wir bekamen Hülfe, um unser Gepäck in die sauberen und geräumigen Kabinen zu bringen, in welchen wir uns rasch häuslich einrichteten für die auf acht Tage berechnete Fahrt nach Kalkutta.

Die Abendsonne verklärte zum Abschied die lieblichen
palmenbegrünten Ufer der Insel Singapore, von der sich unser
Dampfer rasch entfernte. Schon vor sechs Uhr verschwand
das Tagesgestirn in dem Wolkenschleier, der in tropischen
Meeren fast allabendlich am Horizont aufsteigt, und bald lag
Dunkel ringsum.

In der Nacht kühlte ein gewaltiger tropischer Regen die
heiße Luft ab, so daß am nächsten Morgen bei leichtem frischem
Wind der Aufenthalt auf Deck prächtig war. Unser Schiff
führte den Namen „Aratun Apcar"; es gehörte einer arme=
nischen Firma in Kalkutta, Apcar u. C͞i͞e, und war ein Opium=
dampfer, mit nicht zu großer Ladung chinesischer Güter von
Hongkong kommend, wohin er auf der Hinfahrt eine Opium=
ladung befördert hatte. Der Kapitän, ein Schotte, war ein
ruhiger, freundlicher Gesellschafter, hatte viel gelesen und unter=
hielt sich in angenehmer Weise mit seinen Kajütpassagieren.
Wir waren nur unser fünf. Außer mir und meinen Begleitern,
Herren Sp. und St., zwei jungen deutschen Industriellen, er=
schienen bei Tische noch zwei Chinesen aus offenbar gutem
Hause, die sehr höflich und zurückhaltend, des Englischen nur
äußerst wenig mächtig, stets à quatre epingles in ihrer
heimischen Tracht auftraten. Scheu hielten sie sich fern von
einer größeren Gesellschaft ihrer Landsleute, die auf dem Deck
kampirten, Tag wie Nacht. Es waren fünf oder sechs ältere
Männer, zwei ältere Weiber und ein halbes Dutzend hübscher
junger Mädchen. Sie reisten nach der an der Westküste von
Malakka liegenden Insel und gleichnamigen Hafenstadt Pinang,
einem in Folge des atchinesischen Krieges mächtig emporge=
deihenden Handelsplatze, für welchen der „Aratun Apcar"
Fracht an Bord hatte. Welche Bestimmung die jungen Mädchen
dort hatten — läßt sich nicht niederschreiben. Nach und nach
erfuhren wir die schauerlichen Details.

Mit jedem Schiffe der Kompagnie gehen von verschiedenen

chinesischen Häfen aus größere oder kleinere Ladungen solcher
Menschenwaare an benselben Bestimmungsort. Der Handel
geht schwunghaft. Die englischen Hafenbehörden in den chine=
sischen Häfen geben sich die erdenkliche Mühe, dem schnöben
Geschäft entgegenzutreten. Umsonst. Aufs genaueste zwar
werden die Papiere geprüft unb jede „Auswanderin" auf Eid
vernommen, ob sie die Reise freiwillig antrete ober gezwungen.
Der Erfolg aber ist null. So zu sagen ausnahmslos erklären
sie aufs bestimmteste, daß sie freiwillig, aus eigenem Entschluß,
mit Bewilligung ber Eltern reisen unb ihren Führern folgen
wollen. Wehe ihnen, wenn sie etwas anders „wollten!"
Von einem Falle wußte ber Kapitän, wo ein Mäbchen den
Muth gefaßt hatte zu erklären, zum Mitgehen gezwungen
worden zu sein. Das Mäbchen sei barauf, berichtete ber
Kapitän, unter sicherer Begleitung in die Stabt zurückgebracht
worden; am folgenden Morgen habe man es erstochen auf ber
Straße liegenb gefunden — — — verunglückt. Insuborbi=
nation bulden die Geschäftsführer nicht.

Des Morgens vollendete die Frauengesellschaft auf Deck
ihre feinere Toilette. Alle, Männer wie Frauen, trugen die
einfache chinesische Gewanbung aus schwarzblauem Zeug. Die
Frauenkleidung unterschieb sich von ber ber Männer nur ba=
burch, daß die zwei Reihen stoffüberzogener Knöpfe, welche
vorne bas Kleid schließen, bei ihr weiter auseinanberstanben.
Die größte Sorgfalt wurbe bei ben Frauen auf die Koiffüre
verwanbt. Alle hatten genau bieselbe Frisur, die Zöpfe breit
geflochten, hinten zu einem Nest aufgesteckt, bas Haar über
ber Stirn zurückgekämmt, an ben Schläfen mit abstehenben
Bogen ausgepufft. Man sieht ben Typus ja so oft gezeichnet.
Der letzte Schliff bes Frisirens bestanb in ber Auftragung
eines wasserhellen Gummis auf die glatten Flächen, welche
bann mit einem sehr feinen Kamm fertig mobellirt wurben.
Der balb erhärtenbe Gummi gab bem Ganzen Glätte unb

Steifheit, die den ganzen Tag vorhielt. Gleichmüthig sahen die jungen Geschöpfe in die Welt, während die Alten die kosmetische Prozedur vornahmen. Nachher spielten sie Karten (chinesische, wie Dominosteine klein) oder nestelten an kleinen Handarbeiten. Unser Kapitän fragte einen der Männer, wie es denn solchen Mädchen künftig gehe, wie lange sie an dem Orte blieben u. s. w. Mit einem unbeschreiblichen Achsel= zucken antwortete er: „O, sie sterben! einige Monate, ein Jahr!" in demselben Tone, als hätte er sagen wollen: sie gewöhnen sich. Es war ein schauerlicher Blick in die schwarze Nachtseite der ostasiatischen Gesellschaft, was sich hier vor einem aufthat. Noch einen anderen auf Zustände, die in civilisirterer Form auftreten, sollten wir später thun.

Die alten Chinesen und Chinesinnen rauchten Stunden lang in eigenthümlicher Weise. Der Raucher schätzt bekanntlich an der Cigarre als das Feinste die paar ersten Züge aus dem frisch angezündeten Glimmstengel, der dabei sein edelstes Aroma entfaltet. Diesen Genuß erhebt der Chinese auf die höchste Potenz: er raucht aus seiner kleinen Wasserpfeife immer nur die paar ersten feinen Züge, und zwar folgendermaßen. Seine Pfeife hat einen Kopf von der Größe eines halben Finger= hutes, aus weißem Metall hergestellt, mit einem fingerlangen röhrenförmigen Fortsatz in den kleinen Wassersack, der die Größe etwa einer Gummiflasche hat, einsetzbar. Dieses Pfeifen= köpfchen wird mit ganz feingeschnittenem Tabak vollgestopft, dieser dann mittelst eines cylindrisch gedrehten Fibibus an= gezündet und paff, paff, in drei bis vier, höchstens sechs Zügen ausgeraucht. Dann wird das Köpfchen herausgezogen, ausgeklopft, abgeputzt, wieder eingesteckt, gestopft, der Fibibus an einem Lämpchen entzündet, und die haselnußgroße Tabaks= füllung wieder ausgeraucht und so immer aufs neue. So hat der epikuräische Raucher fortwährend Beschäftigung mit seiner Pfeife, die ihn dafür belohnt, aber auch ganz in Anspruch nimmt.

Nach ähnlichem Prinzip, wenn auch nicht so ausgebildet, rauchen auch die Arbeiter, wie ich wiederholt aus der Ferne beobachtet hatte. Einmal bekam ich Gelegenheit, es genau zu verfolgen. Ich sah in einer chinesischen Werkstatt einem Drechsler zu, der an seiner wunderlichen Drehbank eifrig schaffte und mit einem gewissen Stolz meine Aufmerksamkeit für Bewun=derung hinnahm. Auf einmal legte er wie mit plötzlichem Entschluß sein Werkzeug hin und holte eine Pfeife irgendwoher; ich glaube, sie war gemeinschaftliches Eigenthum. Ein eigen=thümliches Instrument, auch eine Wasserpfeife. Sie besteht aus einer geglätteten Kokosnuß, in welche von oben her ein etwa 40 Centimeter langes Pfeifenrohr eingesteckt ist, oben eine Thonschale tragend. In diese wird der zubereitete·teigige, feuchte Tabak in ebenfalls ziemlich kleiner Dosis hineingethan, dazu ein ordentliches Stück glimmender Kohle. Das Pfeifenrohr taucht beinahe auf den Grund der Kokosnußschale, die vielleicht zur Hälfte mit Wasser gefüllt ist. An der oberen Hälfte ist seitlich ein kleines Loch in die Schale gebohrt. An dieses seine Lippen ansetzend, das Rohr mit der Tabaksschale in die Höhe richtend, saugte nun mein Drechsler mit kräftigen Zügen, den Rauch durch die Lippen ausstoßend, eifrig und anscheinend mit ordentlichem Hochgenuß. Bald war der kleine Tabaks=pfropf aufgeraucht. Darauf wurde die Pfeife wieder weggestellt und munter die Arbeit wieder aufgenommen. In ganz ähn=licher Weise sieht man auch in Indien die Arbeiter sich den Genuß des Rauchens verschaffen. Bei der etwas mehr aus=gebildeten Pfeife steckt in dem erwähnten Saugloch ein Mund=stückrohr. So auch bei den gewöhnlichen persischen Pfeifen.

Leiden Sie an der Seekrankheit, Kapitän? fragte ich am Morgen, als der Wind ein wenig auffrischte. O nein, sagte er, die See thut mir nichts mehr. Früher freilich, da hatte ich viel zu leiden. Siebzehn Jahre lang, denken Sie! hat mich das Uebel fast bei jeder Fahrt befallen. Jetzt aber habe

ich es überwunden! Ich drückte meine Verwunderung aus,
nicht minder mein Mitleiden. Gegen Mittag wurde der Wind
unangenehm kräftig. Und siehe da, mein Kapitän kam nicht
zu Tisch. Im achtzehnten Jahr — er meinte, es sei ein Un=
wohlsein, in Singapore geholt — hatte es ihn doch wieder
erwischt. Ich darf dem Leser als wahrheitstreuer Berichter=
statter nicht vorenthalten, daß am Nachmittag das fatale Rollen
mir auch so ein „Unwohlsein" beibrachte, das mich einen halben
Tag lang in den jämmerlichen Zustand versetzte, bei dem man
zu allem Elend die gesunden Lacher immer gegen sich hat.
Selbst die siebzehn Leidensjahre des Kapitäns wollten mir
keinen Trost gewähren. Unsere beiden chinesischen Reisegefährten
waren total verschwunden, auch sie hatte Neptun unerbittlich
an seine Herrschaft auf dem grauen Wellenfelde erinnert und
zu Opfern herangezogen, ach zu Opfern!!

Am 26. warf unser „Aratun=Apcar" auf der freundlichen
Rhede von Pinang* Anker. Stadt und Rhede liegen auf
der dem Festlande zugekehrten Seite der Insel in geschützter
Lage; eine bergige Kuppe erhebt sich im Hintergrund der
Stadt. Von der Insel und einem schmalen Streifen des
gegenüberliegenden Festlandes hat England zu irgend einer,
jedenfalls zu geeigneter Zeit Besitz genommen. Singapore,
Insel und Stadt, die größere Besitzung Malakka auf der
Westküste der gleichnamigen Halbinsel und die Insel Pinang,
auch Prinz=von=Wales=Insel genannt, nebst einem schmalen
gegenüberliegenden Uferstreifen bilden die sogen. Kanal=Nieder=
lassungen, die englischen Straits settlements, die unter
einer besonderen gemeinsamen Verwaltung stehen. Eine gemischte
Bevölkerung hat sich in der Inselstadt rasch eingefunden; die
Hauptmasse lieferte wieder das himmlische Reich, so daß die

---

* Ich schreibe die fremden Namen hier und im Folgenden ihrer
Aussprache gemäß; die Engländer thun das ihrerseits auch und
schreiben: Peenang.

Stadt Pinang eine mehr als zur Hälfte chinesische Stadt ge=
worden ist.

In prächtigem Sonnenschein fuhren wir über die
glitzernden kleinen Wellen ans Ufer, wo munteres Leben
wegen der aus= und einladenden Schiffe herrschte. Nachdem
wir in dem kühl gehaltenen Speisezimmer des ersten Gast=
hofes der Stadt, der etwa dem eines deutschen Landstädtchens
hinsichtlich des einfachen Komforts glich, eine kleine Stärkung
eingenommen, wurde die Stadt durchstreift. Zunächst das
chinesische Handwerkerviertel. Die Straßen sind gerade und
breit, luftig angelegt; überall Leben und Thätigkeit. Nur
an der äußersten nördlichen Ecke, wo die reicheren und reichsten
chinesischen Besitzer wohnen, war es stiller. Das chinesische
Privathaus macht den Eindruck ruhiger Zurückgezogenheit trotz
der offenen Thüren, durch die man hineinsehen kann in die
geräumige Mittelhalle des Hauses, freilich nicht sehr tief.
Denn immer steht quer vor der Thür im Innern des Hauses
ein großer Schirm, meist aus Lattenwerk hergestellt, dunkel
braunroth angestrichen, wie in der Regel die Thür= und
Fenstergewände und anderes nach außen tretende Holzwerk.
In der Halle entdeckt man, über die spanische Wand weg=
sehend, eine oder mehrere Lampen oder Laternen hängen; ver=
goldete Balkenverzierungen und andere Architekturtheile heben
sich aus dem Schatten in der Tiefe ab. Zwischen den Gitter=
stäben hindurch erkennt man eine Art Altar oder Hausheilig=
thum an der Hinterfront der Halle, einige Sitze, dann Thon=
figuren, Lämpchen; kleine Wandschreine vollenden die Aus=
stattung, wie man bemerken kann, wenn man einen kurzen
Versuch macht, zur Thür herein neben dem Schirm hinzu=
treten, wo man aber nicht lange geduldet wird. Man muß
sich begnügen, die Façaden von außen zu betrachten mit ihren
gerippten Ziegeldächern, deren First der Front parallel läuft
und die karakteristische Einsenkung in der Mitte zeigt, häufig

reich verziert mit geschnitzten vergoldeten Drachen, Löwen und anderem Ornament.

Zweistöckig wie diese Privathäuser, d. h. aus dem Erd= geschoß und einem darüberliegenden Stockwerk bestehend, sind auch die Häuser der Handwerker. In beiden Stockwerken er= scheinen diese Häuser vorne offen, durch Wände in einfache Räume getheilt, jeder eine Werkstatt. In der Nacht werden Thüren vorgesetzt. Diese Werkstätten, auch Läden, unmittelbar an der Straße erinnern, wenn der Vergleich gestattet ist, an Pom= peji, an viele Stellen in Italien überhaupt, wo aus der antiken Zeit herüber sich die Lebensgewohnheiten erhalten haben, wenn auch nur schattenhaft. Da in Indien die Werk= stätten ganz ähnlich an den Straßen liegen, drängt sich der Gedanke auf, ob wir hier nicht eine der ältesten Formen der Kultur der Arbeit vor uns hätten, die vom Orient aus zu uns gekommen sein möchte. Finden wir doch eine verwandte Werkstattanlage auch im Mittelalter bei uns; ja noch heute findet man sie in manchen alten Straßen unserer Städte. Der „Laden", der Verkaufsplatz, ist gleichsam eine Entwickelungs= form der Werkstatt.

Da sah man die Färber an ihren Farbeküpen oder mit dem dunkelblau gefärbten Zeug beschäftigt, u. a. die höchst merkwürdige Art und Weise, das auf Holzwalzen gerollte Zeug zu glätten, die chinesische Mangel, die ich mir an einem anderen Orte zu beschreiben vorbehalten muß. Da fand man die Küfer beschäftigt mit dem Zurichten von Faßdauben; dort hobelte der Schreiner, am Boden hockend, hier wieder flogen die Spähne von der Drechselbank, da drüben fauchte ein Schmiedebalg und schwangen die fast gänzlich nackten be= zopften Schmiedegesellen die Hämmer, kräftige volle Gestalten. Näselnd riefen die Verkäufer Früchte, Eiswasser, Bänder, Tücher auf der Straße aus. Verschrumpfte alte Männer mit steifhaarigen Bärten saßen hier und da auf den Schwellen oder tappten mit altersschwachem Schritt vorüber. Erst in einem gewissen Alter ist dem Chinesen durch Sitte, Gesetz oder Gewohnheit gestattet, den Bart wachsen zu lassen. Bis dahin muß rasirt werden, den Schädel mit einbegriffen, weshalb die Zunft der Barbiere eine fabelhafte Ausdehnung hat. Mit ganz kleinen Messerchen, und wie es den Anschein hat, ganz ohne Anwendung von Seife, sieht man sie den ganzen Tag in Thätigkeit, die Wangen und Köpfe zu bearbeiten, einen kleinen Fleck um den Zopf herum allein verschonend. An den Zöpfen, die manchmal um den Kopf gewunden, vorwiegend frei herabhängend getragen werden, erkennt man auch den Geist der Zeit — oder vielleicht das hohe Alter desselben — denn die künstliche Verlängerung und Bereicherung dieses Hauptschmuckes durch einen Chignon ist etwas durchaus nicht Ungewöhnliches.

Bei einem chinesischen Goldschmied zog es uns, „den Augen ein Magnet" hinein, indem Herr Sp. an der Hinterwand in dem Glasschrank merkwürdigen Goldschmuck entdeckte. Der Schaukasten steht eben nicht vorne an der Straße, sondern an der Rückwand des Arbeitsraumes hinter einem einfachen Ladentisch. Von dort her stach uns eines der seltsamen Halsbänder aus in Gold gefaßten Tigerkrallen von seinem mit blauem Sammet ausgeschlagenen Futteral in die Augen. Dem König der asiatischen Thierwelt werden nach seinem Tod von dem ihn verfolgenden Feinde die Krallen abgezogen und als Schmuckgegenstand zu Armbändern, Halsketten und anderem Zierat verarbeitet. Die wie ein Horn gekrümmte schmale und hohe Kralle, die von blaßgrauer Farbe ist, wird aufs zierlichste in Goldfiligran gefaßt und reihenweise in Schmuck=Ketten verwendet. In der Regel wechseln die Krallen mit breiten goldenen Gliedern ab, welche Löwen oder Adler darstellen. Der Goldschmied, ein frischer, gesprächiger jüngerer Mann in weißer Tracht, öffnete bereitwilligst alle seine Schreine und gab in geläufigem Pigeon=Englisch jeden gewünschten

Aufschluß. „Pigeon" bedeutet hier nicht etwa Taube, sondern ist die chinesische Verstümmelung von business, Geschäft; es ist also die Kaufsprache, das Geschäfts-Englisch, dessen abgestumpfte, in der Flexion verkümmerte Formen die Sprachmünze für den Verkehr mit dem chinesischen Arbeiter und Handelsmann abgeben. Eigentlich ist es chinesirtes Englisch und deshalb erklärlich. Wie der Chinese in seiner Sprache mit den Wurzelwörtern zu thun gewohnt ist, so verfährt er mit den erlernten englischen Wörtern, die ihm wegen ihrer Abgeschliffenheit wie Wurzelwörter vorkommen: er setzt sie unflektirt nebeneinander und sucht den Sinn durch Gruppirung und Ausdruck wiederzugeben. Man muß ihm darin folgen.

„Ich gebe Pfund Silberkette" sage ich zu meinem Mann nach Prüfung einer zierlichst aus Ringen gegliederten Uhrkette, deren Form auf javanischen Ursprung deutete und für die der Zopfmann das Doppelte verlangt hatte. „O nein, Herr", antwortete er, „zu wenig!" „Ich gebe Pfund, nicht mehr!" „Nehmen" sagt er nach einigem Hinundherwenden der Kette; „wollen mehr?" Auch eine prächtige Tigerkrallenkette wurde erstanden. Zu meiner Freude fand sich unter den Schmucksachen Mehreres aus dem eigenthümlichen hochrothen Golde, von welchen das Museum in Batavia eine Reihe prachtvoller Sachen in der „Schatzkammer" aufweist.

„Hier machen solche Sachen?" „G'wiß Herr!" (Cernly Sir!) „Wie machen?" fragte ich gespannt. Denn die Art der Herstellung hatte der Kustos in Batavia mir nicht angeben können; auch bei uns scheinen die meisten Fachleute sowohl von der Sache wie von der Herstellung nichts zu wissen. Ich erfuhr nun, daß der fertig gestellte Schmuck in einer Flüssigkeit, bestehend aus Wasser, Salpeter, Alaun und „allerlei anderem" (many things) gekocht wird, was einen ganzen Tag hindurch und länger dauere und wobei die Sachen wiederholt herausgenommen und gebürstet würden. Das Gold

erhält eine der Rubinröthe sich nähernde seltsame schöne Fär=
bung. Sollte vielleicht das in unseren alten Gesängen so oft
erwähnte „rothe" Gold solch orientalisches Gold bedeuten?
Es wird ja vielleicht gegensätzlich auch oft von „gelbem" Gold
gesprochen; die blasse Kupferröthe unseres heutigen rothen
Goldes ist wohl nicht auffallend genug, um in den alten
Zeiten, wo vorwiegend nur sehr starke Farbenunterschiede be=
merkt wurden, zu besonderer Bezeichnung der Farbe aufzu=
fordern. Leider gestattete mir meine Börse nicht, Muster von
den kostbaren Gegenständen zu erwerben.

Eigenthümlich erschien das Verhältniß der Arbeiter zum
Meister. Sie waren ihrer vier, die in ihren schwarzblauen
Kitteln an den Werktischen feilten, klopften, ciselirten, lötheten.
Sie arbeiteten keineswegs mit der uns öfter geschilderten Rast=
losigkeit, sondern hörten gelegentlich auf, sahen uns zu, halfen
auskramen, arbeiteten dann wieder ein wenig, zeigten auch
einige Kunstgriffe u. s. w. Mittlerweile wurde ihnen ihr
Essen gebracht, womit sie sich auf ihren Werktischen einrichteten.
Mit dem Feilstaub des Goldes gingen sie sehr lässig um.
Während bei uns sorgfältig das Verstreuen desselben verhütet
wird, fingen sie höchstens den größeren Abfall in einer etwas
herausgezogenen Schieblade des Arbeitstisches auf. In den
Handarbeiten, z. B. dem Herstellen von Filigran, waren sie
ungemein geschickt. Nur ungern verließ ich die lehrreiche
Werkstube, da auch manches Andere zu besehen blieb.

In dem europäischen Stadttheil fiel das lebhafte Treiben
in dem Geschäftshause der deutschen Firma Gebrüder Katz
auf. Dieses Haus besorgt für die holländische Regierung die
Transporte und Lieferungen für den atchinesischen Kriegsschau=
platz, der Pinang gegenüber auf Sumatra liegt; es soll dabei
sich durch große Tüchtigkeit auszeichnen, auch ein Erkleckliches
gewonnen haben.

Als der Abend langsam herniedersank, besuchten wir auf

Empfehlung unseres Kapitäns den lebhaftesten Theil des chine=
sischen Quartiers, wo eben ein großes Fest gefeiert werden
sollte, wegen dessen die Werkstätten und Läden früh geschlossen
wurden. Auch werde dort Theater gespielt werden, hieß es.
Der Wagen, den wir mietheten, wand sich durch ein an Dichte
stets zunehmendes Gedränge von Chinesen und immer wieder
Chinesen hindurch, bis endlich in der Nähe des Hauptfestplatzes
das Weiterfahren absolut unmöglich wurde. Wir drängten
uns zu Fuß durch die Menge, bis wir vor dem Gebäude an=
gelangt waren, das als der wichtigste chinesische Tempel von
Pinang bezeichnet wurde. Es war eine einstöckige Halle von
mäßiger Höhe mit kleineren Nebenbauten.

Vor der Thür wogte und summte und lärmte es aber
in unbeschreiblicher Weise, Alt und Jung durcheinander, alles
offenbar sehr heiter und voll Interesse an dem Fest. Unser
kühner Versuch, in den Tempel einzutreten, gelang nicht viele
Schritte weit. Höflich aber bestimmt erklärte uns ein ernster
Zopfmann, daß Fremde keinen Zutritt hätten, so daß wir
leider umkehren mußten. Doch hatten wir immerhin einen
Ueberblick erhaschen können. Es war eine höchst seltsame
Art von Festbegehung. Man konnte die vor sich gehende
Feierlichkeit ein Fibibusfest nennen; es war als ob der Fibibus
seine Entstehung, den großen Tag seiner glücksvollen Erfindung
feiere.

Auf großen breiten Altartischen brannten in ehernen und
thönernen Gefäßen Fibibusse und immer Fibibusse, rothe,
gelbe, grüne, weiße, blaue, stets schraubenförmig zu Röhrchen
gewunden, so gemacht, wie wir ja auch gelegentlich Röhrchen
aus zusammengerollten Papierstreifen bilden, die wir nach dem
Zusammenrollen in die Länge ziehen. Bündel von solchen,
sehr große wie mittlere und kleine, wurden wie Blumen=
bouquets in Vasen gesteckt und entzündet und wenn abgebrannt,
erneuert. Das Papier war offenbar so präpärirt, daß es nur

wenig flammen, eigentlich nur glimmen konnte. Und so war
nun ein solcher Papierqualm in dem Tempel verbreitet, daß
man kaum durchsehen konnte. Bunte Papierlaternen in Menge
hingen von der Decke herab; ihr farbiges mattes Licht kämpfte
mit dem grauen Qualm. In geschäftigem Ernst gingen Diener
oder Bonzen oder was sie sein mochten, in bunte Festgewänder
gekleidet, hin und her, um immer wieder die Becher und
Vasen mit den bunten Papierröhrchen zu versehen, die halb-
verbrannten herauszunehmen und zu sammeln. Leider hatten
wir nicht weit genug vordringen können, um das eigentliche
Tempelbild zu Gesichte zu bekommen.

Draußen ging die Fibibusfeier inzwischen auch los; da
trug man einen großen Kessel heraus, in welchem nun ebenfalls das Papiergebrenzele ausgeführt wurde, einestheils mit
den Resten aus den Vasen der Altäre, anderntheils auch mit
frischen Bündeln, so daß der Qualm wolkenartig über dem
Menschengewirre emporstieg. Welche besondere Provinzial-,
Landes- oder Standesgottheit den seltsamen Papierqualm auf-
zunüstern angerufen wurde, ist mir unerschlossen geblieben.

Dem Tempel genau gegenüber war in der Mitte des
Platzes das Theater aufgebaut. Die Bühne, ohne Vorhang,
befand sich auf einem etwa zwölf Fuß hohen Podium, vor
welchem auf einer schmalen Estrade ein halb Dutzend Musikanten dem wartenden Publikum durch Trommeln, Pfeifen,
Tuten, Klimpern die Zeit verkürzten. Nach und nach wurden
die Papierlaternen, die in Guirlanden den ganzen Bühnen-
aufbau umgaben, angezündet; desgleichen schmückte sich die
Tempelfaçade mit derselben schwach leuchtenden, aber in ihrer
Buntheit nicht reizlosen Illumination. Nach längerem, keineswegs uninteressantem Warten erschienen unter gewaltigem
Gongspektakel die Schauspieler auf der Bühne, jubelnd begrüßt
von den harrenden Zuschauern.

Nun ging's los mit überaus drastischem Spiel und lauter,

lebhafter Deklamation, letztere natürlich so unverstänblich wie
benkbar. Immerhin ließ das Geberbenspiel einiges errathen.
Es handelte sich, wie es schien, um eine Werbung zur Armee
gegen die rebellischen Taipings. Eine klassische Fallstaffbande
von sechs Mann wurde unter ben komischsten Manieren aus=
gesucht. Da kamen Mütter, unter Thränen ihre geliebten
Söhne zu reklamiren, Frauen ihre Männer. Immer mußte
ber bicke Schreiber am Tisch wacker bezahlt werden. Die
Frauenrollen wurden stets burch Männer gespielt; bie Garbe=
robe war sehr mäßig, namentlich alt unb verkommen. In
grotes kem Spiel war vor allem ber Hauptkomiker ber Truppe
eine wahre Wonne für bie Zuschauer, bie seine Witze unb
Marschirgeberden mit Salven von Gelächter, bas über ben
Platz hin bröhnte, belohnten. Die enblich geworbene Truppe
wurbe nun ganz im Stile bes seligen Sir John bewaffnet
unb marschirte unter ungeheurem Musikcharivari unb Beifalls=
gelächter auf. Die Verwicklung unb bie mit „apoplektischer"
Gewißheit brohenbe Katastrophe bes Davonlaufens warteten
wir nicht ab.

Beim Weiterfahren burch bie beleuchtete Stabt, wo es
bunt unb oft wild herging, thaten wir einen chinesischen Jüng=
ling in Weiß auf, ber sich bestimmen ließ, uns zu führen. Er
sprach recht geläufig englisch unb war uns sehr behülflich.
Jebe Gelbentschäbigung lehnte er höflich ab. „Pflicht gegen
Frembe!" sagte er. Wir sahen eine Opiumkneipe mit ben stier
bahinbrütenben Rauchern, von benen einer bereits ben Be=
täubungsschlaf schlief, fuhren auch burch eine sehr belebte unb
sowohl von ben Gaslaternen, als aus ben Häusern hell be=
leuchtete Straße, in welcher vor ben Thüren auf Bänken reihen=
weis buntgekleibete Mäbchen saßen, unsere frisch angekommene
Lieferung vom Schiff sicherlich babei.

Bei ber Unterhaltung mit bem Führer über bas Volks=
theater meinte er, ob wir benn bas große feine Theater nicht

gesehen hätten. Nein, wo ist es? Wir fuhren sofort dorthin und erstanden unsere Billete. Man war mitten im Stück. Die Räume waren einfach ausgestattet, aber überdacht, bei den Zu= schauern Männer und Weiber getrennt, erstere weiß, letztere ausnahmslos blauschwarz gekleidet. Die Frauen hatten das zur Rechten des Parterres belegene Drittel der Sitzplätze inne.

Die Zuschauer verhielten sich äußerst ruhig und formvoll; in ihren Anzügen herrschte die größte Sauberkeit. Auch auf der Bühne, wo ein heiteres Familienstück gespielt wurde, das auf listig erzielte Heirathseinwilligung hinauslief. Mein vor einer Stunde erst gekräftigtes Vorurtheil, daß die Weiberrollen immer durch Männer gegeben würden, zerfiel alsbald, denn hier spielten zwei Frauen mit. Sehr häufig erfährt man so im Orient, wie wir uns so oft auf Grund sporadischer Mittheilungen Ansichten über Land und Leute gebildet haben, die vor der Wirklichkeit zerrinnen; die sorgfältigste Unvoreingenommenheit ist deshalb für erste Pflicht des beobachtenden Reisenden zu erklären.* Merkwürdig war, daß zunächst die Musikanten

* In der oben ausgesprochenen Ansicht, weibliches Schauspieler= personal gesehen zu haben, bin ich inzwischen wieder erschüttert worden. Aus einer mir zur Hand gekommenen Schrift eines englischen An= siedlers von Pinang, J. D. Vaughan, Advokaten am Obergericht der Niederlassungen (Manners and customs of the chinese of the Straits settlements, Singapore 1879), entnehme ich, daß auch wohl in unserem Falle die Frauenerscheinung Maske gewesen sein möchte. Vaughan sagt: „Weibliche Darsteller sind nicht vorhanden. Die Frauen werden durch junge Männer dargestellt, welche ihre Rollen trefflich spielen und selbst die Chinesen täuschen. Der Autor hat Darstellungen angewohnt, bei welchen einige Zuschauer bestimmt er= klärten, einige der Darsteller seien Frauen; Besprechung mit den Theaterbesitzern ergab aber, daß Frauen in ihren Truppen nicht zu= gelassen seien." Man sieht, daß die uns widerfahrene ganz voll= kommene Täuschung wohl zu verzeihen ist, da selbst der jahrelang in Pinang lebende Gewährsmann sich auf die ausdrückliche Ver=

hinter den Schauspielern, auf einer Bank vor dem Fond
saßen. Sie füllten alle größeren Pausen durch schmetterndes
und gellendes Quinkelieren aus. Sodann fand niemand etwas
darin, daß während des Spiels Nichtspielende — schlechter
gekleidet — auf der Bühne ab- und zugingen, Gegenstände
hin- und hertrugen, Früchte, Getränke den Musikanten hin-
brachten u. s. w. Die Illusion schien auch bei den ernsten und
etikettevollen Zuschauern stark genug zu sein, um den All-
tagsspuk ganz vergessen zu machen.

Wir sahen das Stück nicht zu Ende. Draußen wartete
unser „Holien beim Sternenlichte" auf unsere Rückkehr. Er
hatte sich zwei nachgeschlenderte Fremde angesammelt und stellte
mit der größten Höflichkeit die Frage, ob wir ihnen dreien
die nicht ausgenutzten Billette überlassen wollten.

Voll Dank verabschiedeten sie sich und flogen mit hoch-
erfreuten Mienen den Gang hinauf zum Parterre. Wir fuhren
zum Landungsplatz und ließen uns zum Aratun-Apcar rudern,
die noch immer summende Stadt mit der über ihr schwebenden
leuchtenden Dunstwolke hinter uns lassend.

Am nächsten Morgen wurde ein neuer Besuch der Stadt
vorgenommen, um gestern Ausgelassenes nachzuholen. Wir
besichtigten auf der ansteigenden Straße hinter der Stadt die
Arbeiten für die Quellwasserleitung, welche von den walbigen
Höhen der Insel gutes Trinkwasser nach Pinang zu führen
bestimmt ist. Die Engländer hatten keinen Fluß vorgefunden,

sicherung Dritter stützen muß. Derselbe rühmt übrigens bei der
Gelegenheit ebenfalls die Darsteller. „Die Chinesen," sagt er, „sind
ausgezeichnete Komiker; ihr Geberdenspiel ist höchst ausdrucksvoll,
ihre Pantomimen so gut, daß man ohne Schwierigkeit die Handlung
verstehen kann. Die Komiker stehen den besten Schauspielern der
Londoner Bühne gleich. Der Verfasser hat im chinesischen Theater
so herzlich gelacht, wie in London mit Buckstone und anderen
komischen Darstellern auf den Brettern."

weshalb sie sich gleich von Anfang zur richtigen Idee der
Quellwasserzuführung bequemten. Ich dachte seufzend an eine
Weltstadt, in welcher man sämmtliche Uebelstände der Flußwasser=
leitung durch alle Stadien mit Geduld auskostet, ehe man sich
zu dem Entschluß aufrafft, das Remedium gegen Algen,
Rohrasseln und andere Grundsuppenbestandtheile in den von
der gütigen Natur angelegten Bergfiltern zu suchen. An den
Rohrgräben arbeiteten chinesische Kulis in der prallen Sonnen=
hitze. Sie arbeiteten mit der praktischen englischen Schaufel
mit kurzem Stiel und bügelförmigem Griff, welche bei uns
immer noch lange nicht vollständig unsere ältere weniger gute
Schippe verdrängt hat. In langer Linie zogen sich die dick=
wandigen getheerten Röhren die Straße hinauf, neben der
Grabenlinie zurechtgelegt, um demnächst eingebettet zu werden.
Welche schottische Gießerei möchte wohl die Eisenlast zu liefern
gehabt haben, die um mehr als den Viertelerdball heran=
geführt worden war! Wir verließen die Grabenden gegen eilf
Uhr, um uns an Bord zu begeben, da wir den „blauen Peter"
am Tauwerk unseres Schiffes emporsteigen sahen. Dieser Peter
ist die kleine fast quadratische dunkelblaue Flagge mit weißem
Viereck in der Mitte, die als Abfahrtszeichen dient; im Signal=
kodex bedeutet sie P.

An Bord angekommen, fanden wir die Mannschaft in
einer gewissen Aufregung. Drei Matrosen, Laskaren (Inder
von der Malabarküste, die sehr gewöhnlich auf den Dampfern
Matrosendienste thun), lagen regungslos auf dem Deck hin=
gestreckt, von den übrigen gelegentlich betrachtet und dann
achselzuckend wieder verlassen, in todtenähnlichem, jedenfalls
sehr krankem Zustand. Nach längerem Fragen — der Kapitän
war noch an Land — erfuhren wir den Zusammenhang. Die
Bursche hatten beim Ausladen ihr Augenmerk auf eine Kiste
gerichtet, die Eßbares zu enthalten schien. Es waren Droguen
darin, für einen chinesischen Doktor in Kalkutta bestimmt. Einen

2*

breiten Splitter von der Kistenwand lossprengend, hatten sie
eine kleine thönerne Kruke sich aneignen können und von deren
Inhalt nun — wohl nach der Maxime: was heilsam ist,
muß auch gut sein — genascht, d. h. sie zu einem guten
Drittel ausgefressen. Das Arkanum hatte eine schlimme Wir=
kung auf sie ausgeübt. Nach dem Doktor war geschickt; er
ließ immer noch auf sich warten. Ich zählte bei dem einen
der Burschen den Puls; er war nicht dreißig. Ein grüner
Schleim war bei allen dreien aus dem Munde gequollen, die
Haut sehr kühl, fast kalt geworden.

Unserem chinesischen Koch, einem jungen munteren Menschen,
machte die Sache fabelhaften Spaß. Er lachte unbändig,
wenn einer der Unglücklichen einen schwachen Versuch machte,
sich herumzuwälzen. „Kells bumm!" sagte er auf mein Be=
fragen. „Gut Medizin! sehli gut (velly good). Nehmen so
viel, Erbse (mit den Fingern das Maß zeigend) in Theepott
heiß Wasser, all Tag Tasse, drei Tag Pott: dick werden, stark
werden!! (Mit den Händen modellirte er, wie dick die Ober=
arme würden, wie gewölbt der Brustkasten, wie kräftig die
Schenkel) nehmen mehr, kaput!! Haha, Kells bumm, hahaha!"

Endlich kam der Doktor im Boot heran. Er machte bei
dem Suchen nach Lebenszeichen wenig Umstände; mit dem
linken Daumen dem Daliegenden einen Augendeckel aufhebend,
stieß er mit dem rechten Daumennagel kräftig auf den starren
freigelegten Augapfel. Der erste der Kranken ließ dies ruhig
geschehen, der zweite fuhr wild zurück mit dem Kopf, so auch
der dritte. Aus der Schiffsapotheke wurde nun Ipecacuanha
geholt und davon ein heißer Aufguß den Bewußtlosen mit
Gewalt eingeflößt. Es trat starkes Erbrechen ein und nach
einer halben Stunde konnten die Bursche ins Boot getragen
werden; einer konnte sogar, gestützt, etwas gehen. Sie wurden
ans Land ins Hospital gebracht; mir schien, daß der Chinese
mit seinem „kaput" diesmal nicht Recht behalten würde. In

der näher in Augenschein genommenen Krule war eine braune,
ziemlich geruchlose Latwerge; der Name des „dick und stark"
machenden Tonikums war in leider nur chinesischen Zeichen
auf dem grünen umgeklebten Zettel angegeben.

Unser Schiff und die anderen auf der Rhede umflatterte
und umspielte in graziösen Linien eine Vögelschaar, natür=
lich die Möve dabei, dann aber auch einige schöne Falken.
Wie Pfeile schossen sie manchmal herab zur Wasserfläche,
tummelten dann spielend herum, schienen darauf einen Wett=
flug nach dem Festland anstellen zu wollen, aber kehrten nach
wenig Minuten wieder zu neuem Spiel zu uns zurück. Ein
blitzgeschwinder Falk mit rothbraunen Flügeln und weißer
Brust lockte mich gar zu sehr. Ich ging hinunter zu unseren
Koffern und packte mein Gewehr aus, um für Freund Peters
den pfeilgeschwinden Segler der Lüfte zu erlegen. Zweimal
vorbei! Da ruderte des Kapitäns Jolle heran. Nicht schießen!
rief er; „ich bin der weiße Falke", fügte er nicht hinzu, son=
dern: „es ist verboten, wir kriegen die Hafenpolizei auf den
Hals!" „In Ihrer Kabine liegt das Buch, das Sie wünschten,
Kapitän! wollen Sie es nicht einmal ansehen?" Er ging.
Pank! da fiel der Falke ins Wasser. Ein Eingeborener im
kleinen Boot fischte den noch um sich beißenden Prachtvogel
heraus, der 33 Zoll spannte und mit seinem glänzenden
schwarzen Augen zu fragen schien, warum man denn sein
schönes luftiges Leben ihm nehme, um ihm ein ausgestopftes
in der Berliner Sammlung dafür zu geben. Eine halbe
Stunde später, als der „Aratun" parallel der palmenbewachsenen
malakkischen Küste nach Nordwest fuhr, waren wir eifrigst
beschäftigt, den erlegten Segler der Lüfte auszubalgen, die
von dem Konservator Herrn Reischeck in Neuseeland erhaltene
Sammlerregel beobachtend, den erlegten Vogel kalt werden zu
lassen, bevor man ihn enthäutet; die Federn haften dann un=
gleich fester. Das Weiß und Braunroth des Gefieders war

ganz wie das unserer Kapuzinertauben. Den Körper des
Vogels bekam — ein Tiger zum Dessert. Wir hatten einen
an Bord, und zwar gleichsam als alten Bekannten. Er war
Javaner und mit dem Schiff, welches uns von Batavia nach
Singapore gefahren, nach letzterem Platz und dort zu einem Thier=
händler gebracht worden, wo wir ihn, als wir Papageien
kauften, wiederfanden. Der Händler hatte ihn alsbald nach
Kalkutta an einen indischen, sagen wir Nabob verkauft und
mit dem „Aratun" versandt. Die Unglücksbestie hatte es sehr
schlecht. Denn der aus dicken Bohlen gezimmerte Kasten um=
gab den Körper des Thieres wie ein Rohr, so daß es sich
nicht umwenden, ja den Kopf nicht viel emporheben konnte.
Die beiden Endöffnungen des Kastens waren stark vergittert.
In diesem Marterkerker steckte das Thier nun schon mindestens
vierzehn Tage. Seine Wildheit war indessen nicht gebrochen;
einmal schlug es mit der Pranke durch das enge Gitter nach
dem nackten Bein eines Laskaren, allerdings ihm nur die
braune Haut schürfend, aber ihn zu einem entsetzten Satze
veranlassend. Unseren Falken verspeiste die gefangene Katze
mit offenbarem Appetit.

Im Laufe des Nachmittags gab es auf einmal Aufregung
auf der Kommandobrücke. Der Kapitän winkte uns lebhaft
zu und wir trabten in corpore über die Laufbrücke, welche
das Kampagnenbach mit der Kommandobrücke verband, zu ihm
hin. Zwei Dampfer kamen in Sicht, uns entgegen. Signal=
flaggen flatterten hinauf und hinunter, auf den beiden kommenden
Dampfern sowohl, als auf unserem. Es waren zwei Schwester=
schiffe des „Aratun", ebenfalls Apcar u. C$\underline{ie}$ gehörig. Sie
kamen von Kalkutta mit ihrer Opiumfracht und gingen nach
Hongkong. „Was haben Sie gefragt, Kapitän?" sagte ich zu
diesem, als das Grüßen und Winken mit den auf Schußweite
vorübersausenden schwarzen Schraubenschiffen ausgetauscht war.
„O, nach der Ladung! Die beiden haben zusammen 4300 Kisten

Opium an Bord, die Kiste 750 Dollars. Rechnen Sie nur,
das macht" — — wir rechneten, es machte 3 Millionen
225 000 Dollars oder 12,900,000 Mark. „Da sehen Sie,
was unsere Armenier sind."

Das sahen wir allerdings und sahen auch hinein in
Englands indo=chinesisches Geschäft, für das es im Jahre 1840
den hübschen Krieg mit dem himmlischen Reiche geführt, weil
letzteres sonderbarer Weise die Einführung des Giftes nicht
gestatten wollte. Die beiden Apcar=Dampfer brachten die erste
Sendung von der vor kurzem geschlossenen Versteigerung in
Kalkutta. Das Opium wird unter Monopol in Indien gebaut
und nach der Ernte in Kalkutta versteigert. Verkauf in und
für Indien ist aufs allerstrengste verboten, für China aber
freundlichst gestattet und bringt der indischen Regierung zwischen
7 und 10 Millionen Pfund Sterling jährlich ein. Frisches
Opium ist im Reich der Mitte besonders geschätzt, weshalb die
ersten Sendungen die begehrtesten, bestbezahlten sind. Den
Handel haben einige wenige große Häuser in der Hand, meist
Armenier, welche die großen Kaufherren im östlichen Ostindien
sind. Vor ein paar Jahren hätten, erzählte der Kapitän,
einige „Kleine" versucht, bei der Versteigerung einzudringen.
Die „Großen" aber litten das nicht, d. h. sie ließen es zunächst
zu und dann stellten sie in China die Preise unter den Kal=
kuttaer Ankaufspreis. Das hielten die Neulinge nur zwei
kurze Jahre aus, worauf man ihnen ihre schönen Schiffe billig
abkaufte.

Welches Quantum von Unglück, von Verderb, von prä=
parirtem Elend trugen die dort unter ihren Rauchwolken sich
entfernenden schwarzen Kasten in sich! Im Durchschnitt ist der
Opiumpreis in Kalkutta ein Pfund Sterling für ein Pfund
Opium. Also sieben bis zehn Millionen Pfund ruinöses Gift
flößt das christliche England alljährlich dem ihm „befreundeten"
Reiche ein. Wie viele Millionen Gehirne oder Existenzen dem

Profit hier zum Opfer fallen, möge der Physiologe oder
Toxikologe ausrechnen. Das ist England in Ostasien!! Dasselbe
England, welches zu Hunderten Missionäre aussendet, geistiges
Licht in ferne Länder zu tragen, es verhängt Geistesnacht,
Umnachtung aller edlen Fähigkeiten mit den Waffen in der
Hand über Tausende und aber Tausende. Kann die erleuchtete
englische Nation das auf die Dauer dulden? Noch jüngst ist
wieder im Parlament in London der Versuch der kleinen Partei
gescheitert, welche immer noch nicht gelernt hat, den Unwillen
gegen die gebuldete, ja beschützte Perversion niederzukämpfen.
Wann werden die edleren Regungen des englischen Volkes hier
den Sieg davontragen?!

Am 30. Juli in der Frühe passirten wir den nördlichsten
Außendling der Adamanengruppe, die Preparis=Insel, um
deren pyramidenförmige Bergkuppe ein Wolkenschleier webte.
Hitze wechselte ab mit erfrischendem Regen — wir befanden
uns in der Regenzeit. In schöner Sternennacht vom 31. auf
den 1. warf der „Aratun" Anker; wir hatten die Ganges=
mündung erreicht, wo wir das Frühlicht abwarten mußten,
um den Strom hinaufzufahren.

Voll Erwartung waren wir in der ersten Frühe auf den
Beinen. Da lag das flache, ganz flache Land vor uns und
doch fast in grauer Ferne; das Wasser lehmgelb, also wir
waren in der Flußmündung; ringsum über ein Dutzend andere
große Schiffe. Mit der Flaggenstation am Ufer, wo dasselbe
weit vortrat, wurden von uns und einem Nachbarn Signale
getauscht. Wir gaben zuerst den Ausfahrtshafen an. Vier Flaggen,
die an einer Leine befestigt, stiegen hinauf. B L P H unter ein=
ander, Hongkong bedeutend. Alle geographischen Signale haben zu
oberst die Burgi=Flagge, welche B bezeichnet, ein rothes Viereck,
vorne in zwei stumpfe Spitzen auslaufend. Drüben der riesige
Nachbar zeigte denselben Ausfahrtshafen. Dann stieg bei uns der
Schiffsname auf, V G L H, was nach dem Buch Aratun=Apcar

hieß, und daselbst auch ersehen ließ, wie viel Tonnen unser
Schiff netto wie brutto hielt, welches der Heimatshafen
war u. s. w. Die Tonnenzahlen standen richtig mit 1395
und 2153 angegeben. Steht ein G zu oberst im Namen des
Schiffes, so ist dieses ein Kriegsschiff; das G ist ein sehr
spitzes Dreieck, gelb an der befestigten Basis, blau an den
vorderen zwei Drittheilen. Drüben der Große nannte sich
Suez und hatte oben eine viereckige Flagge, war demnach
Handelsschiff, indem alle Handelsschiffnamen mit einer vier=
eckigen Flagge anfangen. Er war gleichzeitig mit dem „Aratun"
aus Hongkong abgefahren. Jetzt schien er uns den Fluß hin=
auf überholen zu wollen; denn er lichtete eine Viertelstunde
früher als wir die Anker, nachdem er mit unserem Schiff
einige Zeichen ausgetauscht; es waren Grüße und Bemerkun=
gen wegen Wohlbefindens. Die Flaggensprache sahen wir
somit hier lebhaft gebrauchen. Achtzehn Flaggen bilden den
Apparat, bedeuten nämlich die Buchstaben des Alphabets, die
Vokale und X Y Z ausgenommen, Jot aber eingerechnet.
Hierzu kommt noch der roth und weiß senkrecht gestreifte („ge=
spaltene") Antwortswimpel in Spitzwinkelform. Die Flaggen
werden zu zwei, drei und vier übereinander gebraucht und sind
im Kodex entsprechend zusammengestellt, so daß unabhängig
von der Landessprache der Gedankenaustausch stattfinden kann,
eine wahre Weltsprache.

Der Strom, den wir hinauffuhren, war nicht der eigent=
liche Ganges, sondern einer seiner Hauptarme, der Hugly, der
sich bei Radschmahal vom Hauptstrome abzweigt und an
welchem Kalkutta liegt. Anfänglich zeigte sich die Breite des
Flusses kolossal, 7—8 englische Meilen. Allmählich aber zogen
sich die Ufer zusammen, die Spannung, mit welcher wir dem
Reiseziel näher kamen, stetig steigernd.

Da lag es nun endlich vor uns, das Land der Geschichte,
der Sagen, der Märchen, der Dichtung, das Land der Forschung

nach unserer Sprachentwicklung, nach uralter arischer Kultur
überhaupt, welche die Wurzeln unserer abenbländischen in sich
trug und zum Theil erkennbar noch trägt. Uns umfluthete der
Ganges, den unsere deutsche Poesie beinahe eben so viel mit
Gestalten belebt hat, wie die Indiens selbst. So vieles ist
uns indeß heute noch dunkel und neu in diesem wunderbaren
Lande, so vieles unerklärt und doch so wichtig, daß mir ein

Dorf bei Kalkutta.

fest vorgenommenes nescire aude, also Beobachtung ohne
jede Voreingenommenheit, selbst für eine auf sehr kurzes Zeit-
maß berechnete Durchreise der beste Wahlspruch schien.

Gegen halb zehn Uhr überholten wir die vorausgeeilte
„Suez“ wieder, die quer mitten im Strome lag und augenscheinlich im Schlick feststeckte. Wir besaßen die Schlechtigkeit,
mit Schadenfreude den überholten Mitrenner links liegen zu

laffen. Herrliches Wiesengrün bedeckte die herannahenden Ufer; deutlich erkannte man mit bloßem Auge Heerden grauer Büffel, die, an den Wasserrand gelangend, sich im Strome kühlten, bloß mit dem plumpen Rücken herausragend. Abwärts kommende Dampfer begegneten uns. Die Ufer schmückten sich nun mit malerisch aufsteigenden Kokospalmen; dazwischen erblickte man die Strohdächer von Dorfschaften; von Palmenhainen beschattet, ein köstlicher Anblick, ganz verschieden von dem ägyptischer Dörfer, bei denen die stockgerade stehende graugrüne Dattelpalme die steife Staffage abgiebt. Eines dieser Dörfchen stellt die vorstehende Abbildung dar, die später in Kalkutta aufgetrieben wurde; brütend liegt die Sommerhitze über den Palmenwipfeln, kein Zittern trübt den Spiegel des Teiches. — Immer belebter wurde der Fluß. Große Fischerkähne passirten wir nun, schnabelförmig hoch hinaufgehend am Hintertheil, von dem ein langes Streichruder, an Stricken hängend, als Steuer ausging. Dunkelbraune Gestalten, unter einem Sonnendach sitzend, führten die Ruder; der hochstehende Steuermann konnte über das Sonnenzelt gut hinwegsehen. Die Fischer zogen breite Schleppnetze quer über den Wasserlauf und schienen gute Beute zu machen. Den Ufern parallel zeigten sich nun hohe Dämme, die palmenbeschatteten Dörfer halb verdeckend, Kanäle einfassend, offenbar wegen der deutlich erkennbaren weiten Reisfelder angelegt. Marabutstörche spazierten gravitätisch am Uferrand entlang oder flogen schwerflatternd über die Heerden der Wasserbüffel dahin.

Gegen Mittag erblickte man in der Ferne die Rauchwolke, welche sich von den — Fabrikschornsteinen Kalkuttas erhob. Nun auch das erste zur Stadt gehörige Gebäude, ein großes, gewaltiges, mit roth-gelbem Anstrich; daneben ein hoher, qualmender Kamin. Es war eine Spinnerei, deren Maschinen man, näher kommend, deutlich rasseln hörte.

Europäische Industrie hat die Natureinfachheit des Wunder=
landes hier, wie vielfach anderwärts, bereits durchbrochen und
die braunen Söhne des Fünfstromlandes bereits ihrer heimischen
Flur entfremdet und an die Maschine gefesselt.

Langsamer und langsamer fährt der Dampfer, mancherlei
Fahrzeugen ausweichend. Jetzt zur Rechten ein Park mit
alten Gebäuden im Rokokostil. Es ist der Wohnsitz der
Königin von Aubh. Pfauen sitzen auf den Dächern und
Zinnen; Marabutstörche auf den Eisenverzierungen der Blitz=
ableiter, regungslos, wie selbst aus Eisen gebildet; weiß=
gekleidete Gestalten schauen neugierig aus den Fenstern und
von den Veranden nach dem „Aratun“. Immer dichter wird
das Schiffsgetwimmel, immer belebter das Ufer, an dem sich
Waarenhäuser und Magazine links, Gärten und Häuser rechts
hinziehen. Da sehen Sie auch einen von unseren Chefs, sagte
der Kapitän, die goldgebortete Mütze lüftend, den Blick nach
einem mittelgroßen Hause am Ufer gerichtet, wo man einen
Mann in dunkler Kleidung am Fenster stehend erblickte, der
leicht mit der flachen Linken herüberwinkte. Das Haus lag
am oberen Ende eines hübschen Gartens, der durch eine Stein=
balustrade nach dem Fluß hin abgeschlossen war; schmiedeiserner
Balkon mit geschwungenen Verzierungen; ähnlich das sichtbar
werdende Gartenthor; der Stil des vorigen Jahrhunderts.
Endlich hört die Schraube auf zu rauschen. Wir haben den
Landungsplatz erreicht, wo das Schiff an einer mächtigen
im Strombett verankerten Boje befestigt wird. Wir sind in
Kalkutta.

II.

Kalkutta.

Wie schon berichtet, legte der „Aratun“ nicht unmittelbar
am Ufer an, wie es in Hafenstädten sonst möglich ge=
macht ist, sondern wurde an einer verankerten Boje befestigt.
Es fehlt in Kalkutta noch auf große Strecken am Hugly=Ufer
an den erforderlichen Bollwerken oder Futtermauern. Die Tiefe
und Breite des mächtigen Stromes gestattet aber, daß die
größten Kauffahrer vor der Stadt anlegen können. Es ist
ein bedeutender Verkehr vorgesehen: denn wo wir hielten, lagen
nicht weniger als fünf Reihen der riesigen kegelförmigen Bojen
parallel zueinander vor der mit Grün bewachsenen Uferböschung,
mit fußweiten schweren Ringen versehen, in welche die Halte=
taue geschlungen werden. Etwas stromabwärts sah man in
einen Werkstattschuppen hinein, in welchem die mächtigen
Bojenkessel, die gegen 12 Fuß Durchmesser am Boden halten,
gefertigt und ausgebessert werden, was auf starken Verbrauch
schließen ließ.

Es galt nun, mit unserem Gepäck von Bord an das
etwa vierzig Schritte entfernte Land zu gelangen. Um darin
behülflich zu sein, hatten sich aber, da man auf unserem

Kampagnenbach doch fünf ganze Paſſagiere entdeckt, gegen
hundertfünfzig braune Söhne Hindoſtans angefunden, welche
mit Schreien und lebhaftem Geſtikuliren ihre Dienſte anboten.
Zwei alte ſchwere Barken, lehmig angeſpritzt von den wohl
meiſtens trüben Fluthen des Stromes, wurden mit Stangen
und Seilen nun in Bewegung geſetzt, um die Maſſe der
Konkurrenten an die Schiffstreppe zu bringen. Wie ſchlanke
Katzen ſchoſſen ſie nun die Treppe herauf auf Deck, um uns
herum auf die Gepäckſtücke los. Sahib (Herr), nimm mich!
Sahib! hier, Sahib! dort. Da waren ſo dunkelbraune, mit
ſo ſchwarzen Augenbrauen und Schnurrbärten, daß man hätte
glauben wollen, ſie ſeien gemalt, wenn nicht die gelbliche
Schattirung des Augapfels, in dem ein beinahe ſchwarzer
Augenſtern ſaß, die Echtheit dargelegt hätte. Da waren auch
hellere, blondere, was die Haut betrifft, doch immer in der
bräunlichen Grundfarbe bleibend, nicht die gelbe Farbe der
Chineſen zeigend. Da waren ganz bekleidete, in Blau, in
Weiß und anders, und dann wieder ſolche, die wenig mehr
als ein Lendentuch trugen. Das Schauſpiel war feſſelnder,
als die anſtürmenden Kerle ſicherlich dachten. Reiſegeübt
wehrten wir das zugreiferiſche Andrängen ohne Aufregung ab,
bis etwas Beruhigung eingetreten war und ich einen etwas ge=
ſetzten Mann als unſeres Vertrauens würdig herausgeſucht hatte.
Ich ſagte ihm, er ſolle alles übernehmen, ſiebenundzwanzig
Stücke, nichts verlieren! Hier ſtehe alles. Zwei Rupien* (vier
Mark) wurden als Preis ausbedungen. Er war's zufrieden
und alle übrigen lärmenden Geſellen, die ſich ausnahmen, als
würden die Koſten für die Beförderung enorm werden, des=
gleichen und nun wurde das Gepäck mit aller nur denkbaren
Schnelligkeit in die Barken geſchafft. Von unſerem freund=
lichen Kapitän und den Offizieren wurde herzlich Abſchied ge=
nommen und der Wunſch von ſo eminenter Wahrſcheinlichkeit:

　* Der Ton auf dem i.

„auf Wiederſehen!" ausgetauſcht; wir lächelten ſelbſt, als die
leere Formel heraus war. Eine herzliche General=Lache aber
ging noch auf, als ein dienſtfertiger Laskare auf einmal das
Fell des Kapuzinerfalken aus Pinang heranbrachte, das er
aus dem Tauwerk des Sonnenſegels geneſtelt. Die weißen
Ameiſen hatten den Weg zu dem Balg gefunden und ihn trotz
Salz und Arſenikſeife löcherig gefreſſen. Wir waren deſſen
ſchon früher inne geworden und hatten das Beuteſtück in aller
Stille vergeſſen wollen; nun mußten wir uns doch noch dar=
über auslachen laſſen. Herr St. ſchenkte dem pfiffigen Laskaren,
der die Ameiſen unſchuldigerweiſe nicht geſehen, den Balg zum
Andenken.

Nun gingen wir, und zwar die Schiffstreppen hinab zu
einer der Barken, wo man uns unter dem alten zerflickten
Sonnenzelt eine Holzbank durch Ueberſpreiten mit einem bunten
verſchoſſenen Tuch beſitzbar gemacht hatte. Am Ufer wurde
wieder alles unter ungeheurem Halloh, aber in muſterhafter
Ordnung, auf herangeholte Wagen, die mit kleinen Buckel=
ochſen beſpannt waren, gepackt und wir ſelbſt beſtiegen eine
von einem Schimmel gezogene Palki, die Käfige mit den
erſchrockenen kleineren Papageien zu uns nehmend, ſo gut es
in dem engen Gefährt angehen wollte. Nachdem noch dem
bedungenen Lohn der unvermeidliche kleine Bakſchiſch zugelegt
war, der mit einem unwiderſtehlich bittenden Geſicht begehrt
und voll freudigen Dankes angenommen wird, rollte es fort
zu dem anempfohlenen Hotel. Anfangs zwiſchen Gärten und
Landhäuſern durch, dann über einen großen prächtigen Platz
und bald in die Stadtſtraßen hinein. Nicht lange, ſo war
das Great Eaſtern Hotel, ein weißgetünchter dreiſtöckiger Bau,
an einer breiten chauſſirten Straße liegend, erreicht. Unſer
Gepäck wurde ſchnell die großen luftigen Treppen hinauf=
geſchafft, die auf der Ecke des Gebäudes hinter einem hohen
ſäulengetragenen Portikus lagen, und nun wurde erfriſchende

In Kalkutta; Great Eastern-Hotel.

Toilette gemacht, denn die Hitze am festen Land war ungemein fühlbar geworden, unsere Leibwäsche in durchschwitzte, an= klebende Ueberzüge verwandelnd.

Kaum hatten wir unsere Bekleidung in civilisirten Zustand versetzt, als der Hotel=Verwalter erschien, um mit uns die Annahme von Dienern zu besprechen. Dienern? Gewiß. Nun wir brauchen wohl nur einen zusammen, wir reisen in Gesell= schaft. O nein, das geht nicht. Sie brauchen jeder einen Diener für die Zimmer. Hier, wählen Sie aus. Das thaten wir aus einer ganzen Reihe die Vorhalle erfüllender Gestalten in weißem Anzug mit dicken Turbanen oder hindostanisch Pugris.* Jeder der Angenommenen legte bei leichter Ver= beugung die linke flache Hand auf die Brust, die rechte auf die Stirn, eine übliche Grußformel, gleichsam Angelöbniß mit Kopf und Herz. Nun brauchen Sie jeder zwei Diener für die Punkha. Was? zwei?, zusammen sechs? Freilich, zum Ab= wechseln während der Nacht; o die kosten nicht viel! Nun gut, die Punkhazieher sind freilich unentbehrlich. Und dann müssen Sie zusammen noch zwei Harris haben zum Austragen aus den Schlafzimmern. Das thun die Zimmerdiener nicht? O nein, das thun nur die Harris, die unterste Stufe der vierten Kaste. Nun sage ich, ein Mann reicht aus, wir haben ja zwei nebeneinander liegende Schlafzimmer. Da stand er schon in der Ferne, der Arme, der die niedrigsten Dienste zu verrichten hatte, weit hinter den Uebrigen, mit kummervollem Gesicht; niemand sprach mit ihm. So wären wir denn fertig; das macht ja zehn Mann! Ja, beinahe hätte ich's vergessen, Sie brauchen noch jeder einen Diener bei Tisch! Wie so? wir haben doch die Zimmerdiener! O, die bedienen nicht bei Tisch, das thut eine andere Kastenstufe. Nun gut denn, aber zwei reichen aus, wir speisen stets gemeinschaftlich. Zwei bunter

* Ton auf dem i, das u nach ö hin ausgesprochen.

gekleidete Turbanträger machen ihren Salam* (obigen Gruß).
Ja, und sehr zweckmäßig, oder vielmehr unentbehrlich ist Ihnen
noch ein geschickter Begleitungsdiener. Nehmen Sie ihn doch
gleich für die ganze Reise an; er geht mit Ihnen durch Indien.
Sehr gut, können Sie uns einen zuverlässigen Mann empfehlen?
Gewiß, hier sind mehrere. Ein kleiner anstellig aussehender
Gesell, Colorado-claro-häutig, schien mir sehr brauchbar.
Dschebby sei sein Name, sagte er; seine Zeugnisse lauteten vor=
züglich; ein Vertragsformular hatte er auch, welches ich aus=
füllte und damit diesen wichtigsten ersten Akt unseres indischen
Lebens zu Ende brachte. Unsere Dreizehn gingen an ihre
Posten, die übrigen verliefen sich; hatten wir doch auch ver=
stehen gelernt, warum sich ein so großer Haufe von Bewerbern
eingefunden hatte. Unseren kleinen Dschebby sah man alsbald
unaufgefordert das Gepäck mustern, ordnen, säubern, die Leib=
wäsche zusammenlegen und aufschreiben, als ob er schon seit so
und so lange uns bedient hätte. Wenige Minuten später er=
schienen die beiden Bunten, uns zum Abendtisch zu laden; es
werde sofort begonnen werden.

Eine Treppe tiefer im Speisesaal war angerichtet, an
einem langen den Saal hinuntergehenden Tisch, an welchem
gegen sechzig Gäste saßen. Ueber der Tafel schwangen die
pendelartig aufgehängten Punkhas an hübsch geschlungenem
rothem Gestrick, die angenehme und unentbehrliche Kühlung
gewährend. Mit tiefem Ernst in den Mienen und Bewegungen
sorgten unsere Tafeldiener für uns. Es war ein wunderbarer
Anblick für den Neuling. Am Tisch die europäischen, ganz
frischen Abendtoiletten, hinter den Gästen ungefähr eben so
viele turbantragende Diener, die stumm und gemessen kamen,
gingen, Teller reichten, wegnahmen, Flaschen entkorkten, Gläser
füllten oder wechselten. Die rothgelb überzogenen Punkhas,

---

* Ton auf der zweiten Silbe.

deren sechs auf die Tischlänge kamen, pendelten ihren geräusch=
losen Gang über die Tafelnden her, mit den breiten, roth ein=
gefaßten Falbeln hie und da die Stirn eines sich etwas Auf=
richtenden streifend, mit ihren taktmäßigen großen Schwingungen
die vielen kleinen Bewegungen wie durch einen Grundton,
einen stummen Orgelpunkt könnte man mit gewagtem Ver=
gleiche sagen, verbindend.

Von der Punkha* wird mancher Leser noch Näheres zu
hören wünschen. Sie ist, wenigstens in der warmen und
heißen Zeit, für den Europäer in Indien geradezu ein Lebens=
Element. Punkha ist Fächer, vom kleinsten Handfächer bis
zur großen über dem Tisch oder dem Bett schwingenden Tafel.
Der Punkhazieher, Punkha=Wala genannt, hält sie durch
Ziehen an einer Schnur oder einer biegsamen Rotang=Ruthe,
die über eine Rolle geht, in Bewegung. In der furchtbaren
Sommerhitze, die häufig über 30 Gr. R. und sehr selten unter
22 Gr. geht, im Schatten natürlich, ist die Luftbewegung die
einzige Rettung. Namentlich die großen langsam schwingenden
Fächer, zehn bis zwölf Fuß Länge, gegen drei Fuß Höhe
haltend, kühlen vortrefflich. Sie kühlen, zeigt uns der Physiker,

* Ton auf der ersten Silbe. Die Engländer sprechen das u
auf ihre Weise nach ö, ja viele bis nach a hin aus; auch findet man
sowohl punkha als pankha geschrieben, doch verstehen die Inder
sehr gut das Wort, wenn wir das u wie bei uns üblich behandeln.
Darf ich hier in der Buchausgabe den Leser mit dem erst später er=
mittelten Detail behelligen, so sei gesagt, daß im Sanskrit punkha,
vielleicht richtiger phunka (das h getrennt vom p zu sprechen) Vogel
bedeutet, aber auch Feder, aber auch Flügel; letztere beiden heißen
hindostanisch jetzt pankh oder punkh, der große Fächer pankha
oder punkha, der kleine oder Handfächer pankhi. Man hat sich also
früh offenbar vorwiegend mit Vogelfittichen gefächelt. Noch heute
bedienen sich unsere Kupferschmiede, Gürtler u. A. der Fittiche zum
leichten, sorgfältigen Anfachen des Holzkohlenfeuers.

3*

durch Verdunstung der Schweißtröpfchen, die durch die Haut=
poren nach außen treten, von der bewegten trockneren Luft in
Dunstform aufgenommen werden und wegen des Uebergangs
aus der flüssigen in die Dampfform eine beträchtliche Menge
Wärme binden, d. h. der Haut entziehen. Ueber jedem für
den Europäer bestimmten Bett hängt die Punkha. Man
streckt sich, in leichtem Nachtkleid, paëdschama* genannt, aus
einem weiten leichten Beinkleid und desgl. langer Jacke be=
stehend, auf das Linnen (Decke und Oberlinnen unbekannt),
worauf der Wala die Punkha in die kühlend erfrischende
Bewegung setzt. Herr St. war so raffinirt, allabendlich mit
Nadeln noch ein Handtuch an seine Punkha so zu befestigen,
daß es die aufgerichtete Nase auf Millimeternähe passirte. So
kann man denn einschlafen. Alle zwei Stunden lösen sich die
Walas ab. Der Abgelöste legt sich an den Boden, krümmt
sich zusammen, zieht ein Tuch über sein Gesicht und schläft
seine Ruhezeit ab, während der Thätige mit gekreuzten Beinen,
den Rücken angelehnt, sein lautloses rhythmisches Wirken aus=
übt. Dies geschieht in einem Nebenraum, indem die Punkha=
schnur durch ein Loch in der Wand über die obenerwähnte
Rolle geführt ist. Wir können nicht umhin, ein gewisses Be=
dauern für ihn zu haben, er wacht, damit wir schlafen können.
Indessen manchmal nickt er doch auch ein. Der Schläfer merkt
das nur zu bald, d. h. er wird durch die rasch steigende Hitze
geweckt. Man greift hierauf nach der Punkha und schüttelt
sie hin und her. Das weckt den Eingenickten, denn er hat die
Schnur um seine beiden Hände geschlungen und alsbald
schwingt er wieder eifrig, um seines bedungenen Lohnes am
kommenden Morgen sicher zu sein. Dieser Lohn betrug für

---

* Das ursprünglich persische Wort — das dsch ganz weich zu
sprechen — bedeutet Beinbekleidung, pa Fuß, Bein, dschama
Kleid, Bekleidung; die Jacke ist also später hinzugenommen und in
den Namen mit einbegriffen worden.

jeben unserer Walas zwei Anas, b. i. etwas über zwanzig
Pfennige.*

Nicht ganz so aufmerksam sollen die Punkhazieher immer
sein, namentlich wenn sie längere Zeit im Dienste gestanden
haben. Man erzählt Geschichten davon, z. B. wie, nachdem
das Rütteln sich als fruchtlos erwiesen, ein Stiefel nach dem
Wala geworfen wird, der ihn vielleicht erweckt. Später fliegt
der zweite Stiefel denselben Weg, noch später der Stiefelknecht
und anderes mehr. Es soll manchmal ein „ewiger Krieg"
zwischen dem wachenden Herrn, der schlafen will, und dem
schlafenden Diener, der wachen soll, geführt werden. Eine
Wala=Geschichte erzählte mir ein Offizier — nun, ein wenig
„shocking" ist sie, aber ich glaube, ich darf sie nicht vorent=
halten. Ein Offizier, der nur einen Wala, nicht zwei ein=
ander ablösende hatte, behandelte den schlaftrunkenen Burschen
einigemale etwas hart, ja härter, als wohl räthlich. Ihm
dünkte selbst später, er habe nach der letzten Bestrafung einen
wenig Heil verkündenden Blitz aus dem schwarzen Auge des
Unverbesserlichen schießen sehen. In der nächsten Nacht ging
es anfangs gut. Dann nach dem ersten Schlummer Erwachen
unter der stillhängenden Punkha. Der erste Stiefel fliegt:
das Pendel bewegt sich wieder, aber nicht gar zu lange. Die
Pantoffeln fliegen als Doppelgeschoß durch das im Fußboden
ausgesparte Loch, denn der Wala saß im Erdgeschoß, zu dem
die Schnur durch den Fußboden geführt war. Wieder kurzes
Aufleben der Schwingungen. Bald sausen der zweite Stiefel
und der Stiefelknecht hinunter; auch ihre Wirkung hält nur
kurze Zeit vor. Nun greift der Schlaflose zu einem heroischeren
Mittel. Die Wasserkanne vom Waschtisch wird genommen und

---

* 1 Rupie = 2 Mark, meistens etwas niedriger stehend, hat
16 Anas, ein Ana (lange a) aber 12½ Pfennig bei Voraussetzung
des nominellen Werthes, thatsächlich meist etwa 10½ bis 11 Pfennig.

durch das Schnurloch entleert, wo der Guß den Faullenzer
unten ja treffen muß, da er senkrecht unter dem Loche sitzt.
Kurze Wirkung, dann steht die Punkha abermals regungslos.
Nun warte du, knirscht der um seinen Schlaf Gebrachte; ich
werde dir's eintränken. Er steht auf und tastet nach einem
Gefäß, Geschirr wollen wir sagen — schriebe ich mit einer
Gänsefeder, sie würde sich sträuben — also nun ja, nach einem
nicht inhaltlosen Geschirr, schleicht zu der Schnuröffnung —
und entleert es durch dieselbe — — ein Schimpf, nur einen
Harri würde das nicht tödtlich beleidigen. Aber — — die
Punkha blieb still, sie regte sich nicht, immer nicht; auch unten
alles still. Meinem Mann kommt das endlich verdächtig vor.
Er zündet Licht an und begiebt sich nach unten. Was muß
er sehen! Der Wala ist fort (auf Nimmerwiedersehen), aber
auf dem Fleck, wo er gesessen, genau senkrecht unter dem
Zugloch, da lag der neue, vorgestern angekommene rothe Uniform=
rock mit seiner prächtigen Goldstickerei, und die schöne betreßte
Hose dazu, und wie hatte die Flüssigkeit den lothrechten Weg
innegehalten!

Die Verständigung mit unseren Tafeldienern ging leiblich;
einige Worte englisch konnten sie und einige Brocken indisch
hatten wir durch fleißige Uebung auf dem Aratun=Apcar uns
zu eigen gemacht. Es war nicht leicht, die in Batavia und
Singapore erworbenen malayischen Vokabeln für den Tischdienst
nun mit hindostanischen zu vertauschen, zumal die hindosta=
nischen schwieriger zu erlernen und zu behalten sind; nun es
ging an. Sabur punkha! (Halt Punkha!) ruft man, da nach
Entfernung der Damen man zur Nachtisch=Cigarre greift, und
das Wehen die Zündhölzchenflamme verlöschen würde. Die
kurze Frist, während das Anzünden vollzogen wird, ist schon
unangenehm wegen der sofort sich bemerkbar machenden Stick=
hitze. Endlich brennt der Glimmstengel und das Kommando:
Tano punkha! (Ziehe die Punkha!) läßt den wohlthätigen

Hauch wieder seine weiche Bewegung über die heiße Stirn
führen. Lao welatti pani! heißt es, um Sodawasser zu be-
stellen. Pani ist Wasser. Wörtlich heißt der Satz: Bringe
europäisches Wasser. „Welayut" ist Europa.* Man ist bei
uns wohl geneigt, anzunehmen, daß wegen der Verwandtschaft
unserer Sprache mit dem Sanskrit Vieles in dem Hinbi, das
doch nur ein umgebildetes Sanskrit ist, unseren Wörtern ähnlich
lauten werde. Das ist aber nur in der inneren linguistischen
Tiefe der Sprache der Fall. Daß Wasser pani heißen könne,
vermuthen wir um so weniger, als das Wort Wasser selbst
seine sanskrite Stammform noch deutlich erkennen läßt. Nachdem
das „europäische" Wasser auch mit börf,** b. i. Eis in die
richtige Verfassung gebracht, kühlen wir uns mit einem guten
Trunk ab und schreiten zu einem Spaziergang.

Man hat Kalkutta die Stadt oder eine Stadt der Paläste
genannt und mit einem gewissen Recht, doch sind die Paläste
nicht diejenigen der Inder, also indischen Baustils, sondern die
der Engländer, und tragen den Stempel der Entstehungs-
und Entwicklungszeit des großen östlichen Handelsemporiums
deutlich an sich. Im Jahre 1886 wird Kalkutta (eigentlich

---

* Man hört Welayut, Velayut, Wilayat. Die letzte Form
scheint die korrekteste zu sein. Das Wort ist arabischer Herkunft und
bedeutet (nach Forbes) überhaupt bewohnte Gegend, dann fremde
Gegend, fremdes Land; von den Indern wird es insbesondere von
Persien, Arabien und dann für Europa gebraucht. Wilayati ist
Fremder, insbesondere aber Europäer, wilayati wird abgekürzt, für's
Ohr wenigstens, in wilatti oder welatti, europäisch.
** Von Einigen burf, von Anderen barf geschrieben. Barf ist
persisch. Das hindostanische him, vom sanskritischen hima, kalt
Kälte, Schnee, (man denke an lateinisch hiems Winter!!) fand ich
nirgends für den täglichen Eisbedarf im Gebrauch, wohl aber, wie
zu erwarten, Himalaya für die Bergkette; hima Schnee, alaya
Aufenthalt, Heim, also Schneeheim.

indisch Kalikuta* d. i. schwarze Stadt, kali = schwarz) ihre zweihundertjährige Geburtstagsfeier begehen. Man ist englischer= seits mit dem Raum in großem Stil umgegangen, was weite Höfe und Gartenanlagen im Anschluß an mächtige Bauten mit gewaltigen hohen Façaden hat entstehen lassen und nament= lich dem säulengetragenen Portikus gleichsam den ersten Rang zugewiesen hat.

Mit Bogen überspannte Eingangsthore in den Umfassungs= mauern, schmiedeiserne Thorgitter, Fenstergrillagen und Ba= lustraben erzählen vom vorigen Jahrhundert. Auch bei den ganz modernen Regierungsbauten hat man glücklicherweise nicht die gothisirende englische Schule in Kalkutta einschneiden lassen, sondern ist bei der säulenvollen Spätrenaissance und deren Aus= läufern und Nachfolgern geblieben, dabei die Macht des Aus= druckes in der Größe der Dimension suchend. Das ganze neue Postgebäude hat einen Säulenvorbau von gegen 50′ Höhe der Säulenschäfte. Alles dieses ist in großem Anlagestil, an breiten Straßen und Plätzen hergestellt, mit sich anschließenden öffent= lichen Spaziergängen, Wandelgängen wollte ich sagen, Wiesen= gründen, Reitwegen, Parkanlagen. Dies gilt zunächst von dem auf dem linken Ufer des Hugly, des „Riedflusses" (von hogla, Ried, Röhricht) belegenen Stadttheil, die insbesondere heute die „schwarze Stadt" heißt. Am rechten Ufer in der sogenannten weißen Stadt dehnen sich die Bauten großartiger Faktoreien, Lagerhäuser, Fabriken u. s. w. aus, den Werftan= lagen gleichsam als Hinterland dienend und die kaufmännische Bedeutung des Platzes zum Ausdruck bringend.

* Die Engländer haben zu Unrecht die Schreibung mit C ein= geführt; auch ist „Kalikot" als das von Kalkutta aus zuerst zu uns gebrachte Baumwollengewebe, hiernach nicht als aus dem Franzö= sischen herstammend anzusehen, was in dem Scherztitel eines hiesigen großen Stoffkaufmanns, den heiterer Berliner Mund den Duc de Kaliko nennt, zu beachten sein wird.

An die engliſchen Gebäude ſchließen ſich aber ganz un=
mittelbar die Häuſer der Eingeborenen an, meiſt an engen,
krummen Straßen, niedrig, ſchmal, eng, oder an den äußerſten
Rändern der Stadt ins Bäuerliche, Dorfartige übergehend.
In dieſen indiſchen Theilen der ſchwarzen wie der weißen
Stadt wohnt die Hauptmaſſe der Bevölkerung, in ihren Lebens=
gewohnheiten nur wenig von dem Europäer erfaßt oder geſtört.

Unſer abendlicher Spaziergang führte uns in die weiten
modernen Anlagen des engliſchen Theiles, wo eine Militär=
kapelle konzertirte. Es war ein großer ſchöner Platz mit
Baumreihen zu beiden Seiten eines prächtigen Wieſenplans;
alles vorzüglich mit Gas erleuchtet, das aus weißen Kugeln
auf weiß angeſtrichenen Kandelabern auf die Reihen der vor=
zugsweiſe weiß oder doch hell gekleideten Spaziergänger herab=
ſchien. Es war eine „angenehme Kühlung“ eingetreten, die
Temperatur nämlich auf etwa 22 Grad Reaumur geſunken,
was dankbar empfunden wurde. Man ſah übrigens auf der
Promenade weſentlich nur Europa, prachtvolle Toiletten, herr=
liche Karoſſen, nur die Diener indiſch. Erſt beim Zurückgehen
verdichtete ſich allmählich wieder das indiſche Element, bis wir
vor dem Gaſthof wieder von Händlern mit allerlei Kram um=
drängt waren. Ein Babu, das iſt Schriftkundiger, begleitete
uns ehrerbietig hinauf und bot, oben angekommen, ſeine Dienſte
als Sprachlehrer an; binnen wenig Monaten werde er ſeine
Schüler in den Gebrauch des Hindi eingeführt haben. Der
Erwerb eines kleinen, angeblich von ihm verfaßten Sprach=
handbuches beſchloß unſer Geſchäft. Das Büchelchen erwies
ſich ſpäter als äußerſt praktiſch und gut abgefaßt.

Am frühen Morgen wurden wir durch ein unbeſchreibliches
Gekrächze und Geſchrei von Vögeln geweckt, unter welchen,
wie ſich ergab, die Krähen die Hauptrolle ſpielten, andere be=
fiederte Geſellen aber auch in Menge vertreten waren. Sie
waren eben beſchäftigt, in unſerem Great Eaſtern Hotel die

Ein Babu.

Abfälle aus Küche und Speisezimmern zu beseitigen. Auf
dem Hof und in dem offenen Säulengange vor dem Speisesaal
von gestern Abend wirthschafteten sie herum, von niemandem
belästigt und vor niemandem besonders scheu. Sie pickten die
Reste, Brosamen, Knochen u. s. w. mit Hast und Lärm auf
und waren erfreut über jede neue Ladung, die aus einem aus=
geschüttelten Tuch ihnen wieder zugeführt wurde. Das Vogel=
volk spielte überhaupt die Rolle der Sanitätspolizei in Kalkutta,
wenigstens hinsichtlich alles dessen, was durch Schnabel und
Magen zu beseitigen war. Der ernste, immer alt aussehende
Marabutstorch beanspruchte stets die größten Stücke; Dohlen,
Krähen, elsterartige und namentlich spechtartige Vögel bis
hinunter zu solchen von Bachstelzengröße und Beweglichkeit, hie
und da auch die Pfauen dazwischen fahrend, theilten sich in Ab=
stufungen in das Uebrige. Höchst spaßhaft nimmt es sich aus,
wenn auf dem Rücken eines schwer dahinwandelnden Büffels
ein Bachstelzler auf und abspaziert, um daselbst Fliegen und
anderes störendes Geziefer aufzupicken. Die Inder, die ohne
Thierschutzverein das Thier ungequält lassen, sehen die Vogel=
polizei wie es scheint als selbstverständlich an.

Der Tag wurde zu verschiedenen Besichtigungen und Be=
suchen benutzt. Wir ließen uns leider überreden, den zoolo=
gischen Garten zu besuchen, was doch im Grunde die Zeit ver=
schwenden hieß; aber es war die Neugier mitwirkend, wie es
sich ausnehme, daß die dort heimischen Bestien, nach denen
wir Schiffe und Expeditionen schicken, eingekäfigt werden. Eine
mit zwei braunen munteren Buckelochsen bespannte Gari
brachte uns in einer Viertelstunde an Ort und Stelle. Der
Garten unterschied sich nicht von einem europäischen zoologischen
Garten. Da waren Elephant, Tiger, Löwe, Gazelle, Papa=
geien u. s. w. wie bei uns, nur der gärtnerische Theil, die
herrliche Pflanzenwelt, die trefflich gezogen und in Gruppen
benutzt war, machte das Ganze neu und interessant. Andere

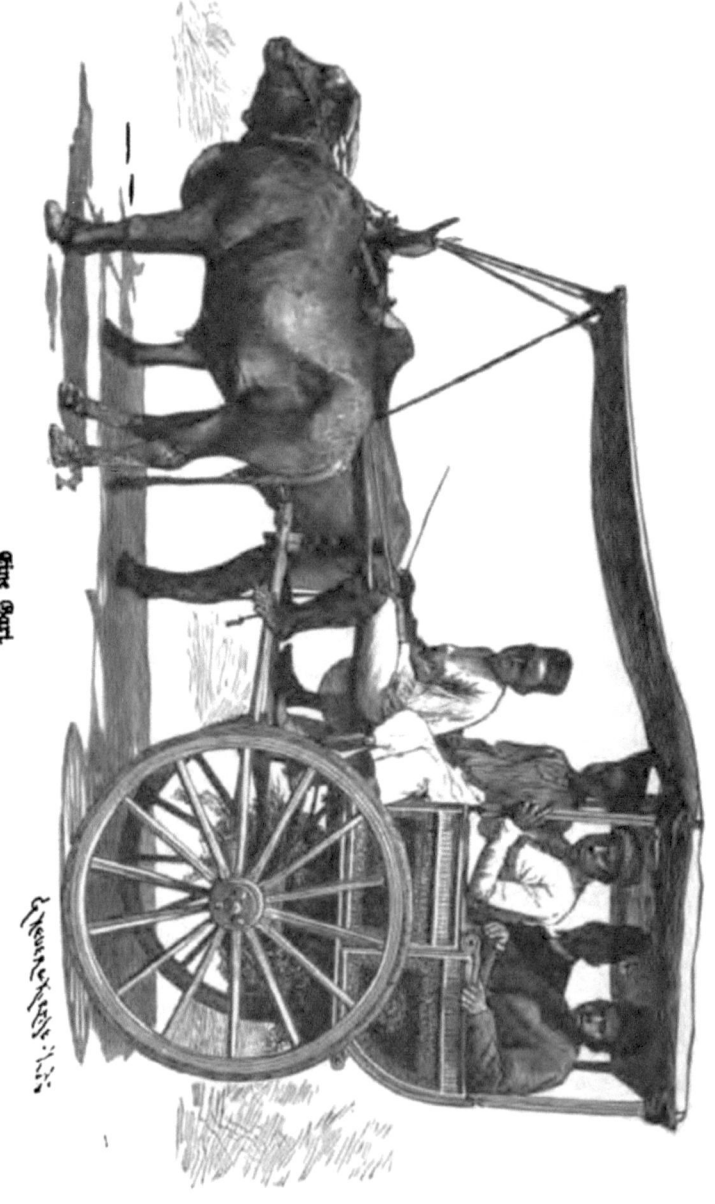

Ein Carl

Gartenanlagen von freundlicher Form, sauber und blüthenreich, schlossen sich in jener Stadtgegend an. Denkt man sich die Temperatur auf ein etwas erträglicheres Maß herabgezogen, wie es in der Winterszeit der Fall ist, so kann man sich Kal= kutta als recht angenehm für europäisch Gewöhnte vorstellen. Auf die Winterszeit hat man denn auch die internationale Ausstellung, zu der jüngst die Einladungen in Europa ein= liefen, verlegt, deren Besuch demnach klimatische Hindernisse sich nicht entgegenstellen.

Zur Zeit unseres Aufenthaltes war es freilich schwer, die Hitze zu ertragen. Indessen eine gewisse Gewöhnung, ferner Sorgfalt in der Diät, vor allem Vermeidung geistiger Getränke und dann angemessene, nämlich ganz leichte Kleidung, ließen uns alle klimatischen Strapazen ohne jede Störung überstehen. Unsere Bekleidung war, den Landesgewohnheiten folgend, in der That die leichteste. Ein Beinkleid aus weißem sogen. Segeltuch, ein desgleichen Rock mit Stehkragen, mit einigen, vor der Wäsche herauszunehmenden Perlmutterknöpfen bis oben zugeknöpft, sodann leichte baumwollene Strümpfe und niedrige Schuhe, voilà tout. Das Beinkleid wurde an einem Gürtel oder richtiger einer Binde aus Seidenfilet, von der zwei sehr kokette Quasten herabhängen, gehalten. Nach Dschebbly heißt dieser Gürtel isarband oder isarband. Hosenträger sind unerträglich oder richtiger untragbar, da sie nach der ersten Viertelstunde durchgeschwitzt sind und sich auf Rücken und Brust als deutliche blaue oder rothe Streifen der Außenwelt erkenn= bar machen. Vom Hemde habe ich nicht gesprochen, weil es nämlich — fehlt, zu Hause bleibt, vacat. Es ist entsetzlich, aber wahr, das Ganze aber bei der enormen Temperatur der heißen Zeit sehr bequem, sehr praktisch. Das steife Segeltuch= zeug umgibt den Körper wie mit einer abstehenden Hülle und reibt deshalb die Haut nicht, schützt auch, eben wegen der innerhalb der Hülle festgehaltenen Luftschicht vor raschem

Wärmeaustausch. Auf dem Kopf ein Hut in der bekannten Helmform; ein dichter Schleier aus Seidenzeug schützt den Nacken und umgibt auch noch schützend den Hut. Dieser letztere ist aus dem ausgezeichnetsten Hutmaterial, was die Hitze betrifft, hergestellt, nämlich aus dem indischen Markholz, der Schola= oder Pith=Pflanze.* Der Schola=Hut hat Wände von gegen einen Centimeter Dicke und ist aus dünnen Spähnen des Markholzes zusammengeklebt, darauf mit leichtem grauem Stoff überzogen und innen mit einem Kopfring garnirt. Dieser ist nicht unmittelbar, sondern vermittelst eines wellen= förmig gebogenen Zwischenringes am Hutinnern befestigt, so daß zwischen Kopfring und Hutwand die Luft durchstreichen kann. Der Hut schützt wegen der Dicke seiner Wandungen** und wegen deren Vielschichtigkeit vorzüglich gegen die Hitze; das Gewicht meines Helmhutes beträgt 125 Gramm, das ist weniger als das eines gewöhnlichen Seidenhutes.

So ausgerüstet, vermag man in der tropischen Hitze zu leben, die nämlich wirklich tropische Hitze ist, nicht die nach= gemachte, welche unserer hiesigen hyperbolischen Auffassung nach uns so oft hier belästigt. Zu Hülfe nimmt man noch das Bad, aber auch dieses nach Landesgewohnheit. Nicht nämlich das Vollbad, bei welchem wir durch starke Schwimm= bewegung uns wieder aufs neue erhitzen, oder das Wannenbad, bei dem bloß durch Wärmeleitung die Haut gekühlt werden soll, aber von dem zu warmen Wasser nicht gekühlt wird, sondern das Uebergießungsbad, das Gußbad könnte man's

---

* Pflanze von der Gattung Aschynoméne, die in Indien baum= artig wächst und deren getrocknete Aeste wie Schaum so leicht sind; die Holzmasse ist schneeweiß.

** Ein Scholahut für Feld= oder Gartenarbeit, welchen ich für das handelsgeographische Museum (Wilhelmstraße, Architektenhaus) mitbrachte, hat 25 Millimeter Wandbicke.

nennen, bei welchem die Verdunstung des über den Körper
gegossenen Wassers die Abkühlung bewirkt.

Im Badezimmer findet man keine Wanne, sondern einen
großen wassergefüllten Kübel, bei feinerer Einrichtung jenes
fast halbkugelförmige thönerne Gefäß chinesischer Herkunft, außen
blau glasirt und hübsch ornamentirt, dessen Bestimmung mir
erst im Orient klar geworden ist. Sodann ist zur Hand ein
Gußgefäß, die Tschatty, bei einfacher Einrichtung von Holz
gemacht, bei eleganterer aus Kupfer getrieben, manchmal vor=
züglich ornamentirt, vor allem im vornehmeren Frauenbad.
Mittelst dieses Guß= oder Sturzgefäßes, welches einen halben
Hut voll Wasser faßt, übergießt nun der Badende seine er=
schöpften Glieder, läßt über die Schultern, über Brust und
Rücken den kühlenden Strom herabrieseln und verschafft sich
so eine köstliche Erfrischung. Man steht auf einem Holzgitter
mit schmalen Spalten, durch welche das abfließende Wasser
auf den Fliesenboden gelangt, der ein kleines Gefälle nach
einer Ecke der Stube hat.

Die Gußbäder erfrischen nahezu proportional der Häufig=
keit des Uebergießens. Deshalb hat die indische Kastenregel
dasselbe auch in Betracht gezogen. In den untersten Kasten=
stufen ist das Tschattybad gar nicht erlaubt, da gilt bloß das
Eintauchbad; andere dürfen es anwenden, aber nur bis zu
zehn Güssen, wieder andere bis zu zwanzig, dreißig, fünfzig,
die obersten bis zu hundert. Im Schweiß deines Angesichts
sollst du!!

Auf dem deutschen Konsulat bei den Herren Ernsthausen,
Oesterlein u. Co. wurden wir von dem Stellvertreter des
Konsuls, der in Europa weilte, freundlichst aufgenommen. Es
war mir sehr interessant, das große deutsche Kaufmannshaus
kennen zu lernen, das vermöge seiner Verbindung mit unserem
Mitbürger W. Sch . . . t so manche Beziehungen mit unserem
Vaterlande hat. Die Bureaus liegen so viel als thunlich der

direkten Sonnenbeleuchtung entrückt in einem massiven tiefen Ge=
bäude; überall wehten die Punkhas über den weiträumig gestellten
Schreibtischen. Aufs zuvorkommendste wurden wir für unsere
Weiterreise und die erforderlichen Gepäckspeditionen unterstützt;
ein großer Segler war eben in Befrachtung begriffen, reich
mit des Orients Schätzen, d. h. diesesmal wesentlich mit Weizen
beladen. Man gab uns freundlichst einen indischen Packmeister
mit. Dieser war des Lobes der deutschen Nation als solcher
voll. Mit den Deutschen, meinte er, verkehre er lieber, als
mit irgend anderen Fremden, weit lieber als mit dem „Un=
grisi" — so ist das „English" umgeprägt für den hindosta=
nischen Mund, also nicht aufgenommen, was mir für die
Stellung des Engländers zum inneren indischen Menschen
karakteristisch scheint — die Deutschen behandelten sie, die
Inder, mit Achtung, sie kännten ihre alte heilige Sprache,
man fühle und empfinde doch immer aus ihrem Wesen heraus,
daß sie stammverwandt mit ihnen seien! Ich gebe
wörtlich wieder, was der schlichte einfache dicke Mann im
weißen Turban sagte, und glaube, es für mehr als eine bloße
Schmeichelei halten zu müssen; später sollte ich eine noch ein=
gehendere Wiederholung derselben Gesinnungsäußerung erleben.

Am Nachmittag wurde eine Expedition in den unver=
fälschten indischen Theil der „schwarzen Stadt" vorgenommen,
zunächst nämlich zur Erwerbung eines neuen Scholahutes für
meinen unscheinbar gewordenen geschritten. Dschebby führte
uns zum „größten und ersten" Verfertiger solcher Schola=Topi
(Hüte). Es war ein förmliches Schauspiel. Das Haus eine
enge niedrige hüttenartige Wohnstätte, vor der sich alsbald
beim Eintritt dreier „Ungrisi" oder „Sahiblog", d. i. Herren=
leute, wie die Europäer im Allgemeinen genannt werden, ein
ordentlicher Auflauf bildete. Die umwohnenden Konkurrenten
kamen alle, dem Geschäftsabschluß beizuwohnen. In den engen
Räumen des „größten und ersten" Topi=Fabrikanten standen

dicht gedrängt Regale, die bis zur niedrigen Decke reichten, die Vorräthe an Fabrikat bergend. Man bot mir alsbald einen Schemel zum Sitzen an; es war aber so eng, daß ich kaum die Beine auszustrecken vermochte. Dienstfertig wurde nun ein Topi nach dem anderen aus seiner Papierhülle ge= nommen und angepaßt unter Vorhaltung eines kleinen vier= eckigen Spiegels, den man schnell irgendwo hergeholt. Nach geschehener Auswahl forderte ich den zur Vervollständigung er= forderlichen Schleier; keine da; aber ein Nachbar holte flugs welche aus seinem Laden. Bald waren wir handelseinig, und nun wurde mit Kunst der Schleier herumgesteckt, daß er vorne hübsch gewendet und gelegt war und hinten breit und schützend herabhing, alles unter Kritik und Rath der die engen Räume erfüllenden Gesellschaft, die schließlich mit Befriedigung den richtigen Verlauf des Ereignisses anerkannte. Während der ganzen Prozedur hatte ein brauner Bursche eine aus einem Palmblatt hergestellte Punkha neben mir geschwungen, wofür er einen Backschisch in Form eines Ana freudig entgegennahm. Mein Hut saß gut und luftig,* und wir wurden mit Aner= kennung herausbegleitet.

Nunmehr ging es weiter, nachdem Dschebby auf der Gasse die Neugierigen auseinandergedrängt. Von Laden zu Laden betrachteten wir die Erzeugnisse indischer Handfertigkeit; überall stürzten die Besitzer höflich heraus, zum Eintreten auffordernd und Sitze bereit rückend. Bald geriethen wir in das auch hier nicht fehlende chinesische Viertel. Da sah man chinesische

* Die schon vor mehreren Jahren hier empfohlene indische Methode der Lüftung der Männerhüte vermittelst des früher er= wähnten inneren Kopfringes nnd Zickzackbandes scheint denn endlich ernstlich versucht werden zu wollen. Der unermüdliche Fabrikant Bortfeld in Bremen hat den Lüftungshut, freilich nicht aus Schola, sondern aus dünnem Filzstoff hergestellt, in unseren Hutkatalog eingeführt.

Cloisonné=Emaillen geringer Mache, wie sie durch den Handel
jetzt auch vielfach zu uns gelangen, dann Thonwaaren, Por=
zellane, Elfenbeingeschnitze, Bronzen, Metallgeräthe aller Art,
wovon Einzelnes erworben wurde.

In Melbourne auf der Ausstellung, wo vortreffliche indische
Metallarbeiten ausgestellt gewesen, hatten mir die Arbeiten eines
angeblich ausgezeichneten Kalkuttaer Fabrikanten sehr gefallen;
fast immer aber war der Kauf an den merkwürdig hohen Preisen
gescheitert. Kettar Nath hatte der Mann geheißen, er sei der
erste auf der ganzen Ostküste, aber maßlos theuer, hieß es
seitens des indischen Kommissars. Zu Kettar Nath also! sagte
ich zu Dschebby. Vor einem niederprasselnden gewaltigen
Nachmittagsregen flüchteten wir in eine Gari und fuhren
durch die engen winkligen Gassen zu dem großen theuren
Kaufmann hin. Endlich hielt unser Fuhrwerk und wir kletterten
heraus, dann einige steinerne Stufen hinauf in den Laden.

Es war ein Raum etwa zwanzig Fuß lang und zehn
bis zwölf Fuß tief. Ringsum an den Wänden standen alte
gebrechliche Glasschränke europäischer Herkunft und in diesen
neben= und aufeinander eine Menge Gefäße und Geräthe von
sogenannter Morababad=Arbeit. Ein kleiner Tisch stand in der
Mitte des Raumes, an dem wir uns auf dargebotene Sitze
niederließen. Der Boden war mit einem sehr schadhaften
Ziegelpflaster belegt, der weiß gewesene Wandputz stellenweise
in großen Lappen herabgefallen. So sah es bei dem großen
theuren Kettar Nath aus.

Nun trat auch dieser selbst aus der anstoßenden Werk=
statt heraus. Unsere Spannung, wie der vielberufene Kauf=
mann aussehen werde, wurde in ganz unerwarteter Weise ge=
löst. Hatte man sich doch vorgestellt, einen wohlgenährten und
beleibten, freundlich=stolzen braunen Mann in weißer Koch=
Tracht und breitem Turban aus der Thüröffnung quellen zu
sehen. Heraus trat aber ein dürftig aussehender Alter mit

traurigem Gesicht, am Oberkörper gänzlich unbekleidet, um die Hüften ein bis zum halben Unterschenkel reichendes Tuch — die Dhoti — geschlungen. Wie in tiefem Kummer rang er die vor die Brust gehaltenen verschränkten Hände, als er nach unserem Begehr fragte. Das Kummervolle des Gesichtsaus= druckes wurde offenbar noch besonders erhöht durch schwarze, gelbe und rothe Striche, die ihm senkrecht mitten auf die Stirn gemalt waren, nicht etwa zum Schmuck bestimmt, wie bei den Wilden, sondern das nach der Beichte vom Priester empfangene Beichtzeichen darstellend.

Jeden Morgen findet in dem Hause des den üblichen Regeln nachlebenden Hindus Gottesdienst statt, und zwar wo es irgend vermocht wird, vor einem zu dem Ende sich ein= findenden Priester, dem Purohit. Fast immer soll dabei Beichte abgelegt werden. Freilich scheint unter den niederen Klassen die Strenge nicht völlig gehandhabt zu werden; unser Diener Dschebby z. B. betrieb die Sache ziemlich lax und ent= schuldigte sich mit seiner Dienstpflicht. Man bedenke aber nur die geradezu fabulose Macht über die Gemüther, welche eine Priesterschaft im Besitz hat, welcher sich alltäglich aufs Neue der normale Mensch in Indien zu beugen nicht zaudert! Auch äußerst dauerhaft ist das ganze Verhältniß angelegt, denn der Purohit lebt von seinem Geschäft; er nimmt die der Gottheit vor deren Hausbild dargebrachten Opfer aus Reis, Baum= früchten, süßem Gebäck und Milch ganz einfach ad saccum, welcher letztere „eigens zu dem Zwecke mitgebracht" wird. Das Resultat des Sündenbekenntnisses wird dem Beichtkind mit Wasserfarben auf die Stirne gemalt, in Strichen, Punkten, Kreischen, Möndchen u. s. w. Ein Kenner vermag, wie mir ausdrücklich versichert wurde, Fehl, Sünd' und Laster des Trägers aus diesen Aquarellen zu lesen. Mir fiel das reizende Madrigal von Metastasio ein, der sich ausmalt, wie es sein würde:

Se a ciascun l'interno affanno
Si leggesse in fronte scritto — —
Quanti mai che invidia fanno,
Ci farebbero pietà!!

．　．　．　．　．　．　．　．

Also das ist Kettar Nath?! Han, Sahib (Ja, Herr!)
lautet die wie in Wehmuth gegebene Antwort. Nun, laßt
eure Waaren sehen. Er kramte aus. Es war nur das eigene,
in der That vortreffliche Fabrikat in der Metallwaare, die
nach der Stadt Morababab benannt wird. Sie ist den Lesern
durch Import aus Indien vielfach bekannt gemacht worden.
Zinnfarbiges, nämlich (kalt) verzinntes Messing mit zierlichen,
eingravirten Ornamenten, in welche schwarzer Lack eingelassen
ist. Durch Verdecken einzelner ornamentirter Theile vor dem
Verzinnen wird die ursprüngliche Messingfarbe unverändert
erhalten, und somit über drei Farben: weiß (des Zinns), gelb
(des Messings) und schwarz (des Lacks) verfügt. Die Moraba=
babgefäße sind in Indien ungemein verbreitet, freilich in starken
Abstufungen hinsichtlich der Schönheit der Herstellung. Kettar
Nath's Sachen waren vorzüglich. Nach der Auswahl ging's
ans Handeln, das in ganz Indien, dem Orient überhaupt,
unerläßlich ist. Unser Mann war ziemlich hartnäckig. Klagend
sagte er: Aber Sahib sucht sich auch immer gerade die schönsten
Stücke aus, gerade die am besten gearbeiteten! Mit dem
Lachen kämpfend, schalt ich auf ihn los; er sei auch in Mel=
bourne der allertheuerste gewesen; ich mußte zwar innerlich
gestehen, daß die uns jetzt abgeforderten Preise keineswegs
übertrieben waren. Aber fünfzehn bis zwanzig Prozent sah
man, waren noch abzuziehen. O Sahib, sagte er, und sein
ganzer Kummer schien sich zu konzentriren, ich theuer in Mel=
bourne? Sehen Sie hier, meine Rechnungen aus Gall (Point
de Galles auf Ceylon) von meinem Agenten für Melbourne.
Babu, komm her, zeige die Rechnungen. Für sechzig Pfund

Waaren habe ich abgeschickt und hier sehen Sie die Gegen=
rechnung des Agenten. Da sind Expenses, Cabs und Omnibusses,
und Schreibpapier, und dann „special man for attendance"
durch acht Monate, und Articles in Newspapers und noch
manches andere — die ganze Unterhaltung ging theils in
Hindi, durch Dschebby verbolmetscht, theils in gebrochenem
Englisch durch Kettar, theils in geläufigerem durch den Babu
vor sich — und sehen Sie, Sahib, nun rechnet der Agent
mir fünfundsechzig Pfund Kosten, und schreibt, sehen Sie hier,
ich solle ihm noch 5 Pfund nach Gall schicken! Sagen Sie,
Sahib, muß ich die fünf Pfund noch schicken, soll ich sie
schicken? Und die Regierung hatte doch ihren eigenen Kom=
missar für uns geschickt und uns keine Kosten abverlangt!

Ich fiel in meinen Stuhl zurück, wir starrten uns an.
Kannten wir doch diese Rechnungsform von anderen Fällen
her. So war also der gute Kettar Nath seine ausgezeichneten
Waaren losgeworden, war wegen der Preise, die andere dafür
genommen, als theuer verschrieen und sollte nun der guten
Waare noch baares Geld nachsenden. Ich rieth ihm, einst=
weilen noch zu warten mit den fünf Pfund. — — Mehrere
vortreffliche Stücke, die sich jetzt zum größten Theil bei kunst=
geneigten Freunden in der Reichshauptstadt befinden, wurden
von dem wehmüthigen Kettar schließlich erstanden.

Den späteren Nachmittag, während meine jüngeren Be=
gleiter freundlichst unserer Gepäckexpedition oblagen, benutzte
ich allein zu einem Besuche des in der „weißen Stadt" be=
legenen botanischen Gartens; vor allem wegen des berühmten
„großen Baumes" daselbst. Eine Gari trug mich rasch hin=
über über die Huglybrücke und durch den an ländlichem
Karakter stets zunehmenden südlichen Stadttheil. Auf einem
großen Platz angekommen hörte ich es vier Uhr schlagen.
Momentan darauf öffnete sich das Thor eines größeren Ge=
bäudes und heraus stürzte — die liebe Schuljugend. Es mochte

eine Schule besseren Ranges sein; denn die ganze, unendlich vergnügte junge Gesellschaft war bekleidet und zwar schloh= weiß. Das jagte, die Tafeln und Mappen unter dem Arm, in fliegenden Sprüngen über den Platz hin. Warum aber so rennen? Bald merkte ich's. Dort kam ein Zug Militär, Berittene, mit lustiger Musik. Sie hatten Eskorte zu bilden, so wußte mein Kutscher mir beizubringen, für die Ex=Königin von Audh. Die Jungens mußten das Beides natürlich sehen, tout comme chez nous!

Der botanische Garten bedeckt so und so viele Acker Landes und prangt, wie man hatte hoffen dürfen, in einer Wunder= fülle tropischer Gewächse. Da reckt die herrliche Königspalme ihren Blattfächer hoch in die Luft, die Kokospalmen als gewöhnliches Baumvolk wie verächtlich ansehend, der Bananen gar nicht zu gedenken; streitig macht ihr nur die Herrschaft etwa dort die Palme mit ihrer gewaltigen runden Krone, aus der die fächerförmigen, sich gern in die senkrechte Ebene stellenden Blätter die Königspalme kopiren zu wollen scheinen. Braunviolette Früchte hängen an den hohen Bäumen; eine schöne, abgefallene hob ich auf und legte sie in den Wagen, der mich tief in den Garten hineinfuhr. Das war ein Summen und Schwirren in dem von herrlichen Wiesenplänen durchzogenen oder von Blumenparterre=Anlagen unterbrochenen Gebüsch und Parkwald. Da flatterten einzelne kleine Papa= geien, namentlich aber schossen bunte Spechte, an denen Indien reich ist, daher, und über die Blumen und Gräser irrten herr= liche Schmetterlinge, daß man fiebrig wurde, sie zu fangen. Ein wirklicher Versuch, einem solchen prächtigen Gaukler der Blumendüfte nachzugehen, brachte mich wieder an einen breiten Weg zwischen üppigen Grünflächen mit Bosketten und Blumen= rabatten. Da stand mitten auf dem Wege ein großer schöner Vierspänner, Kutscher abgestiegen, die Pferde hie und da die Köpfe der Fliegen wegen schüttelnd, daß das silberbeschlagene

Geschirr klirrte. In dem Wagen, der ein von seinen Säulchen getragenes flaches Dach hatte, saß ganz allein eine korpulente ältere Dame von beinahe bronzefarbigem Teint, regungslos, starr gerade aus wie ins Leere oder die endlose Weite blickend; es war die vorhin von den Jungens und Soldaten eskortirte Königin von Audh. Ihre zwei Hofdamen und zwei männlichen Begleiter waren ausgestiegen und ergingen sich unter munterem, englisch herüberklingendem Gespräch im Grünen. Fragen tauchten bei mir auf. Sind die Hofleute selbstgewählte oder sind sie „beigegeben" — so ein wenig zur Ueberwachung derer, die da kommen und gehen und noch anderer? Ob die Exkönigin wohl an ihre einstige Macht gedenkt, oder an Ayodhya's alte Herrlichkeit und Größe, an den König, der den theuren Sohn Rama vertrieb, an die Zeiten, wo König Nal in Knechtsgestalt an den Hof von Ayodhya kam, Damayanti suchend — oder — ob sie sich einfach langweilt? —

Vergeblich hatte ich schon längere Zeit nach dem großen Baume gesucht (den Kutscher hatte ich an einen üblichen Halteplatz konsignirt); endlich gab mir jemand die richtige Richtung nach dem „big tree" an und bald zeigte sich mir über einen Wiesenplan hin an einer Durchblickstelle die grüne Laubmasse, die sich wie ein mächtiger Hügel aus der Ebene erhob. Noch sieben volle Minuten hatte ich durch die Laubwege zu gehen, ehe ich hingelangte.

Um dem Leser eine Vorstellung von dem großen Baum zu geben, kann ich hier auf eine Abbildung hinweisen. Es ist aber zu sagen, daß sein enormes Größenmaß, wenn man unter dem Baum steht, nur durch Reflexion in unser Bewußtsein tritt. Der mächtige grüne Hügel, den man von Ferne sieht, und den die Parkanlage des Kalkuttaer Gartens eigentlich nicht genügend zur Geltung bringt, verwandelt sich beim Herantreten in einen Wald, indem die von dem Hauptstamm ausgehenden horizontalen Hauptäste senkrechte Luftwurzeln aus=

Unter dem großen Baum.

gesandt haben, welche, am nährenden Boden angekommen, sich
als Stämme ausbilden, die als Säulenstützen dankbar den
Mutterast tragen, ja bei ihrem Weiterwachsen wieder heben
und ihm die Fortsetzung seines Triebes in die radiale Weite
nicht nur gestatten, sondern dieselbe durch Nährung erst recht
begünstigen. Unter den ziemlich häufig vorkommenden Bäumen
mit Wurzelstützen, die ich im fernen Osten gesehen, zeichnet
sich die Baniane oder indische Feige, um welche es sich hier
handelt, namentlich durch die vollständig baumstammartige
Entwicklung der Stützen, förmlicher Filialstämme, aus. Gegen
hundert derselben trugen das Gebälke des Blätterdaches, dessen
frische Schößlinge die glatten glänzenden Blätter zeigten, die
wir von dem „Gummibaume" in unsern Zimmern, einem
nahen Verwandten der Baniane, kennen; bei den älteren
Schößen ist das Grün matt, rostfleckig geworden, so daß
ein bräunliches Grün die Hauptfarbe der schattenspendenden
Wölbung ist, die sich acht, zwölf, dreizehn Fuß über uns
wellig dahin zieht. Der rippige wurzelknorrige Hauptstamm
mochte etwa zwölf Fuß Durchmesser haben; besonders hoch
hinauf wächst er nicht, wie auch unser Bild erkennen läßt,
obwohl er immerhin dem Blätterhügel eine Kuppenform ver=
schafft; das Hauptstreben geht in die horizontale Weite, als
ob die Schaffung des Schattendaches, des „grünen Zeltes",
die Aufgabe des Baumlebens sei, ganz entgegen derjenigen,
welcher die australischen und kalifornischen Baumriesen leben,
indem sie ihr ganzes Vermögen auf die Erreichung der Höhe
verwenden. Der nüchterne Yankee und der rechnende Vic=
torianer fällen den in seiner Ich=Entwicklung zum Höchsten
gelangten Riesen; durch Jahrhunderte dagegen, vielleicht sogar
Jahrtausende hindurch pflegen und erhalten die dankbaren
Kinder Indiens den spendenden selbstlosen Feigenbaum, der
seine Größe nicht zeigen zu wollen, ja selbst nicht zu kennen
scheint. Ich maß in zwei Richtungen den Kronendurchmesser

mit Schritten und fand 120 in der einen, 127 in der anderen Richtung, was einem mittleren Durchmesser von 2= bis 93 Meter entspricht, indem mein Schritt, besonders ausgemessen, 75 Centi= meter faßt.* Dies giebt eine Grundfläche von nahe 6800 Quadratmetern. Bei Abrechnung von ganzen 100 Quadrat= metern für die Stämme könnten somit 6700 Menschen unter dem Baume zusammenstehen, wobei jeder einzelne einen Quadratmeter Platz hätte!!

Man erzählt von großen Zusammenkünften unter dem Baum von Kalkutta, sowie auch unter anderen berühmten indischen Feigenbäumen. Was Wunder auch, daß solche merk= würdige Bäume in den kultivirten Gegenden, in welchen sie stehen, weit und breit Ruhm erlangen. Man spricht von einem solchen einfach als von „dem Feigenbaum" und kann sich ganz gut Volksversammlungen, Predigt und Prophetenthum in Ver= bindung mit ihm denken. Auch Buddha lehrte und warb Jünger unter einem solchen berühmten Feigenbaum, zu dem später, nämlich über zwölf Jahrhunderte später, noch gewall= fahrtet wurde. Hat ja doch davon eine besondere Art der in= dischen Feige den botanischen Beinamen religiosa erhalten. Eine überaus räthselhafte Stelle im Evangelium Johannes (1,48—50) führt A. Seydel auf den Sagenkreis, der sich um diesen von Buddha besuchten Baum gebildet, zurück.

Ich hatte mich auf eine der Gartenbänke niedergelassen, deren viele unter dem Feigenbaum, zur Rast einladend, ver= theilt sind, und suchte die Eindrücke zu befestigen, die das merkwürdige tropische Baumgebilde hervorrief, durch Verfol= gung der Ast= und Zweigformen, der unregelmäßigen, wie

* Mitten auf den Pariser Platz gestellt, würde der Baum mit seiner Krone sich den Grenzen des Platzes bis auf 9—10 Schritt nähern: oder: die Grundfläche der Baumkrone ist ungefähr gleich derjenigen des Berliner Rathhauses, dessen Höhe der Baum in der Mitte auch ungefähr erreicht.

tastenden Absenkung künftiger Wurzelstützen, der malerischen
Verschlingungen im Gewirre der Aeste, in denen der Trieb
zum Licht kämpfte mit demjenigen nach dem nahrungver=
heißenden Boden; oder ist es die Flucht vor der versengenden
Sommersonne, der sich die von den neuen Wurzeln hinauf=
bringenden Säulen entgegenstemmen? Bald wurde ich aber
aufmerksam auf eine Gruppe indischer Gartenleute, Weiber
und Kinder, die in langer Reihe am Boden hockten, mit dem
Ausjäten des Unkrautes unter dem Baum beschäftigt. Ein
kleines Mädchen, etwa drei Jahre alt mochte es sein, wurde,
wie ich allmählich verstand, von den übrigen aufgemuntert,
einen Backschisch von dem fremden Sahib zu erbitten. Dschao*
mang bakschisch!" (Geh, bitte um einen Bakschisch) verstand
ich endlich nach scharfem Aufhorchen. Nach jedem Schritt
wieder stockend, dann wieder zurücklaufend, dann wieder zögernd
vorrückend, kam endlich das kleine Ding heran, durch mein
Zunicken ermuthigt. Das ganze schokoladenbraune Körperchen
war nackt; nur um das Bäuchelchen war eine Schnur ge=
schlungen, an der ein silbernes Herzchen hing, ein von den
Priestern nicht ganz kostenfrei zu erlangendes Amulet gegen
böse Geister, das man bei nackt umherlaufenden Kleinen dort
fast immer sieht. Verlegen den Finger zwischen den Lippen,
immer mich ängstlich aus den glanzvollen dunklen Augen an=
blickend, war es endlich herangekommen. „Bol bakschisch Sahib!"
(Sage: Bakschisch Herr) scholl es wieder aus der soufflirenden
Gruppe herüber. Endlich streckte die Kleine die winzige Hand
mit einem kaum hörbaren „Batsis, Sahib" aus; aber ganz
so, wie sich bei uns eine solche kleine Szene abspielen würde;
genau dieselbe liebliche Schüchternheit, genau dasselbe Ersetzen
des „tsch" durch „ts". Als das kleine Ding mit dem Kupfer=
stück, das ich ihm in das Patschchen gedrückt, sich wieder bei

* „Dsch" so weich wie möglich ausgesprochen, etwa so wie das
j im englischen „joy".

ben Seinen haftig in Sicherheit gebracht, hörte ich noch, wie die immer ruhig Weiterjätenden wiederum wiederholt sagten: „Bol: schukr Sahib" (Sage: banke Herr), als ob sie die wörtliche, so zu sagen buchstäbliche Ueberseßung aus dem Deutschen ins Indische bis zum Punkt auf dem J hätten vollenden wollen.

Das kleine braune Kind bringt mich darauf, einige Worte über den Eindruck zu sagen, den das häufige Nackte im Orient auf uns macht. Ich war beim Betreten des fernen Ostens gespannt darauf, um so mehr, als Aegypten und Syrien die Bekleidung als das durchaus Uebliche zeigen. In Indien ist es anders. Das heiße Klima und· die Gewohnheit, Sitte hat es mit sich gebracht, daß in den arbeitenden Klaffen die Männer sehr häufig fast den ganzen Körper bloß, nämlich nur den Lendenschurz tragen und im Freien den der Hiße wehren= den Turban auffeßen, der in der Werkstätte wegfällt. Auf dem heißen Ceylon geht es, wie mir schien, noch etwas weiter als auf der Halbinsel, insofern, als bort ein größerer Theil der Bevölkerung sich der leichteren Tracht bedient. Der Unter= körper wird dort durch den einfach umgeschlagenen Sarong, der glatt herabhängt, verhüllt; die Männer tragen den Ober= körper bloß, bei den Frauen deckt ihn ein leichtes und durchaus bezentes· Gewandstück. Es ist geradezu erstaunlich zu sehen, wie in ganz Indien im Frauengewand troß deffen Leichtigkeit der Anstand gewahrt wird und wie frei und leicht bei der geringen Bekleidung dennoch die Bewegungen sind. Auch haben wir anzunehmen, daß die Jahrhunderte zurück es im Allgemeinen so gehalten wurde wie jeßt. Wenn daher Riedel einst Sakuntalas köstliche Erscheinung mit unschulbig unver= hülltem Oberkörper malte, so schuf er nicht dem vollen Sinne des indischen Dichters nach; er würde in Sakuntalas Vater= lande nicht verstanden werden; übrigens wird in Kalibasa's Schauspiel selbst ausdrücklich und wiederholt von der Bekleidung

Sakuntala's gesprochen. Ein einziges Mal auf der ganzen Reise sah ich das Prinzip durchbrochen. Es war vor einem stillen Bauernhause, wo ich eine Frau erblickte, welche nichts als einen den Unterkörper verhüllenden Sarong trug. Sie war gerade nicht jung, ich schätzte sie in den besten Jahren — zwischen achtzig und neunzig — und darf nicht behaupten, daß der unerwartet sich plötzlich darbietende Anblick ein „sogenannter Genuß" war.

Man gewöhnt sich im Uebrigen rasch an den Anblick des Nackten, weil es eben Nacktheit ohne Nudität ist; auch trägt die dunkle Hautfarbe sehr viel dazu bei, das Unbedecktsein ver= gessen zu machen. Das Freitragen des unverhüllten Brust= korbes bei den Männern erzieht aber zu einer plastischen Schön= heit der Bewegungen der Muskulatur, die außerordentlich frappirt und deren Mangel bei uns die Kleider weit mehr zu verdecken dienen, als man für gewöhnlich annimmt. Die Künstler behaupten dies wenigstens. In Indien überzeugt man sich davon und gewinnt dem Sprichwort „Kleider machen Leute" eine neue, die plastische Seite nämlich, ab.

Das Mißverständniß möchte ich übrigens nicht hervor= rufen, daß die Nichtbekleidung weit die Bevölkerungsschichten hinaufgehe. Offenbar bestehen auch mehrere durch die Völker= mischung hervorgerufene Richtungen, von welchen einzelne sehr weit in der Bekleidungsdisziplin gehen. Perser, Armenier und noch Andere tragen Kleider mit viel Schnitt, allerdings ihrer Eigenart; man beachte z. B. die Insassen der Gari, S. 44 auch einzelne Klassen der eigentlichen Hindostaner tragen ge= schnittene, viel benähte, in Fältelung gesteppte Gewänder. Zu solchen Leuten gehörte auch unser Diener Dschebby, der weiße Hosen und einen vorne in viele Falten gelegten, oben merk= würdig fest anschließenden weißen Kittel trug. Kurios war an diesem die Geldtasche. Sie saß mitten auf dem Brustbein und war so schmal, daß kaum zwei Finger von oben hineinfassen konnten; beim Herausnehmen von Geld mußte die Linke durch Heraufschieben und Drängen der Münzen nachhelfen, eine offenbar taschendiebessichere Einrichtung. Unser Dschebby kannte aber und trug seiner Mittheilung nach gelegentlich auch die eigentliche normal hindostanische Tracht, die wunderbar einfach und zugleich von besonderer Schönheit ist.

Drei ungeschnittene gerade Stücke Zeug bilden für Männer den Anzug. Um Hüften und Beine wird ein langes, etwa 1¼ Meter breites Stück Zeug — die Dhoti — geschlungen, anderthalb bis zweimal herum, je nach der Länge, das Ende am Gürtel eingeschoben; darauf wird der hinten herabhängende Theil zwischen den Beinen in die Höhe genommen und dessen Zipfel ebenfalls am Gürtel untergeschoben. Die Dhoti bildet auf gedachte Weise eine hosenartige Umhüllung der Beine, unter Freilassung etwa der Hälfte der Unterschenkel. Das zweite Stück ist das Schultertuch, der Tschebar. Es dient zur Bedeckung des Oberkörpers und besteht der Regel nach aus ganz feinem, halbdurchsichtigem Wollenzeug. Das gerade lange Stück wird über den Nacken gelegt, die beiden herabhängenden Enden auf der Brust gekreuzt und dann über Rücken und Schulter wieder nach vorne geworfen, ebenfalls unter Kreuzung auf dem Rücken. Der Tschebar kann auf der Brust sowohl bauschig als auch mehr anschließend angelegt werden. In den Falten desselben vor der Brust birgt der Inder Kleinigkeiten, die er mit sich führt; auch Schriftstücke sieht man ihn in diesen „Sinus" schieben; das Insinuiren der Römer wird dort praktisch alle Tage uns vorgeführt. Nun kommt das dritte, bis 20 Meter lange Stück Baumwollzeug, welches den Pugri oder Pagri, den Turban, zu bilden bestimmt ist. Diese Kopf= bedeckung ist nicht genäht, wie die auf unseren Theatern, sondern gewickelt. Ein rundes glattes Mützchen, meist cylindrisch, oder dem bekannten Fez ähnlich in der Form, wird zunächst als Unterbau, als Fundamentstück auf den Kopf gesetzt. Auf

Reichthum und Feinheit dieses Mützchens halten selbst sehr
einfache Leute merkwürdig große Stücke. Nun wird um diesen
Kern der lange Zeugstreifen herumgewickelt, stets so, daß sich
die aufeinanderfolgenden Lagen auf der Stirn kreuzen. Bei
festem und geschicktem Auflegen entsteht so die je nach der
Länge des Zeuges mehr oder weniger wulstige bekannte Kopf=
hülle, welche als ein vorzüglicher Schutz gegen die Hitze ge=
priesen wird. Das Ende des Streifens wird untergeschoben.
Schuhe — Dschuta — meist schnabelförmig, vorne in die Höhe
gebogen, vollenden den Anzug, der mit Vorliebe weiß oder
gelblich weiß, gelegentlich mit ganz schmalen Farbenrändern
geziert, gewählt wird, wo ich ihn zu sehen Gelegenheit
hatte. Schuhe und Kopfhülle sind recht deutlich zu erkennen
auf dem Bilde des Babu, S. 42, der übrigens über seinen
Tschedar einen europäischen Rock „aus dritter Hand" wie der
Engländer, oder vom Mühlendamm wie der Berliner sagt, ge=
zogen hat, um gelehrter auszusehen. Manche befestigen noch
die Dhoti, das untere Kleidungsstück, durch einen schalähnlichen
Gürtel, die Pratta, welche einfach umgeschlungen und leicht
geknotet wird.

Diesen Anzug legen die meisten mit vorzüglichem ¨Ge=
schmack an. Die Leichtigkeit und Einfachheit der Umhüllungs=
weise läßt den Absichten und dem Geschmack des Trägers
allen nur wünschbaren Spielraum und so entsteht mitunter
eine Bekleidung, wie sie den Gesetzen strenger Kunstschöpfung
gemäß nicht besser erdacht werden könnte. Zur Vollendung
der Erscheinung trägt nicht wenig die Kleinheit der Extremi=
täten der Inder, ihre kleinen Hände und Füße, bei.* Staunend
haben wir auf unserer Reise manchmal jüngere Männer be=

* Die Kleinheit der heutigen Säbel= und Dolchgriffe der Inder
entspricht diesem Umstande und deutet vielleicht auf orientalischen
Ursprung unserer prähistorischen Bronzewaffen hin, deren kleine Griffe
zu unseren Gliedmaßen nicht passen wollen.

trachtet, welche den beschriebenen Anzug mit solcher sich wie
von selbst ergebender stolzer Grazie angelegt hatten und trugen,
daß man lebhaft an die antike Kunstwelt erinnert wurde.
Eine ungebrochene Tradition hat in Indien diese schöne Be=
kleidungsweise erhalten, vielleicht die kunstschönste in ihrer Ein=
fachheit, die heute irgendwo auf dem Erdball zu finden ist,
zugleich eine solche, die uns das Verständniß der altgriechischen
und römischen klassischen Tracht zum Greifen nahe bringt.

Langsam wandelte ich durch den Garten in der Gluth
der Nachmittagssonne nach dem Standort meines Wagens hin,
als mir, die Mappe unter dem Arm, ein Schulknabe begegnete,
vielleicht verspätet von der Eskortirung der Königin von Aubh,
oder auch vielleicht mit einer Strafarbeit bedacht, in der
Schule festgehalten gewesen. Er zog höflich seine breite weiße
Mütze und blieb, als ich ihn anredete, stehen. Ich fragte ihn,
aus was für Unterricht er komme; er antwortete: Geographie.
Laß mich Dein Buch sehen. Es war ein gedrängt abgefaßtes
Kompendium in englischer Sprache. Kennst Du Deutschland?
Ja, Herr! Er schlug mir die Stelle auf im Buch. Da standen
die Notizen. Gleich nach Größe und Einwohnerzahl die An=
gaben über die Verfassung: Bundesstaat, Kaiser, Reichstag aus
allgemeiner Wahl hervorgehend, Reichskanzler, Armee, Größe
derselben, Kontingente. . . Dann folgte bald ein kleiner Ab=
schnitt „Große Städte.“ Da hieß es: Berlin, Königsberg,
Potsdam, Dresden, München, Stuttgart. Punktum! Wie die
Potsdamer sich freuen würden, dachte ich, wenn sie wüßten,
daß sie als große Stadt in Indien auswendig gelernt werden. —
Ich sah mir das Lesebuch an; mein junger Examinand gab mir
stets höflich auf alles Bescheid. Da wechselten Hindi und
Englisch; ersteres überwog übrigens. Lernt ihr auch Sanskrit?
Ja, lesen und schreiben; hier steht's. Am Schluß des Buches
war ein kleines Kompendium angehängt, eine Art höherer
Fibel des Sanskrit. Da standen die 14 Vokale und die der

Lautbildung gemäß so interessant geordneten 33 Konsonanten
in voller Ordnung. Eine dürftige Kenntniß derselben, die ich
mir früher angeeignet, kam mir zu Nutz. Plötzlich schoß mir
ein Gedanke, so zu sagen ein verschmitzter, durch den Kopf,
nämlich der, aus naivem Munde über die Aussprache des ça
etwas zu hören, die bei uns etwas zweifelhaft ist. Soll es
wie unser ß, oder wie sch, oder wie s ausgesprochen werden,
oder ist die wahrscheinlich richtigste Sprechweise wie ch in
Becher? Unsern Dschebby hatte ich schon vergeblich examinirt;
er kannte auch den Sanskrit aus der Schule, aber war
doch nicht sicher. Also mein Junge sollte mir Aufschluß ver=
schaffen. Ich ließ ihn lesen, mit dem Finger vorzeigend: Ka,
kha, ga, gha, deutlich hauchte er das h hinter k und g, p
und b u. s. w. Endlich kam das ça. Er sagte ßa, sehr
scharf. Noch genauer! forderte ich. Darauf bemühte er sich,
ßcha, die Zunge niederdrückend, zu sagen. Hiernach schwebt
also der Laut jetzt zwischen dem ß und dem che. Dialektisch scheinen
noch Verschiedenheiten zu walten; denn die Einen umschreiben
Çiva mit Schiwa, die Anderen mit Siva. Jedenfalls hat
Lobedanz mit Unrecht Urvaçi mit „Urvasi" wiedergegeben.
Statt des s müßte mindestens ein ß stehen.

Ich entließ meinen wohlgezogenen Schuljungen mit ge=
bührendem Lob. Kalidasa's treffliches Schauspiel „Urvaçi", das
Seitenstück zur Sakuntala, ging mir durch den Kopf, die
Kämpfe der Könige und der Götter auf ihren fliegenden
Streitwagen, die vor 1800 bis 2000 Jahren einen Theater=
apparat in Indien voraussetzen, welchen wir heute bei uns noch
erstaunlich finden; wie spielte man doch, dachte ich, diese Szenen,
wie bewegte sich, wie sang, klagte die schöne Himmelstochter
Urvaßi über die Untreue ihres leichtbeweglichen Gemahls? . .
Da tauchte um eine Gebüscheche herum Dschebby auf, der mich
richtig aufgespürt; er brachte eine große Nachricht. Ich hatte
ihm aufgetragen, indisches Theaterspiel zu finden um jeden

Preis, und er hatte welches gefunden. Heute Abend acht Uhr
großes indisches Schauspiel von einer rein indischen Gesellschaft
gespielt! Stück, worin Götter und Göttinnen vorkommen!
So sollte denn alsbald mein Wunsch in Erfüllung gehen.

Nach dem Abendessen fuhren wir, eingezwängt in eine
heiße, hartfederige Gari, weit hinaus in den Westen der
„schwarzen Stadt". Dschebby wußte nur ungefähr die Lage
des Theaters, der Kutscher nicht mehr. Wir fuhren suchend
hin und wieder. Vor den Hausthüren sah man Gruppen
sitzen, Erzählern lauschend, wie es schien; man saß natürlich
auf der Erde hockend, oder auch die Beine untergeschlagen;
andere trieben Spiele, Kinder haschten einander; mit einem
Wort, der „kühle" Sommerabend wurde wie im Dorfe bei uns
vor den Thüren zugebracht: Wirthshäuser giebt's nicht.

Endlich war das Theater entdeckt und erreicht, schon von
weitem an dem üppigen Gasaufwand zu erkennen. Eine
breite zweiflüglige Holztreppe führte von außen hinauf zur
Ebene des ersten Ranges, auf welchem wir beinahe die Einzigen
waren. Das Stück hatte glücklicherweise noch nicht begonnen,
so daß uns Zeit zur Orientirung blieb. Da war ein Parterre
mit logenartigen Abtheilungen am Proscenium; oben auf
unserem Rang dergleichen, nur war die linksbelegene obere
Loge mit dichtem Holzgitter ringsum abgeschlossen: für die
indischen Damen! Man sah schattenhafte Umrisse sich drinnen
bewegen, was meine jüngeren Begleiter sehr beunruhigte. Im
Parterre saß dicht vor dem Vorhang, demselben den Rücken
wendend, das Orchesterpersonal, bereits in voller Aktion. Was
sie auf den sehr primitiven indischen Instrumenten spielten,
war fürchterlich. Es waren Flöten und Klimperlauten, und
kurzathmige Trommeln und anderes mehr, von etwa acht
Mann kunstfroh behandelt. Das quiekte und schrie und
zimbelte und pumperte, daß es dem europäischen Ohr herzlich
schwer wurde, den Ansturm zu bestehen. Das Einzige, was

rhythmisch aus einem Tonchaos mit ziemlicher Regelmäßigkeit wieder erschien, war eine figurirte abwärts gehende Tonleiter. Nach merkwürdigem Umherrasen jedes einzelnen Instrumentes stürzten sie sich insgesammt, wenn diese Tonleiter wieder anging, auf diese, um wie im Triumph und in hohem Stolz auf derselben herunterzugaukeln.

Allmählich sammelten sich unten im Parterre die Zuschauer an. Sie erschienen ziemlich ausnahmslos in der früher beschriebenen echt indischen Tracht, alle ganz frisch, wie zum Feste gekleidet. Den weißen bauschigen Tschebar um die Schultern geschlungen, nahmen sie auf den einfachen, aber mit Lehnen versehenen Holzbänken Platz, langsam, ohne hastiges Thun, mit einer Würde in den Bewegungen, die geradezu in Erstaunen setzen konnte. Gelegentlich den linken Oberarm auf der Banklehne, den rechten Fuß auf dem linken Knie ruhen lassend, den Kopf frei gehoben, machte mancher der ernsten Abkömmlinge einen wirklich fesselnden Eindruck: „So muß es im alten Rom im Theater ausgesehen haben, meinten meine jüngeren Begleiter wie aus einem Munde, einen Gedankengang wiedergebend, dem auch ich wie unwillkürlich mich hingegeben hatte. Die Gespräche der geduldig Wartenden wurden nie laut und schnell, sondern mit ruhiger Gemessenheit geführt; man erkannte eine übliche Form, ich möchte sagen edlen Anstandes, welcher bei den bronzebraunen Gestalten die Regel zu sein schien.

Zweierlei verlangte ich nun von Dschebby, der sich, der Befehle gewärtig, in der Nähe hielt. Erstens eine Punkha und zweitens jemand, der das Stück erklären und den Dialog wo thunlich übersetzen könne. Beides wurde rasch besorgt. Ein athletisch gebauter Alter erschien, angethan einzig und allein mit einem Lendenschurz, mit sich führend einen Riesenfächer, der aus einem mächtigen trockenen Palmblatt bestand. Von dem runden Blatt waren die strahlenförmig ausgehenden Blatt-

lanzetten von da ab, wo sie nicht mehr mit den Rändern ver=
wachsen sind, abgeschnitten, die bleibende Blattscheibe dann an
einer Seite herabgezogen und an den armsdicken Blattstengel
fest gebunden. Der Punkha=Wala stellte sich hinter uns und
schwang diesen grotesken Fächer pendelartig hin und her, eine
Wohlthat, welche die trotz der späten Stunde furchtbare Hitze
erträglich machte. Bald auch erschien der Dolmetscher in Gestalt
eines der Schauspieler, der heute Abend gerade frei war. Es
war ein schlanker jüngerer Mann mit scharfgeschnittenen Zügen;
er trug europäische Tracht und erklärte sich zuvorkommend
bereit, das Erkläreramt zu übernehmen. Sein Auge leuchtete
von Interesse, von dem Fremden über sein geliebtes Stück ge=
hört zu werden; seine schönen Zähne waren vom Betelkauen
bläulich schwarz, das Zahnfleisch dunkelroth gefärbt; er bot
mir von dem Betelpulver, dem weißlichen Gemisch aus Betel=
pfeffer und Kalk, durch den Saft der Arekanuß aromatisch ge=
würzt, höflich an; ich lehnte dankend ab, machte aber meine
stillen Betrachtungen über das Verhältniß des feinen Narkoti=
kums zu dem gruseligen Priemchen der europäischen Seeleute.
Nun ging in lebhafter und geschickter Darstellung die Erläute=
rung dessen vor sich, was auf den Brettern kommen sollte.
Es sei eine Episode aus der Mahabharata, insbesondere der
Ramayana, den Raub der Sita betreffend, von einem ihrer
Hauptschauspieler für die Truppe bearbeitet. Glücklicherweise
kannte ich die Stelle einigermaßen. Seine Freude darüber war
außerordentlich. Er glühte. Sie sind ein Deutscher? fragte
er. O diese Deutschen, sie kennen unsere Literatur! Welche
Nation! Ich sagte ihm, wir hätten gute Uebersetzungen von
der Ramayana. Sita ist geraubt von dem grausamen Rawana,
König in Lanka (Ceylon). Ihr Gemahl Lackschmana will sie
befreien. Aber Sita ist ja Rama's Gemahlin, nicht seines
jüngeren Bruders Lakschmana, warf ich ein. Jawohl, so ist
es auch! aber unser Dichter hat diese Veränderung gemacht,

um sein Gedicht besser führen zu können, antwortete er ent=
zückt darüber, daß mir das Detail bekannt war.

Es klingelte, die fürchterliche Musik schwieg, der Vorhang
hob sich vor der kleinen Bühne. Da war ein Chor von
Frauen und einigen Männern, die den Raub der Sita be=
klagten und zwar im Gesang, begleitet von der kleinen, stumpf=
tönigen Guitarre mit zwei Darmsaiten. Der Gesang, ein
seltsamer, näselnder Vortrag von kläglicher Eintönigkeit, ganz
ähnlich, wie wir ihn von einer Parsitruppe in Singapore schon
vernommen. Die Frauen schritten einförmig und in steifer
Bewegung hin und her, mit dünnem nasalem Vortrag die
Exposition gebend. Nun erschien der junge Lakschmana, der
beraubte, beleidigte Ehemann. Eine schwarze Perücke, deren
Strähne ihm bis zu den Hüften herabhingen, schien ihn als
einen der Helden auszeichnen zu sollen. Sein buntes an=
liegendes Kostüm verrieth die Pracht der Bekleidung des
Königsohnes von Ayodhya. Er drückte den Affekt durch
wildes Springen aus und strich sich von Zeit zu Zeit den
unbequemen Haarschwall aus dem Gesicht. Lakschmana und
seine Freunde beschlossen, die Hülfe der Götter anzuflehen, was
zunächst durch ein Chorgebet geschah, und dann Ram's Unter=
stützung — die heutigen Inder sagen nicht Rama, sondern
Ram — zu erbitten.

Szenenwechsel. Ram, den sein Vater auf Anstiften seiner
Stiefmutter Keikeyi in die Wildniß verbannt, mit seinen
wenigen getreuen Kriegern in einem die ganze Bühnenbreite
einnehmenden Zelt, steht vor uns. Der verbannte Königs=
sohn trägt kein Prachtgewand, elf Jahre schon lebt er in der
Wildniß; er trägt nur noch die Lendenhülle und steht, schmerz=
müde, auf einen hohen schweren Stab gestützt, in der Mitte.
Der Tricot ist im heißen Indien überflüssig, er wird durch
die natürliche braune Haut ersetzt. Mein Dolmetscher ist be=
geistert von dem Darsteller, seinem Freunde, demselben, der

das Stück verfaßt hat. Geben Sie nur Acht, wie er spielen wird! In der That war das Spiel bedeutend, der Dialog, der nun geführt wurde, überhaupt völlig verschieden von dem näselnden Gesinge von vorhin. Voll Kraft im Ausdruck, mit machtvollen Steigerungen, wechselnd mit dem tiefsten Ausdruck des Kummers, nahm er Lakschmanas Klagen und Bitten ent= gegen. Des Königlichen Vaters Dasarath — des Weithin= fahrers könnte man übersetzen; desa, die Gegend, die Weite, ratha, der Wagen — erwähnte er voll Schmerz und doch voll kindlicher Ehrfurcht. Den Zug nach Lanka könne er nicht mitmachen, da der Vater ihn in diese Wildniß gebannt. Aber seine Krieger wolle er ihm mitgeben gegen den furchtbaren, grausamen Rawana, der seinen geliebten Bruder ihm vielleicht tödten werde.

Lauter Applaus belohnte den Darsteller, wenn derselbe in hohem Affekt, den man verstand troß der unverstehbaren Sprache, die packende Gewalt des Ausdruckes, der ihm zu Gebote stand, zur Anwendung brachte.

In der folgenden Szene begiebt sich Lakschmana mit einer gemischten Begleitung, deren Zusammensetzung mir nicht klar wurde, zunächst zu dem Heiligthum der Durga, der Gemahlin des großen Gottes Krischna. Sie erscheint auf die Anrufung der mit der Stirne den Boden berührenden Flehenden, indem sie aus ihrem steinernen Tempel heraustritt, in farbige prächtige Gewänder gehüllt. Sie sagt ihre Fürbitte bei dem gewaltigen finstern Gatten zu, empfiehlt aber, den Liebesgott und dessen Weib als Hülfstruppen mitzunehmen. Diese beiden treten sodann auf der Göttin Wink auf. (Alle indischen Gottheiten, die etwas vorstellen wollen, sind ordnungsmäßig verheirathet.) Sehen Sie, raunt mir mein Dolmetscher zu, der den Dialog abgekürzt mir fortwährend übersetzte, das ist nun Madan und das seine Gemahlin Rewa. Aber, sage ich, der Liebesgott heißt doch Kama und nicht Madan. Ja er heißt auch Kama!

aber daß sie das wiffen!! ſtöhnte vor Entzücken mein Nachbar.
Wir nennen ihn aber auch Madan, den Frühling! Der indiſche
Eros ſah merkwürdig aus; er trug anliegende kurze Hoſen
und kurze Jacke, ein ins Braunrothe überſetzter Figaro, ſtatt
der Knöpfe, die zierlich vertheilt waren, aber lauter Roſen;
ebenſo war ſeine langhaarige Gemahlin (Rewa, die Wolluſt)
mit Roſen und viel Gold geſchmückt. Beide bewegten ſich
leicht, beinahe fliegend, tanzend.

Der nächſte Akt führte uns in ein wildes zerriſſenes
Felſenthal, das durch eine ſehr wirkſame maleriſche Dekoration
dargeſtellt war. Im Mittelgrunde ragen rauhe Felsſpitzen aus
dem Boden; aus einer derſelben wächſt gleichſam hervor weit
über halben Leib der furchtbare Kriſchna. Auch ihm hängt
langes ſchwarzes Haar bis zum Gürtel über die Schultern und
die bloße Bruſt herab. Sein Geſicht wie aus Stein, der Blick
ſtarr; kein Muskel zuckt an dem wie aus Fels gewachſenen
Bilde. Nun nahen ſich Lakſchmana und Kama nebſt Gattin,
die das wilde Felſenthal heraufgeklommen ſind. Lakſchmana
ruft Kriſchna flehend an, die Stirne am Boden. Keine
Antwort, kein Glanz in den Augen des Unerbittlichen, kein
Zucken der Muskeln. Kama aber iſt diesmal mit ſeinem
Bogen bewaffnet, der ganz mit Roſe an Roſe beſetzt iſt. Rewa
ſchlüpft zur Seite und kommt zurück mit dem Pfeil, der eben=
falls Röschen an Röschen trägt. Kama legt an und —
ſchießt ab, ſchießt wirklich mit dem Roſenpfeil mitten auf
Kriſchnas Bruſt. Dieſer zuckt zuſammen und es fließt plötzlich
Leben durch das Steinbild. „Wer ruft mich?" tönt ſeine ge=
waltige Stimme. Nach der poetiſch empfundenen Erweckung
aus ſeinem Felſenſchlaf iſt nun Kriſchna gnädig, obwohl immer
finſter und ernſt, und gewährt Lakſchmana ſeinen Beiſtand; es
wird dieſem ein göttliches Schwert gebracht, mit dem ausgerüſtet
er voll ſtirngebeugten Dankes den Gott verläßt.

Im zweiten Zwiſchenakt hatte es meinen Dolmetſcher, den

Schauspieler, nicht gehalten. Er war hinuntergestürmt zur
Bühne und hatte seinen Kollegen feurig erzählt (wie später
Dschebby hinterbrachte), da droben sei ein Herr, ein Deutscher
aus Berlin, dem erkläre er das Stück, und der kenne die
Ramayana und kenne Kama und ihre anderen großen Götter
(er kenne auch Bismarck) und, o diese Deutschen! da fühle
man doch, da sehe man doch, daß sie ihnen, den Indern,
stammverwandt seien, und er tanzte und jubilirte auf der
Bühne herum und die Anderen besprachen dann mit ihm das
Ereigniß. Eifrig kam er nachher wieder, mir weiter zu
souffliren.

Ich wage, nicht, den Leser mit der weiteren ausführlichen
Erzählung zu behelligen. Nur eine Szene hebe ich noch her=
vor. Lakschmana ist mit Götterhülfe durch unterirdische Gänge
in das Schloß des furchtbaren Rawana gedrungen, und zwar
gerade zu diesem hin, wo der, fast ganz entkleidet, den Göttern
zu opfern begonnen. Er sitzt am Boden vor dem Jbol in
einem Halbkreis von bronzenen Gefäßen und Schüsseln, welche
Opfer an Reis, Mehl, Früchten enthalten. Lakschmana mit
gezücktem Schwerte, galoppirt wieder im Affekt von links nach
rechts und zurück. Rawana macht ihm, immer in der sitzenden
Stellung verweilend, den Vorwurf der Feigheit, daß er den
Waffenlosen überfallen wolle; laß mich auch mich wappnen, dann
wollen wir kämpfen im ehrlichen Kampf. Lakschmana verneint;
er kennt die zu besorgenden Zauberkünste seines Gegners. Nun
aber sucht dieser dennoch sich zu vertheidigen, und zwar greift
er nach den gefüllten Opferschüsseln und schleudert die eine
nach der anderen auf seinen Gegner, der sich decken und aus=
weichen muß; der Mehlstaub stieg in weißen Wolken auf.
Jetzt aber trifft Rawana und nieder stürzt aus seinem Galopp
Lakschmana; Rawana kann fliehen. Dieser Kampf, zuerst im
Dialog und dann thätlich, wurde namentlich von dem Rawana=
Darsteller meisterlich geführt, in vorzüglicher Steigerung vom

einsamen Beter bis zum verzweifelten Kämpfer gegen zehnfache
Uebermacht. Sita wird nach verschiedenen Kämpfen wirklich
befreit, Lakschmana indessen erschlagen oder für erschlagen gehalten.
Seine Gattin Sita aber muß nun die Sutti, die Wittwenver=
brennung, auf sich nehmen. Wieder erscheint in seltsamstem
Kontrast zu dem lebensvollen Gesprächsdialog der Frauenchor
mit seinem gepreßten eintönigen, ausdrucksschwachen Gesang.
Sita dabei. Im Hintergrunde wird ein flammendes Feuer
angezündet, das ein Drittel der Bühnenbreite einnimmt. Von
ihren Gefährtinnen nimmt sie weinend, aber sehr formell, von
der Einen zur Anderen wie in vorgeschriebenem Tempo und
Schritt gehend, Abschied; noch einmal ein Gebet, das sie
knieend an die größe Göttin Durga richtet. Dann wendet sie
sich plötzlich um, eilt raschen Schrittes zu dem Feuer, das hoch
aufflammt und springt mitten hinein. Der Vorhang fällt.

Mein Schauspieler, voll Eifer und Begeisterung, der mir
schon zu Anfang gesagt hat, das Stück sei eine Dialogie,
morgen werde die zweite, abschließende Hälfte gespielt, lud mich
dringend zum folgenden Abend ein; nächste Woche werde auch
Sakuntala genau nach Kalidasa gespielt, und Urvaßi könnten
sie auch — und — wie er sich freue über diese Deutschen — —
Am andern Abend, als die Götter Lakschmana von den
Todten erweckten, trug uns die brausende Lokomotive gen
Benares hin.

In unserem Gasthof wieder angekommen, fiel mir die im
großen Garten aufgelesene Frucht wieder in die Hände. Ihr
feiner Duft ließ auf angenehmen Geschmack schließen, allein sie
erwies sich als tief hinein aus Fasern bestehend, die nach der
Spitze hin zusammenliefen. Dschebby, wie ißt man die Frucht
oder was macht man damit? Einer unserer Punkhawalas kam
ihm zuvor. Ich weiß, ich zeigen! Er schnitzte einen Holzspeil
spitz zu und stach damit seitlich in die Frucht, ein Faserbündel

faſſend, ſo daß der Speil unter demſelben hindurch wieder nach
außen drang, und nun drehte er die gefaßte Faſermaſſe ſtrick=
artig zuſammen, ein richtiges Wringen, welchem zufolge denn
der ſaftige Inhalt der Faſern heraustropfte. Der Saft ſchmeckte
ſehr fein; doch überließen wir dem braunen Alten, die Kelterung
zu eigenem Konſum zu vollenden, da unſer Appetit beim An=
ſehen des Gewürzes raſch auf Null fiel. Die Methode muß
übrigens im Urwald ſehr dienlich ſein.

Am frühen Vormittag drängten ſich wieder Händler zu,
da ſie herausgebracht, daß wir am Abend reiſen würden. Nach
erlangter Erlaubniß kommen ſie an, von einem Kuli begleitet,
der ihre Waare in zwei Bündeln bringt, immer paarweiſe, um
ſie am Tragſtock, p i k u l a n (ein malayiſches oder chineſiſches
Wort, pikul, der Zentner, bei den Malayen etwa 110, bei
den Chineſen 120 Pfund betragend) tragen zu können. Es
iſt geradezu erſtaunlich, welche Laſten indiſche und namentlich
chineſiſche Träger mittelſt des Pikulans forttragen. Zwei bis
drei Zentner ſieht man ſie häufig ſchleppen, wobei der Bambus=
Tragſtock bei jedem Schritt pendelartig mit den Enden ſchwingt,
der Mann aber ſeine kurzen Schritte genau dem Pendelſchwung
anpaßt. Wie ſehen aber auch oft die Schultern der Burſche
aus! Schwielen bis zu drei Centimeter Höhe liegen wie wurſt=
förmige Wulſte ſchräg über die Achſel hin. Wir kauften
Stoffe, Decken, Stickereien und Anderes, was aus Kaſchmir,
Delhi, Sindh und anderen Fabrikationspunkten herangeſchafft
war und hauſirend feilgeboten wurde. Die Arbeiten an
Käſtchen, Platten, Körbchen aus Bombay=Moſaik verſchmähten
wir, da wir an der Quelle größere Auswahl zu gewärtigen
hatten. Aber zu einer Expedition regten die Holzſachen an,
derjenigen nämlich zu einem indiſchen Holzbrechsler, um deſſen
Arbeitsweiſe kennen zu lernen.

Während meine Begleiter noch handelten, nahm ich eine
flinke Gari, auf deren Bock Dſchebby neben den Kutſcher, der

ein Irländer war, gesetzt wurde, um einen Kherrab oder Khar=
rab ausfindig zu machen. Ich hatte schon am vorigen Tage

Indische Händler.

lange gebraucht und manipuliren müssen, um Dschebby, der das
englische Wort für Drechsler nicht kannte, begreiflich zu machen,

was ich meine. Er hatte sich nun erkundigt und leitete den Kutscher
an, wohin er zu fahren hätte. Es ging durch eine moderne, d. i.
englische Vorstadt hinaus, bis wir wieder zu einem indischen
Stadtbezirk kamen. Seltsam nahm sich's aus, was in dem
englischen suburbanen Viertel alles zu Kauf stand. Ein wahrer
Mühlendamm, vor allem für alte Möbel. Da sah man, wie
die europäische Civilisation in der Form von alten Mahagoni-
schränken, Schreibtischen, Rohrstühlen, Kommoden und anderen
zu Gerümpelform verfallenen Stücken, auch kleinem Hausgeräth
wie Waagen, Beile, Leuchter u. s. w. den Weg ins Volk
suchte und doch wohl auch großentheils finden mußte. Hier
und da klopfte ein indischer Tischler an dem alten Möbel
herum, um dessen schlotterige Verhältnisse aufzubessern. Ein
Drechsler wollte sich aber nicht finden. Endlich, nach wieder-
holtem Absteigen Dschebby's hatte er die Seitenstraße erfragt,
in welcher das Ziel meiner technographischen Wünsche in verschiedenen Exemplaren hausen sollte. Die Straße war von
englischer Anlage, breit und sonnig, die niedrigen Häuser aber
indisch. Da ist der Kharrad! Aber Dschebby, da ist doch keine
Drehbank — doch nein, ich sah die Fidelbogen hin- und her-
gehen, mittelst deren das Drehstück bewegt wird. Es war die
denkbar beste, nämlich urthümlichste und einfachste Form der
Drechslerwerkstatt, in die ich nun von der offenen Straßen-
seite her eintrat. Auf meinen Gruß Salam antwortete der
kleine, am Boden hockende Meister mit Salam und der Hände-
bewegung nach Herz und Stirn, und ließ sich von Dschebby
meinen Wunsch erklären, seine Arbeit zu sehen. Ich bekam
einen handhohen Schemel, und Mann und Gesellen arbeiteten
weiter. Sie drechselten Pfeifenröhren, eines der häufigsten
Drechslereierzeugnisse im Orient, wie schon die Aegyptenreisenden
erfahren. Das künftige Rohr wurde zuerst von außen abge-
dreht. Es lief zwischen zwei eisernen Spitzen, von denen die
eine quer aus einem kleinen Pfosten herausragte, der in die

Erde geschlagen war; die andere war an einem Holzrähmchen angebracht, welches auf dem Boden zwischen kleinen Pflöcken lag und vom Drechsler zudem mit dem linken bloßen Fuß in seiner Lage gehalten wurde. Der Drechsler hockte auf einem Schemelchen gleich dem mir dargebotenen. Mit der Rechten bewegte er den Fibelbogen, dessen Schnur um das Drehstück einmal herumgeschlagen war, mit der Linken regierte er den Drehmeißel, den er mit der großen Zehe des linken Fußes noch an die Unterlage drückte — der Fuß war seine dritte Hand, die so manchmal erwünschte.

Das Bohren des Rohres geschah äußerst geschickt unter besonderer Mitwirkung besagter dritter Hand. Das Rohr wurde nach seiner völligen Fertigstellung, Bohrung u. s. w. außen lackirt und zwar mit grünem, gelbem und rothem Lack, der in flachen Stäbchen vorhanden war. Der Mann drückte die Lackstäbchen an das sich drehende Stück, wo die Reibung die Lackmasse zum Abschmelzen brachte. Wie heißt der Farbenstab, Dschebbly? Lack! Lakh ist ein gut hindusta= nisches, aus dem Sanskrit kommendes Wort; Lakhera heißt der Lackirer, als welcher sich nunmehr mein Drechsler bethätigte. Die matt auf das Holz kommende Lackschicht polirte er schließ= lich mit einem grün getrockneten zähen Blatt. Kela, b. i. Banane, sei es, meinten der Drechsler und Dschebbly; ein nach Hause mitgenommenes Muster zeigte aber, daß es von einer anderen Pflanze stammte. Die Arbeitsstücke, welche der kleine Drechsler, der auf seiner braunen Haut nichts als eine Dhoti um die Lenden trug, in meiner Gegenwart gefertigt, erwarb ich für eine Rupie; erfreut fertigte er mir schleunigst noch eine kleine Cigarettenspitze zum Andenken, worauf wir mit „Salam" schieden.

Im Gasthof angekommen, mußten wir bald an die Vor= bereitungen zur Abreise gehen.

III.

Benares.

Es war am 4. August Abends, daß unser Zug Howrah,
einen Vorort der rechtsufrigen „weißen Stadt" Kalkuttas
verließ. Wir hatten uns frühzeitig eingefunden, um uns in
der großen und bequemen Wagenabtheilung, die uns ange=
wiesen wurde, wohnlich einzurichten. Dies schien nöthig,
denn wir hatten eine neunzehnstündige Fahrt vor uns, ehe
wir die alte heilige Benares betreten sollten. Nachdem wir
uns in die leichten Nachtkleider geworfen, wurde das Chaos
des Handgepäckes entwirrt. Wir hatten reichlich Raum;
unsere Abtheilung war drei Fenster lang; neben ihr lag noch
ein zugehöriges einfenstriges Toilettenzimmer, vollständig ein=
gerichtet für eine lange Fahrt.

Während des Einbauens der Gewehre, Lanzen, Hand=
koffer, Kistchen, Pakete übersprachen wir das in der leider so
kurzen Aufenthaltsfrist Erlebte. Waren es doch nur zwei
Tage und einige Stunden gewesen. Die Ausbeute aber zeigte
sich doch sehr groß. Die unausgesetzte rege Beschäftigung mit dem
Beobachtungsstoff hatte sich indeß reichlich gelohnt, mehr noch
als ich beschrieben habe. Gute Treffer hatten wir auch gehabt

in der kurzen Spanne Zeit und deshalb Einblicke thun können, welche über alles Erwarten das innere Leben der uns um= gebenden Menschen uns näher gerückt.

Heiß war der Abend, wie alle vorigen. Aber die durch das Dahinschießen des Zuges erzeugte Luftströmung ersetzte vollständig die liebe Punkha. Jetzt erreichten wir die erste Station; Bahn= und Luftzug standen still, was in der That, wie man uns prophezeit hatte, wegen der rasch steigenden Hitze die Aufenthalte je kürzer je besser erscheinen ließ. Auch ein Mittel zur Dienstbeschleunigung, vielleicht wirksamer als strenge Vorschriften.

Ein mitgenommener „Touristen = Führer" erwies sich als sehr lehrreich. Die dritte Station Serampur (zu deutsch wohl die frische, die blumige Stadt) bis 1845 den Dänen gehörig, war bis damals das Refugium verfolgter Schuldner und anderer Durchbrenner aus Kalkutta. Dann kam Bibbabatty. Die Etymologie wurde mir erst später klar. Fast besorge ich, den Leser damit zu langweilen. Aber Lazarus sagt, wer für Etymologie der ihm entgegenkommenden neuen Namen kein Interesse habe, der sei kein Mensch — der fürs Reisen und im Geiste Mitreisen passe. So wage ich es denn. In der That fangen fremde Städte und Plätze zu reden an, wenn man ihre Namenbedeutung prüft; da zeigen sich Bäche, Berge, Sümpfe, da sehen wir Handel und Wandel, Zeiten und Ge= schehnisse im Reisebuche in ungeschriebenen Beschreibungen, was uns alles verborgen bleibt, wenn wir im Ortsnamen die bloße Vokabel entgegennehmen. Bibbabatty also ist wohl die Hügel= stadt, von bida Hügelgruppe, bati Niederlassung; die Engländer haben sich ein d und ein t zu viel geleistet.

Etwas länger halten wir, und es wird wieder brütend heiß in Chandernagore, eigentlich Tschandannagar, d. i. Sandel= holzstadt, einer bemerkenswerthen Station; denn Chanderna= gore ist französisch, eine winzige Enklave, 3 englische Quadrat=

meilen, oder nicht ¹/₆ deutſche Geviertmeile groß, auf der
Karte als franzöſiſch nur durch violette Unterſtreichung er=
kennbar. So klein und doch nicht ohne Bedeutung, ohne eine
eigenthümliche Bedeutung, die den Leſer vielleicht intereſſiren
wird. Meinem Reiſebuche zufolge hat nämlich die indiſche
mit der franzöſiſchen Regierung das beſondere Abkommen ge=
troffen, daß die Franzoſen dort kein Opium bauen oder Opium=
präparate herſtellen, dafür aber als Entſchädigung — —
300 Kiſten Opium erhalten ſollen alljährlich. Die Kiſte zu
750 Dollar (ſ. oben) entſpricht dieſes „Regal“ einem Geld=
betrag von 900 000 Mark.

Iſt nicht und bleibt dieſes Indien ein merkwürdiges und
ſonderbares Land? Im vorigen Jahrhundert trugen ſich die
Franzoſen mit dem Gedanken, Chandernagore unter dem
thatkräftigen Gouverneur Dupleix zur Metropole von Indien
zu machen, und heute iſt der Lebensfaden der Stadt ſo dünn,
ſo zum Zerreißen dünn, hält nur durch Kitt.

Hiſtoriſch wichtige Plätze giebt es übrigens eine Reihe
in der Gegend, die wir durchfahren. Die nächſte Station,
Hugli (hugla das Ried), die vielleicht dem Fluß den Namen
gegeben hat, war früher der große Hafenplatz von Weſtben=
galen, mit mächtigen Faktoreien der Dänen, Holländer, Fran=
zoſen, Portugieſen und Engländer; erſt Kalkutta's Gründung
weiter unten am Fluß bereitete den Niedergang vor. Wo
ſind ſie hin, die Uebrigen? — — Nicht weit von Hugli liegt
Tſchinſura, bis 1826 im Beſitz der Holländer, welche es nach
200 jährigem Beſitz gegen die Ueberlaſſung von Sumatra
damals an England hergaben. Es mag mächtig geweſrn ſein,
auch gut verwaltet, dieſes Tſchinſura, unter den Holländern,
die ſchon Ende des 17. Jahrhunderts ein ſtarkes Fort dort
erbaut hatten. Nebenbei lag Satgaon, zu deutſch Siebendorf,
mit ebenfalls einem Fort. Im vorigen Jahrhundert war
Satgaon ſo eine Art Godesberg für die in Tſchinſura lebenden

Mynheeren, die Nachmittags dort hinaus wandelten, um da=
ſelbſt zu ſpeiſen. Heute iſt der Hugly=Arm bei Satgaon ver=
trocknet, die Beſeſtigung verſchwunden, Satgaon ein Neſt von
ein paar Hütten. — Wahrlich die Weltſtellung Englands wurde
doch mehr oder weniger in dem Labyrinth der Gangesmün=
dungen konſtruirt.

Die ſchlechte Beleuchtung, die das Leſen abſchnitt, und
die Nacht machten ihre Rechte geltend; Etymologie und Ge=
ſchichte waren ſich ſelbſt zu überlaſſen. Wir bauten unſere
Wagenabtheilung durch Niederklappen der Oberbetten zum
Schlafſalon um, breiteten die auf Dſchebbys dringendes An=
rathen in Kalkutta erworbenen Steppdecken über die mit
kühlem Wachstuch überzogenen Sitzpolſter und ſtreckten uns
zur Ruhe aus.

Der andere Morgen zeigte uns die ſich weit hinbreitende
bengaliſche Ebene. Feld an Feld, faſt kein Fleckchen unan=
gebaut; hie und da ein Teich, in welchem Menſchen und Waſſer=
büffel badeten. Der Städte und größeren Niederlaſſungen waren
weniger geworden; auch die Dörfer lagen nicht nahe beiſam=
men; aber das Ganze athmete landwirthſchaftlichen Fleiß.
Auch unſere Bahnlinie iſt beachtenswerth. Wir ſind auf dem
66 Zoll weiten Gleis der „oſtindiſchen‟ Eiſenbahn, die Kal=
kutta mit Delhi verbindet. Man fährt auf dem das unſrige
um 9½ Zoll an Weite übertreffenden Gleis recht gut, nament=
lich kommt dem Reiſenden die Breite der Wagen ſehr zu
ſtatten. Aber man irrt, wie ich ſpäter erfuhr, wenn man
glaubt, daß England dem großen indiſchen Gebiete dieſe
Wohlthat durchweg habe zu Theil werden laſſen. Dies dürfte
man um ſo eher vermuthen, als ſtrategiſche Rückſichten die
Erbauung der großartigen Linien, die die Halbinſel durch=
ziehen, ſo weſentlich begünſtigt haben. Soll man nicht an
dem berühmten „praktiſchen‟ Geſchick der Briten irre werden,
wenn man erfährt, daß in Indien nicht weniger als fünf

Bahn-Spurweiten in Anwendung sind? Die Frage der Gleis-
weiten ist zum Tummelplatz der streitbaren Ingenieure des
britischen Reiches geworden. Sir John Stracken hat als
enragirter Meterfreund für die Rabschputanabahn, auf die wir
später übergehen sollten, die Spurweite von 1 Meter durchgesetzt. Bei Ralhatth hat eine Bahn 48″, ein anderer Bezirk
hat 42″, endlich einer (bei Gankwar) 30″ Spurweite; ein
wunderbares Gemisch von durchgesetzten Meinungen, die natürlich alle gleich „vollkommen im Rechte" sind.

Die Telegraphenpfosten an unserer Linie zogen unsere
Aufmerksamkeit auf sich. Von Holz dürfen sie nicht sein, wie
früh die Erfahrung erwiesen, indem die Insekten sie sonst rasch
zerstören. So wurde denn zu Stein und Eisen gegriffen.
Jedes Baulos beinahe schien anders behandelt. Hier waren
Ziegelpfeiler, dort welche aus Sandstein, andere aus Granit
errichtet in bunter Abwechselung der Form des Pfeilers.
Starke Drähte bei übrigens sehr weiter Spannung waren angewandt. Bekanntlich hatten früher die Affen die ihnen neu
und nützlich scheinenden Telegraphendrähte so heftig zu Turn-
übungen benutzt, daß sie überall Linienstörungen verursacht
hatten. Die jetzigen dicken Steinpfeiler scheinen ihren Anschauungen vom Klettervergnügen nicht zuzusagen.

Dies erinnert mich an unsere Menagerie, deren ich früher
Erwähnung gethan. Sie war beim Gepäck untergebracht
und Dschebbh's Sorgfalt anbefohlen. An Stationen mit
längerem Aufenthalt wurde unsererseits der Gesellschaft Besuch
abgestattet, welche Packwagen fuhr, indessen ziemlich hoch be-
zahlen mußte. Sufu und Gula hießen Herrn Sp.'s javanische
Vierhänder, die ich auf seinen Wunsch mit Namen begabt und
dafür die malayischen Bezeichnungen für Milch und Zucker gewählt hatte. Die armen durchgeschüttelten Thiere freuten sich
sichtlich, wenn wir zu ihnen kamen und sie tränkten und unterhielten, die Affen auf kurze Zeit aus ihrem Marterkasten be-

freiten, dem Papageienvolk Erfrischung durch Badewasser und Besprengung verschafften. Susu ward täglich zutraulicher, Gula wollte seine Scheu nicht verlernen, die ihm später — zu Gute kommen sollte.

Höher stieg die Sonne und blendender drang selbst das reflektirte Licht in den Wagen. Der Wirkung zu begegnen sind die Wagenfenster ganz zweckmäßig ausgerüstet. Sie enthalten nämlich drei Schieber; der eine ist mit gewöhnlichem Glase, der zweite mit Holzjalousien, der dritte mit violettem Glase versehen, welches die Sonnenblendung, namentlich die reflektirte, wirksam abhält. Vorhänge zum Vorziehen sind selbstverständlich auch noch vorhanden, so daß man zwischen vier Arten des Verschlusses der Fensteröffnung zu wählen hat.

Unsere Bahn durchzog jetzt die reichen bengalischen Kohlendistrikte, was man indessen an den Stationen und deren Umgebung wenig merkte. Das Gelände war nur hügeliger geworden, der Boden schien auch nicht mehr so fruchtbar, indem der Anbau bedeutend geringer auftrat. Nicht lange nach Mittag erreichten wir den Soon oder Sona=Fluß (von Sona Schlaf?) dessen breites trübes Gewässer von einer großartigen Brücke überspannt wird, achtundzwanzig Spannungen von 150' Weite haltend. Es war eine eiserne Fachwerkbrücke von dem Anschein nach vorzüglicher Bauart. Das Gleis lag auf der Oberkante der Träger, so daß man sehr gut hinunterblicken konnte auf die lehmgelbe Fluth, die bei dem hohen Wasserstande der Regenzeit ihre gewaltigen Wassermassen dahinwälzte. Gerade als wir etwa in der Mitte der Brücke waren, tauchte aus den gelben Wogen ein riesiger Alligator auf, ein langhalsiges Scheusal mit breitem, von oben gesehen fast viereckigem Kopf; es schien etwa 10 Fuß Länge zu haben. In schlangenartiger Bewegung schwamm es dahin, ein unheimliches Ungeheuer; noch ehe der Zug die Brücke überschritten hatte, war es wieder verschwunden.

6*

Fruchtbar und üppig war wieder die Gegend geworden, was zu nicht geringem Theil einem mächtigen Bewässerungs=kanal verdankt wird, der aus dem Sona abgeleitet ist. Bei der Stadt und Station Arrah, die in ihrer gartengleichen herrlichen Umgebung einen köstlichen Anblick bot, konnte man einen großen Theil der Kanalanlage überblicken, die sich mit Stauwerken und Schleusen ausgebildetster Bauart versehen zeigte.

Vor Arrah machte der „Reiseführer" auf ein Haus auf=merksam, welches im Jahre 1857 während des Aufstandes einmal · eine ganze Woche hindurch von 3000 „Rebellen" be=lagert worden. In dasselbe hatte sich der Distrikts=Ingenieur der im Bau begriffenen Bahn, Herr Boyle, geflüchtet, mit ihm einige andere Europäer und fünfzig Sikhs (Soldaten). Die Belagerung des Hauses, bei welcher nach Abschlagung des offenen Sturmangriffes ein Minenkampf eröffnet wurde, während unausgesetzte Beschießung stattfand, wurde acht Tage hindurch ausgehalten, worauf militärischer Entsatz die Belagerer ver=trieb. Von den Eingeschlossenen wurde ein Mann, ein Soldat, verwundet. Ob dieser Sikh nicht ein „Tartar" gewesen, ver=schwieg der „Reiseführer".

Gegen drei Uhr nahten wir uns der Endstation Mogul=Serai, wo wir unsere Wagen zu wechseln hatten, um mit einem besonderen Hülfszuge bis nahe an das Gangesufer be=fördert zu werden. Eine Brücke über den Ganges nämlich ist erst im Plan, noch nicht im Bau. Auch die Eisenbahnstrecke zwischen Mogul=Serai und dem heiligen Strome wird nur langsam gebaut. Die Profilgerüste waren zwar bis ganz nahe dem Flußufer aufgestellt, der Bahndamm auch theilweise fertig, zum großen Theil aber erst angefangen, was sich alles von der ganz provisorischen Bahn aus, auf der sich unser kleiner Hülfszug bewegte, übersehen ließ. An einer Stelle wurde auch wirklich Erdarbeit betrieben. Eine Familie mochte es sein, aus etwa zehn Köpfen bestehend, die es sich vorgenommen zu haben schien, „partout" eine Eisenbahn nach Benares zu bauen. Männer, Weiber und Kinder trugen Körbe mit Erde den Damm hinauf, einen schrägen Pfad ersteigend, die Körbe größer oder kleiner, je nach den Kräften der Träger. Oben angelangt, schütteten sie die Erde aus und kehrten dann wieder um zu neuer Auffüllung. Den Grund zu so patriarcha= lischer Bauweise habe ich nicht erfahren können.

An der wirklichen Endstation, am Flußufer angelangt, erblickten wir drüben jenseits des breiten dahinwallenden Ganges die vielthürmige berühmte fromme Stadt. Hinüber= zukommen bedurfte es eines Fährschiffes. Eine Menge Kon= kurrenten boten ihre Fahrzeuge an; Dschebby wußte mit der Submission bald fertig zu werden, ebenso mit der Masse der Trageluftigen, die unser Gepäck zum Fährschiff bringen wollten. Auch diese Frage wurde geordnet und nun ging es in langem Zuge, wenigstens fünfundzwanzig Menschen hintereinander, über den leicht erhärteten Uferschlamm nach dem noch etwa hundert Schritte entfernten Wasserrande hin zu dem vom Gangeswasser lehmfarbig bespritzten Fährschiffe. Das hundert= fältig geflickte Segel desselben, in welchem noch genug kopf= große Löcher gelassen waren, wohl damit man sehen könne, was für Wetter es gebe, wurde mit Halloh aufgehißt und das Schiff setzte sich in Bewegung. Auf der Bank nahe dem Steuer, über die man die Fragmente eines Teppichs gebreitet, saßen wir Sahiblog, Herrenleute. Um uns schwatzte und lachte und ruderte und wirthschaftete das Träger= und Schiffervolk, spielte mit den Affen, bewunderte die fremden bunten Vögel aus Java und Australien und fragte Dschebby nach diesem und jenem, während wir der alten Tempelstadt langsam entgegen= trieben.

Je näher uns das Ufer des Stromes rückte, dessen Breite ich auf etwa 2000' schätzte, desto augenfälliger wurde eine gewisse Trümmerhaftigkeit an der Stadtfronte. Die Ufer=

Benares.

böschung ist ziemlich steil, weshalb breite Treppen in größerer
Anzahl die bis zum und bis ins Wasser niederführen, an=
gelegt sind. Einzelne mächtige Bauten waren weit nach
vorne gerückt, aber offenbar schlecht unterbaut, so daß dem
Ganges die Unterspülung gelungen war, und Risse, Senkung und
Einsturz zerstörend auftreten konnten. Etwa in der Mitte
der Stadtfront hob sich am hohen Uferrande ein Tempelbau
mit zwei wunderbar schlanken hohen Minareten ab; kleine
Minare und Spitzkuppeln entwickelten sich allmählich dazwischen
dem Blick. Dicht am Wasserrande sah man nicht weit von
uns ein Gewirre von kleinen hüttenartigen Bauten, zum
Theil unmittelbar aus dem Wasser emporsteigend, dabei hoch
emporragende schwanke Bambusstangen, wahrscheinlich alles
zu der Schiffbrücke gehörig, welche bei niedrigerem Wasser=
stande über den Fluß geschlagen sein soll; dazwischen und
auch auf dem freien Ufer und auf Mauern oder niedrigen
flachen Dächern sah man große runde steife Schirme, aus Ge=
flecht hergestellt wie es schien, unsern Marktschirmen sehr
ähnlich, gelegentlich Wäsche zum Trocknen darauf gebreitet.

Nahe dem äußersten Ende der Stadt, stromauf, wo die
Gerüstprofile der künftigen Anschlußeisenbahn dicht ans Ufer
traten, legte unser Fährschiff an, und gute zehn Minuten
später war unser Gepäck auf Fuhrwerk und unter Dschebbys Schutz
untergebracht, wir selbst in einer überdachten, ringsum offenen
Gari, deren Zweigespann von seinem dunkelbraunen Führer,
Wan, alsbald angetrieben wurde. Es war eine Art Vorstadt,
durch die wir zunächst auf ziemlich holprigem Wege rollten,
die Häuser vereinzelt, die Straßen unregelmäßig, hie und da
Baumgruppen, mit dichtem Schatten Hütten und Häuser
schützend. An einer Stelle — wir hießen den Gariwan Schritt
fahren — war ein junges Weib beschäftigt, eine blauviolette
Webekette auszuspannen. Etwa fußhoch über dem Boden
hatte sie auf etwa Ellenbreite bereits den Zettel ausgelegt, der

schon 12 bis 13 Meter lang sein mochte. Geschäftigen elastischen
Ganges schritt sie von einem Ende zum andern, den Faden
von dem Garnstrahn abwickelnd, den sie auf dem linken Arme
trug; am Ende angelangt, legte sie den Faden über das aus
Bambusrohr hergestellte Querstück, den Zettelbaum, und zog
ihn dann hin zum andern Ende, wo dieselbe Operation wieder=
holt wurde. Von den in vollem Blüthenschmuck stehenden
Bäumen, welche den offenen Arbeitsplatz beschatteten, waren
rothe und dunkelgelbe Blüthen, letztere unserem Goldregen
ähnlich, auf den purpurfarbenen feinen Webegrund gefallen.
Dazu die mattfarbige verschossene, aber freigeschlungene Be=
kleidung des geschäftigen Weibes; das Bild berührte fast die
Antike.

Nun gelangten wir in die Stadt, ohne daß wir indessen
tief in dieselbe eindrangen. Es waren Handwerker, Arbeiter,
deren Wohnungen zu beiden Seiten der Straße sich darboten,
allermeist einstöckig, mit vorne hinaus offenem Arbeitsraum,
alles voll Leben und Geschäftigkeit. Jetzt durchfuhren wir
das hübsche, saubere englische Viertel, das, wie ich später
erfuhr, den Namen Sekrol führt. Kirche, Hospital, Kasernen,
Schulhaus, Polizeigebäude, Bank zeigte uns der Gariwan
mit sichtlichem Stolz. Und nun durch ein großes Thor in
den weiten Hofraum mit Grasplatz zu dem sich freundlich
präsentirenden Hotel Clark, dem ersten, das ist besten euro=
päischen Gasthof, deren es im Ganzen in Benares zwei Stück
giebt. Die englische Kolonie soll überhaupt sehr klein sein in
Benares; Herr Clark meinte, es seien nicht viel über hundert
Engländer dort; man bedenke, gegen mehr als 600 000 Ein=
geborene, welche die große alte Stadt bevölkern!

In einem ebenerdigen Nebengebäude fanden wir gute,
kühle Zimmer, vor deren ganzer Flucht eine Veranda, aller=
dings einfachster Bauart, dahinlief, auf welcher nach einem
köstlich erfrischenden Gußbad wir auf bequemen Schaukelstühlen

bald dem Ruf zur Abendtafel entgegenwarteten. Dschebby warb inzwischen das nöthige Dienervolk für Schlafzimmer, Tafel, Punkha u. s. w. an.

Nach Tisch, als der Abend schon dämmerig niederzusinken begann, machten wir eine Fahrt in die Stadt. Diesmal nicht in einer indischen Gari, sondern in einem weißlich vorher bestellten bequemen Landau. Dschebby saß, die Rich= tungen anzugeben, auf dem Bock neben dem Kutscher; hinten= auf stand ein großer breitschulteriger Kawaß, welcher in den von dichtem Volksschwarm durchzogenen Gassen uns Raum zu schaffen besorgt war. Er that dies, indem er mit Stentor= stimme „Pascha!" „Pascha a̅ a a!" in die Menge hineinrief. Auf einem freieren dreieckigen Platz umdrängten uns Händler mit allerlei Kleinigkeiten, darunter seidene Gürtelschnüre, (isarbund) Fächer aus Palmblättern, andere aus Holz, einfache und doppelte, nämlich durch Zweimaldrehen- ganz zu öffnende, von welchen Dingen wir Paschas einiges erstanden. Von der Stadt war zu der späten Stunde nicht viel zu sehen; wir verschafften uns nur eine allgemeine Uebersicht über die nach dem Flusse zu überaus eng gebaute Stadt und ihre etwas luftiger angelegten Vorstädte.

Am nächsten Tage brachen wir in aller Morgenfrühe auf, um das berühmte und einzig bastehende rituale Morgen= bad im heiligen Strome zu sehen. Etwas unterhalb unseres gestrigen Landungsplatzes vertauschten wir den Wagen mit einem breiten plumpen Boot, mit dem wir uns langsam, der Strömung durch Rudern entgegenstrebend, abwärts treiben ließen. Ein unvergeßbarer und merkwürdiger Anblick bot sich dar. Die gestern von Ferne gesehenen Flußtreppen lagen nun nahe vor uns. Hinter ihnen auf der achtzig Fuß über dem Wasserspiegel sich erhebenden Uferhöhe, bald vor=, bald zurücktretend die Paläste und Tempel, zum größten Theil reich stilisirte machtvolle Steinbauten, einzelne sechs Stock=

werfe zählend, ein ganz nahe liegender großentheils schief
eingesunken und zerspalten, jedoch von der armen Bevölkerung
dicht bewohnt. Auch ein anderer, ganz erhaltener Sandstein=
palast war von seinem Benares=müden reichen Besitzer ver=
lassen und den Armen als Wohnstätte überwiesen worden.
Die Flußtreppen waren bedeckt mit Menschen, fast eine halbe
deutsche Meile weit den Strom entlang, die zum Ganges
hinab und dann in seine Gewässer hineinstiegen oder zur
Stadt wieder hinaufgingen. Nach ihren religiösen Vorschriften
sind alle Hindu in Benares gebunden, nur ausgenommen die
Kinder unter vier Jahren und die Schwerkranken, allmorgend=
lich in den heiligen Fluthen zu baden. Dies geschieht von
vier, fünf Uhr bis gegen neun. Die vornehmen Klassen er=
scheinen zur allerfrühesten Stunde, die niedersten zuletzt. Man
schätzte die Zahl der Badenden, als wir zugegen waren —
etwa um halb sieben Uhr — auf über hunderttausend. Hinter
der heiligen Ganga, welche den ihr alltäglich gebrachten Tribut
der Verehrung ernst entgegennimmt, die Sünden des Vor=
tages abwaschend und ins Meer des Vergessens hinabtragend,
steht verschleiert Hygieia, die ungesehen und lächelnd den Betern
unerflehte und doch so segensreiche Gaben spendet.

Die Frauen badeten an einem besonderen Platze, mehr
oberhalb. Durch ein Eisengitter war die Grenze einigermaßen
markirt. Sie schritten in ihren, oft sehr farbenreichen Ge=
wändern bis zur Brusthöhe ins Wasser, tauchten wiederholt
unter, plauderten mit den Nachbarinnen, führten die Kinder
an der Hand in die Fluth. Manche der jüngeren Männer
schwammen auch, nachdem sie von den halbversunkenen Stein=
banketten der unterspülten Palastmauern sich unter Lachen und
Scherzen ins Wasser gestürzt; sie entfernten sich aber nie weit.
Alle Männer waren bekleidet, wenn auch nur mit einem
Lendentuch; nur kleinere Knaben badeten ganz nackt. Viel=
fach sah man — wahrscheinlich geschah es durchweg — die

Badenden Gebete verrichten und Andachtshandlungen anderer Art vornehmen. So z. B. wurde Gangeswasser in kleine kupferne oder messingene Gefäße von besonderer Form* geschöpft und durch den ziemlich engen Ausgußschlot wieder langsam entleert, wobei Gebete geflüstert wurden. Andere beteten am Rosenkranz**, dessen orientalischer Ursprung hier wie anderwärts in Indien zu Tage tritt. Nach gewissen Pausen übergossen wieder Andere sich die Scheitel in streng gehaltener Bewegung mittelst kleiner runder, Lota genannter Gefäße. Auch getrunken wurde das lehmfarbige Wasser aus der Tubri, einer Lota mit kelchartiger oberer Erweiterung; doch wie es schien, thaten solches nur einzelne Fanatiker, die nicht abwarten wollten, bis daheim durch Filtriren die erdige Beimengung abgeschieden worden. Für Kranke indeß, wurde mir versichert, hält man das Trinken des unfiltrirten trüben Wassers für ganz besonders heilsam; ja Todtkranken wird es manchmal mit Gewalt eingeflößt.

Sehr Viele, die Frauen fast ausnahmslos, nahmen von dem Gangeswasser mit hinauf zur Stadt, wozu sie sich blinkender messingener Gefäße bedienten. Von diesen zeigten manche treffliche, merkwürdige Form, die alle einen hergebrachten streng festgehaltenen Stil haben. Eine mir ganz besonders in die Augen stechende Art gelang es mir erst am folgenden Nachmittag nach langem Suchen auf dem Messing= oder Bronze= bazar zu erwerben. Der Inder hält auffallend große Stücke auf Gefäße aus Messing, pital oder pitloh. Dergleichen Gefäße sind sehr übliche Geschenke; sie werden als solche bei Hochzeiten nach alter Uebung dargebracht, nicht aber etwa den Brautleuten, sondern den Eltern und dann den Priestern, welche sie als üblichen Tribut für ihre rituale Beihülfe von gewissen

* Lota garuwa hieß das Gefäß, von dem ich später einige Exemplare erwarb.
** Apida benamt.

Feſtlichkeiten mit nach Hauſe nehmen. Nach dem Vorrath an ſolchen Metallgefäßen und Geräthen wird der Haushaltsreich=thum tarirt, weshalb man in den Städten die beſonderen Gaſſen oder Viertel, die Meſſingbazare, antrifft, wo die be=treffenden Arbeiter beiſammen wohnen.

Nachdem wir dem ſeltſamen buntbewegten Badeſchauſpiel eine reichliche halbe Stunde gewidmet, landeten wir dicht beim Frauenbad an einer der großen Flußtreppen. Man nennt ſie Ghate, in Benares ſowohl wie in anderen Städten, denn ſie ſind ſehr verbreitet. Es war das Man Manbir=Ghat, wo wir ans Land geſtiegen. Ghat bezeichnet einen Eingang, auch einen Werftplatz, auch einen Gebirgspaß. Das Wort rief mir, als wir die breiten Stufen langſam emporſchritten, eine ganze Reihe indogermaniſcher Anklänge wach, wie weit mit Recht, laſſe ich dahingeſtellt. Aber der Hades, der Eingang der helleniſchen Unterwelt, Gades = Cadix, das Meerthor, viel=leicht auch ſogar Gaza, die ſyriſch=ägyptiſche Grenzſtadt, dann das engliſche gate, das Kattegat, auch unſer „Gatter" und anderes mehr, klingt wie urverwandt mit dem indiſchen Worte für das Stromthor, in deſſen Zu= und Abgängen wir mit der Menſchenfluth hier zuſammentrafen, dort mit ihm zogen.

In der Nähe des Frauenbades wurde von Händlerinnen unechter Frauenſchmuck feilgeboten, der von den unteren Klaſſen viel getragen wird. Da waren Fingerringe, Armringe, Knöchel=ringe. Ein ſehr beliebtes Schmuckſtück iſt ein perlchenbehängter Ring, der im Naſenflügel getragen wird. Den Mädchen wird früh durch den (meiſt linken) Naſenflügel ein, ſagen wir „Ohrloch" geſtochen, in welchem ſie ſolch einen Schmuckring tragen. Ich erwarb einige ſolche, mit Glasperlen, die an einem ganz dünnen Draht befeſtigt ſind, ſehr geſchmackvoll bekolorirte Stücke. Mitunter ſieht man ſolche Ringe tragen, die gegen 2½ Zoll weit, immer aber ſehr fein und leicht ſind. In vereinzelten Fällen ſah ich ſie auch in die mittlere Scheibe=

wand der Naſe eingehängt. Eine beſondere Geſchmacksrichtung,
angeblich die in Sindh übliche, läßt den Ring in ein ſtern=
förmiges Knöpfchen, das ſich außen feſt auf den Naſenflügel
aufſetzt, übergehen. Dürfen wir die Naſe rümpfen, weil Jene
Schmuck daran fäßeln, wir, die wir die Ohrringe anerkennen?
Iſt Naſen= oder Ohrenſchmückung eine Geſchmacksſünde? Das
letztere nach Semper nicht, der dem „Pendelſchmuck" auch
kunſtphiloſophiſch ſeine eigenartige Wirkung und Berechtigung
zuweiſt.

Die große Ghat=Treppe ging nach oben in Verzweigungen
aus, durch Thorbogen, offene und verdeckte Gänge, durch die
wir hinaufgeführt wurden in das Gebiet der Hindutempel,
Moſcheen und anderen Heiligthümer. Ehe wir zum Beſuch
der Tempel ſchritten, führte man uns dienſteifrig zu einer
wiſſenſchaftlichen Merkwürdigkeit der Stadt, dem Man
Mandir, zu deutſch etwa Juwel der Häuſer oder Paläſte,*
einem aſtronomiſchen Obſervatorium, von Dſchai Singh, einem
mohamedaniſchen, den Wiſſenſchaften geneigten Herrſcher, gegen
1680 gebaut. Auf dem flachen Steindache des in vor=
züglichem Geſchmack ausgeführten reichen Bauwerkes, das
aber ſchon ſtark verfallen iſt, ſind Sternkarten in Stein ſkulpirt
und mehrere ſteinerne Beobachtungseinrichtungen, wenn man
will, Inſtrumente errichtet. Eines derſelben iſt eine gigantiſche
Sonnenuhr. In der Mitte eine ſchräg aufſteigende Quader=
mauer, 9 Fuß breit, baulich genommen eine Treppe mit ge=
ſchloſſenen Wangen, deren Oberkanten nach dem Nordpol des
Himmels gerichtet ſind, alſo in der Ebene des Meridians ſtehen
und mit dem horizontalen Boden den Winkel der geographiſchen
Breite einſchließen. Rechtwinklig zu dieſer Mauer ſteht zu

* Von hinduſtaniſch man, ſanskrit mani, Perle, Juwel, und
hind. mandir, ſanskrit mandira, Haus, Tempel; vielleicht aber
auch könnte mäna Meſſen oder Maß zu verſtehen ſein, wo denn
Man Mandir Maßhaus, das Haus der Meſſungen, bedeuten würde.

jeder Seite am oberen Ende ein riesiger steinerner Viertelkreis oder Viertelcylinder, der am Rande der senkrechten Fläche in Stunden und ziemlich kleine Bruchtheile derselben eingetheilt ist. In wirkliche 24stel eines Tages, und solch eine Abtheilung heißt sanskrit obendrein noch h o r a, was außer Stunde noch den Aufgang eines Thierkreisbildes bezeichnet.* Der Schatten der schrägen Mauer wies richtig die Stunde auf dem linksbelegenen Quadranten, wie unser Führer uns triumphirend bewies. Er schien es nicht zu empfinden, daß die zeitweisende Sonne zu- gleich eine pralle Hitze herniedersandte, welche es schwer und schwerer machte, der Wissenschaft da oben treu zu bleiben. Leider läßt man das Bauwerk dem Verfall entgegengehen. Die Säle waren öde, hohl erklangen die Schritte von den Ge- wölben der Hallen und Treppenanlagen wieder; die Zeit durfte ungehindert die reichen Steinornamente an Fenstern und Thürbogen zerbröckeln. Dies schien um so verwunderlicher, als angeblich Benares eine stark besuchte hohe Schule besitzt. Letztere zu besichtigen war uns, zu meinem größten Leidwesen, wegen der Knappheit der uns zugemessenen Zeit unmöglich und so mußte auch der im Museumshof aufgestellte berühmte In- schriftenstein des Königs Asoka ungesehen gelassen werden.

Zum Tempelbesuch! hieß die neue Parole, nachdem wir uns von der Morgenstrapaze im Hotel erholt und durch Tschattybad und Frühstück gestärkt hatten. Was eine solche Parole eigentlich bedeuten würde, wollte man sie ernstlich durchführen, davon belehrte das Reisebuch, welches angiebt, daß Benares über 1000 Hindutempel und gegen 300 Moscheen berge, ja daß die Zahl der verehrten Idole, öffentlich auf- gestellter wie Hausheiligthümer, eine halbe Million erreiche, wenn nicht übersteige!! Jedenfalls ein Zeugniß dafür, daß

---

* Das Wort h o r a kommt von h o d a gehen. Man bedenke das griechische h o d o s Weg.

das Seelenleben der Bevölkerung so von idealiftischen Vor=
stellungen durchdrungen ift, mögen diefelben nun fanatisch,
oder beschränkend abergläubisch, oder nur dumpf erregend sein,
daß sie den Volkskarakter bestimmen müssen und die Unkraft
der realistischen Widerstandsfähigkeit derselben erklären. Es
weht und wogt durch das Ganze, der Erscheinung des Volks=
lebens eine Atmosphäre formaler Gläubigkeit, die in der
Priesterwirthschaft — Herrschaft darf man wohl nicht sagen —
einen Ausdruck findet, aber alles affizirt. Die Affektion geht
— diesen Eindruck bekommt man — keineswegs in die Tiefe,
aber sie beherrscht, sie erfüllt die Geister. Die Massenwirkung
der ohne Verabredung gleichartig denkenden und beschließenden
Gemüther tritt uns sofort wie eine Naturgewalt gegenüber
und muß in Zeiten der Aufregung geradezu Ungeheures her=
vorbringen können.

Zum Verständniß Indiens, besonders des Theiles, in
dem wir uns befanden, darf nicht vergessen werden, daß in
der Mongolenherrschaft der Islam festen Fuß gefaßt hat und
eine große Zahl von Bekennern zählt. Das früher erwähnte
große Gebäude mit den zwei schlanken Minareten ist die
Hauptmoschee von dem Großmogul Aurangzeb oder Aurangzeyb
gegen 1660 erbaut. Ihr zu Liebe wurde ein dort stehender
Wischnutempel kaffirt und zum Theil abgebrochen. Leider war
der Besuch des Innern uns nicht gestattet. Das Innere der
Moscheen ist übrigens stets einfach, wie wir später häufiger
sahen. Ein Mittelbau von quadratischem Grundriß mit zwei
kleineren, aber eben so hohen Flügeln, alle drei mit zwiebel=
förmigen Kuppeln überdeckt, bildete hier den Bau, das Ganze
flankirt von zwei wunderbar schlanken Minaren oder Mina=
reten, wie wir sagen. Diese sind von einer Kühnheit vielleicht
ohne Gleichen. Bei 147 Fuß Höhe haben sie unten 8¼ Fuß
Durchmesser, oben 7½ Fuß. Die 130 Stufen bis zu dem
oberen luftigen Kuppelchen unter dem Thurmknauf, der Kulfa,

zu steigen, dünkte uns den gegebenen Verhältnissen nach zu
beschwerlich. Der Muezzin oder Gebetrufer steigt auch nicht
bis ganz hinauf, sondern nur auf zwei Drittel der Höhe, wo
er von einer kleinen Gallerie seine Formel herunter näselt.

Ganz dicht bei Aurangzeybs Moschee liegt der berühmte
„goldene" Tempel, so genannt wegen der Goldbekleidung an
einer seiner Kuppeln. Man kann sich die Engigkeit der Umgebung und der An- und Aufeinanderbauung daselbst kaum
stark genug vorstellen. Durch schmale steigende und fallende
Gassen, in denen ein lebhafter Verkehr stattfand, gelangten
wir zum Haupteingang. Vor demselben streckten Bettler ihre
dürren Hände aus, dann aber boten auch Blumen- oder richtiger Blüthenhändlerinnen ihre Waare an. In ganzen Reihen
saßen sie auf den Steinbanketten, Stufen, Pilastergurten.
Ein fast betäubender Duft stieg aus den Körben auf, die gefüllt waren mit stengellosen oft sogar aus dem grünen Kelch
gehobenen Blüthen von den herrlichsten Farben und Formen,
theils zu kleinen Rosetten zusammengebunden, sehr häufig
aber auch zu Kränzchen zusammengesteckt, nämlich Kelch in
Kelch geschoben, wie bei uns die Jugend wohl mit Syringen-
blüthen verfährt. Die Blumenkronen werden im Tempel als
Opfer dargebracht, zu zwei, drei, doch auch Händevoll, oder in
Kränzchen, je nachdem es der Opfernde aufzubringen vermag.
Man kaufte für Geld, aber auch für Reiskörner, die in kleiner
Handvoll für einige duftige Kelche gegeben wurden. Andere Verkäufer hielten Wachskerzchen und wächserne Herzchen, Hände,
Beine u. s. w. feil, erinnernd nicht nur an das Alterthum,
sondern auch an unsere katholischen Kirchengebräuche. Auch
in Indien also, so gut wie bei der Muttergottes von Keve-
laar, gilt dem Gläubigen der Satz, daß:

. wer eine Wachshand darbringt, dem heilt die
Hand zur Stund',
Und wer ein Wachsherz opfert, dem wird das Herz gesund."

Der Wachshandel schien ein ebenso „blühendes" Geschäft zu sein, wie das mit den Blumenkronen. Wir betheiligten uns an keinem derselben, befriedigten aber einige verstümmelte und blinde Bakschisch-Heischer. Ich muß eingestehen, daß uns dazu nicht Edelherzigkeit leitete, sondern so ein bischen Pharisäerthum, zu dem Zwecke angewandt, von den fremden Sahibs einen mildthätigen Geruch in den Tempel vorauszuschicken. Dschebby verstand meinen Wink sofort und bezahlte. Wir traten denn nun in Bischesvars Tempel ein.

Bischesvar oder Bischeswar* ist einer der Namen des Schiva (Çiva), Vertreters des zerstörenden aber zugleich neuschaffenden Prinzips in der indischen Trimurti oder Dreieinigkeit. Er ist der oft genannte „große Gott", Mahadewa (Mahadö bei Goethe). Seine begeisterten Anhänger stellen ihn hoch über die beiden anderen Theilhaber des Trimurti, Brahma

---

* Das Wort ist nicht ganz leicht zu verstehen und bei uns so häufig mißverständlich wiedergegeben worden — Oskar Mothes schreibt z. B. (wohl nach unklaren englischen Quellen) Visvesher — daß Erklärung des Namens am Platze scheint. Ischwar oder richtiger Iswar, hinduftanisch, bedeutet „der Herr" im religiösen Sinne. Das Sanskritwort lautet Isvara und hat genau dieselbe Bedeutung (isa ist herrschen, auch Isa ein Name Çiva's). In Zusammensetzungen geht Iswar in Eßvar oder Eßwar (hind.) über. Wischwa, hindustanisch, oder Bißva, sanskrit, ist das All, das Weltall; somit Bißva-Eßvar, zusammengezogen Bißbeßvar: der Herr der Welt, der Herr des Weltalls. Hinduftanisch ist das Wort in Bischeßwar zusammengezogen; meist hört man die bequemer zu sprechende, fließendere Form Bischeswar. Çiva wird auch als der Herr des Göttertrankes Soma, Empfänger des Somaopfers, gepriesen und angeredet und heißt dann Someßvar. Auch bei anderen Götternamen findet die Verbindung mit Eßwar statt. So heißt Bischnu, wenn in der Menschwerdungsform (Avatare) des Rama gefeiert, Rameßvar; es giebt einen Ratneßwar, einen Divobaseßwar, eine Iswar-Gangi-Straße in Benares u. s. f.

und Wischnu, den Schaffenden und den Erhaltenden, wohl
weil er das Geschaffene zwar zerstört, es aber wieder neu her=
vorbringt, also die eigentliche organische Naturkraft vorstellt.
Die Fülle seiner Verehrer wurde in dem seltsamen Tempel, in
den uns jetzt ein durch Dschebby vermittelter gemüthlicher
Priestersmann gegen einen winkenden Backschisch hineinführte,
durch die Engräumigkeit des Gebäudes zum Gedränge ge=
steigert. Unser Führer erließ uns das in Singapore mit
brutalem Geschrei von uns geforderte Ablegen der Schuhe (je
weiter von Rom, desto strenger der Glaube) wobei er auf
Dschebby's Hände zwinkerte, die er soeben bei den Bettlern als
spendhaft erkannt hatte, und — da waren wir mitten darin.

Es waren drei aneinanderstoßende kleine Räume mit
Kuppeln überdeckt; an zweien derselben sind in den Tiefen
der äußeren Kassituren die erwähnten Beschläge aus Goldblech
angebracht, durch Rundschit Singh*, den Sirdar der Shiks,
vor nahe hundert Jahren gestiftet. Ich hatte eine größere
kirchliche Handlung erwartet. Nichts davon. Es fand viel=
mehr ein allgemeines frommes Kolloquium statt, unter fort=
während Ab= und Zugehen der Heilsbedürftigen. In dem
mittleren der drei Räume hing eine bronzene kleine Glocke von
der Decke herab, einer Schiffsglocke an Größe gleich, außen
reich ornamentirt. Die Abgehenden oder wenigstens Einzelne
derselben schienen die Beendigung ihres persönlichen Gottes=
dienstes durch Anschlagen dieser Glocke anzuzeigen, deren Klöppel
von unten erfaßt und angeschlagen wurde, einmal, zweimal,
je nachdem. Da gingen sie hin, ihre Stirne bestrichelt und
betupft, einzelne sogar mit Goldpflästerchen, welchen Beicht=
spruchs wegen, erfuhr ich nicht. Nahe auf einem Pfeiler, nicht
weit von der Glocke, saßen zwei herrliche Pfauen, ihr pracht=
volles Schweifgefieder wie Mäntel über den Stein herabfallen
lassend. Sie schienen das Summen und Reden und Gehen

* Singh ist Beiname: der Löwe.

und Läuten vollständig gewohnt zu sein. Der Strom der
Beichtkinder, Männer und Frauen, quoll heraus oder ging
hinein in die kleinen Apsisbauten der drei Tempelräume. In
jedem dieser steht ein Lingam, jener berühmte Opferstein des
Mahadewa, das Symbol der hervorbringenden Naturkraft vor=
stellend. Ich hegte wenig Hoffnung, einen solchen in der Nähe
zu sehen zu bekommen. Doch unser Führer drängte die Menge für
die Sahiblogs hinweg und so durften wir denn bis in die Thür
des Allerheiligsten treten. Nur durch die Thür fiel etwas
Tageslicht; an den Wänden aber brannten Wachslichtchen und
Lampen, kleine und große, in welche der beschäftigte Brahmine
ab und zu Spezereien warf, daß es dampfte und duftete. Wo
ist denn der Lingam? fragte ich. Zunächst muß ich noch be=
merken, daß die Reisebuchsage sich nicht bestätigte, wonach nur
die Priester das Sanctuarium betreten dürften; denn am Boden
hockten und knieten in dem engen, etwa sieben Fuß im Geviert
messenden Raum ein halbes Dutzend junger Mädchen. Wollen Sie
sehen, Sahib? hier, hier! riefen sie und wühlten dann geschäftig
aus der Masse der Blüthen, welche über fußhoch den Boden
völlig bedeckten, den Stein heraus. Es ist ein cylindrischer
oben abgerundeter schwarzer Stein, etwa zwei Fäuste dick, aus
einem vasenartigen Gestell von gleichem Material etwas über
zwei Hände hoch emporsteigend. Die Opfer gingen dann als=
bald wieder vor sich; es regnete Blüthen, auch weiße Reis=
körner in Menge auf den Stein, den darauf wieder der Brah=
mine mit Gangeswasser begoß, welches er aus einem größeren
Gefäß mit einer länglichen Schale, Sumangali genannt,* ge=

* Zu deutsch etwa das Verheißungsgefäß; es wird auch Arghya
patr genannt. Arghya bedeutet, wie ich nach der Heimkehr er=
mitteln konnte, sowohl ein bestimmtes, sehr übliches religiöses Opfer,
bestehend aus Reis, Durvagras, Blumen und Wasser, als auch
eine Darbringung an Höherstehende im allgemeinen und besteht oft
bloß aus Blumen. Unser Blumenstreuen bei Festzügen und bei

schöpft hatte. Der Duft der Blumen und der Spezereien, das Summen der Menge, das Anschlagen der Glocke, alles zusammen wirkte fast betäubend. Wir freuten uns, wieder ans rosige Licht herausgekommen zu sein. Es war dicht neben dem Tempel, wo wir von dem Führer zu einem reichumgitterten, von einer zierlichen Säulenhalle umgebenen Brunnen geleitet worden waren, Gyan-Bapi genannt, was uns mit „Brunnen der Weisheit" übersetzt wurde. Strenger heißt es „Teich des Wissens" (Gyan = Wissen, Bapi = Teich, Cisterne). Beter knieten an der eisernen Einfassung; andere zogen mit dem Schöpfeimer von dem Wasser herauf, um es in Lotas zu füllen. Der „Teich" ist der Ablauf, in welchen das über den Lingam

katholischen Prozessionen ist eine Arghya und uralten Herkommens. Arghya patr ist also allgemein Opferschale. Eine von mir in Benares erworbene kupferne Sumangali hat Herr Fritz Hekert in Petersdorf trefflich in Glas nachgebildet, dieselbe zugleich aber mit hübscher Schmelzmalerei dekorirt. Bemerkt sei, daß das Gefäß auch wahrscheinlich eine mystische Bedeutung hat, von der man öfter reden hört, und die aus dem Namen Sumangali ebenfalls herausgelesen werden kann; Mangala ist nämlich auch ein Name der Uma, der wegen ihres Treugehorsams gepriesenen Gemahlin des Çiva. — Das Wort patr für Schale, Gefäß, ist merkwürdig genug. Es heißt im Sanskrit pātra, das erste a lang. Dasselbe findet sich im Griechischen wie es scheint nur noch in Ableitungen; wohl aber sitzt es wie ein halber Fremdling oder Ueberständer aus ganz alter Zeit noch im Lateinischen in patera mit dem betonten ersten a und ganz kurzem folgenden e, dessen Kürze hier erklärt wird, indem es offenbar rein eingeschmuggelt ist. Der Verlassenheit des Wortes im Lateinischen haben sich die Franzosen unter Dehnung des stummen e angenommen in patère, Opferschale und schalenähnliches Gebilde, wie Garbinenknauf; von ihnen haben wir es wieder für den letzteren Begriff in die Handwerkssprache herübergenommen, indem wir auch die Garbinenknäufe Pateren nennen; die Tapeziere sagen in entschuldbarem Mißverständniß einfach Parterre.

gegoſſene Gangeswaſſer fließt. Was muß dieſes Waſſer alles „wiſſen", das die von den Tauſenden den Brahminen ge= ſtandenen Sünden und Fehle hinabgeſpült hat? Sauber ſah es nicht aus und entſandte auch keine Wohlgerüche, welche Umſtände indeſſen nicht ſowohl den geiſtigen Qualitäten der Flüſſigkeit, als dem Umſtande zuzuſchreiben ſein mochten, daß die maſſenhaft mitgeſpülten Blumen die Waſſerfläche über= deckten und dort ihr Daſein endigten.

Weiter herumgehend gelangten wir von einer anderen Seite zu dem Steine, auf dem die Pfauen ſaßen; es war aber nicht ein bloßer Steinpfeiler geweſen, ſondern, wie ſich jetzt zeigte, das aus ſchwarzem Marmor gemeißelte Bild der heiligen Kuh oder des heiligen Stiers, Nandi=Linga genannt, ein beſonderes Heiligthum des Mahadewa.

Eine große Anzahl Tempelgebäude reihten ſich rings dem goldenen Tempel an, meiſt reich an Skulpturen in braunrothem feinkörnigem Stein, vielfach eine Holzarchitektur nachahmend. Man zeigte uns u. a. den reich ſkulpirten Tempel der Annpurna, richtiger wohl Amnpurna, einer Gottheit, deren Verehrung vor Hunger ſchützen ſoll (amn iſt Sicherheit, purna Fülle, geſättigt). Die Bettler, welche den Tempel maſſenhaft beſuchen und draußen am Ufer in den „abgelegten" Paläſten zinsfrei wohnen, müſſen die Erfahrung gemacht haben, daß Amnpurna hilft. Nahe beim Fluß wurden wir auf das Heiligthum des Tarakeßwar (vergl. Anm. S. 97) aufmerkſam gemacht. Taraka heißt Beſchützer, insbeſondere des Ueber= ganges. Ob eine Fähre an der Stelle nachgewieſen iſt, weiß ich nicht; es iſt aber ſehr wahrſcheinlich; jetzt wird dort Taraka im geiſtigen Sinne als Ueberführer, als Beſchützer beim Ueber= gang ins Todtenreich angerufen. Indiſche Phantaſie ſcheint ſtets bereit zu ſein, irgend einem Ideengang zu folgen, wenn er nur recht in die Tiefe und Transcendenz zu führen ver= ſpricht. Der Gott iſt im vorliegenden Falle unſichtbar und wird nur bei oder an einem heiligen Wafferbecken verehrt, welches innerhalb der Baulichkeiten der Tempelstätte .liegt. Wir drangen nicht in das Innere vor, sondern begnügten uns mit der äußeren Ansicht der hierneben abgebildeten Tempelbauten.

Die Stelle heißt das Manikarnika = Ghat oder = Thor. Manikarnika ist Ohrjuwel, Ohrschmuck. Der Legende nach ist einst ein Ohrschmuck Çiva's in das Wafferbecken gefallen, als er über eine That Krischna's verwundert das Haupt schüttelte. Daher sei der Name geblieben. Der unsichtbare Taraka flüstert dem Hindu, welcher durch Andacht seine Gunst erworben hat, vor dem Sterben eine Mantra, einen geheimnißvollen Heilspruch ins Ohr, der ihn von den Schrecknissen des Fege= feuers und der endlosen Wiedergeburten befreit und zur Selig= keit führt. Auf unserem Bilde sieht man vorne die Ghatstufen zum Waffer herabführen, links den Manikarnikatempel, weiter stromauf die spitze Kuppel des „golbenen" Tempels emporragen.

Wir wandten uns wieder zur Stadt hinein. Langsam zogen wir das Gassengewinde hinunter, an den kleinen Kauf= läben eines und das andere interessante Stück erhandelnd, was bereits mit großer Fertigkeit so geschah, daß wir auf den richtigen billigen Preis zurecht kamen. Bei einem jungen Menschen, der fleißig und wunderbar geschickt schmale Seiden= bänder auf einem tragbaren kleinen Webstuhl wob, mißlangen mir meine Versuche. Die weißrothen Bänder, die er herstellte und verkaufte, waren die Segnungsbänder, welche den brahma= nischen Knaben umgelegt werden, sobald ihre Unterweisung in religiösen Dingen beginnt. Es stand in Sanskrit darauf: „Schrirama, Rama, Rama, Rama" und Anderes. Das Um= setzen der Webekette geschah mittelst quadratischer, an den vier Ecken durchbohrter Pergamentblättchen. Durch die Löcher dieser Blättchen gingen die Fäden und wurden durch Viertels= drehungen derselben nach unten oder nach oben gebracht, je nachdem das Webefach es verlangte.

Benares, Manikarnika - Ghat.

Ich hätte gern das höchst merkwürbige Webegeräthe, das
etwa 5 Fuß lang und einige Zoll breit und sehr nett ge=
schreinert war, erworben und bot dem jungen Weber einen
hübschen Preis. Er sah mich unter seinem, aus Seidenbändchen
sehr niedlich geflochtenen Mützchen hierauf lange und ernst an,
blickte wieder auf sein Webstühlchen, strich mit der Rechten
über seinen Oberschenkel und wiederholte den gebotenen Preis.
Dann sagte er endlich, wie zum Entschluß kommend: Geht
nicht, nein, nein! Warum nicht? Ja, wie soll ich denn morgen
meine Bänder weben können, wenn ich dies verkaufe!!! Ein
anderes kaufen, sage ich. Nicht möglich, sagte er zu Dschebby,
der alles bolmetschte; ist ja kein anderes in Benares! — Das
Stühlchen mag immerhin selten sein; auf der Ausstellung
indischer Gegenstände, die im verflossenen Jahre in unserem
Kunstgewerbemuseum zur Schau standen, war es abgebildet,
„aus Benares"; der dabei dargestellte Webende könnte wohl
mein Bändermann gewesen sein.

Durch die mannigfachen Ceremonien, welche wir gesehen,
war in meinen jüngeren Begleitern eine Idee wieder wach
geworden, zu der sie schon früher scherzhaft Pläne gefaßt, näm=
lich sich zum Andenken an Indien ein Zeichen in die Haut
tättowiren zu lassen. Der Gedanke ließ ihnen nun auf ein=
mal keine Ruhe, und so hatten sie denn durch Dschebby richtig
jemand auftreiben lassen, der die Kunst verstand. Kaum hatten
wir uns im Hotel durch Speise und Trank gestärkt, als sich
in der Form einer ärmlich gekleideten braunen Frau der
Künstler anmeldete. Der Scherz der jungen Leute stellte sie
auf die Probe. Keiner wollte vor dem andern zurück; mir
war die Sache interessant, weil zu hoffen stand, das Verfahren
und den zugehörigen Brauch kennen zu lernen und so opferten
denn beide den Spiegel ihrer inneren Armfläche der Wissenschaft.

Die junge Frau, welche durch ihre braune Hautpatina
hindurch blaß aussah, hatte ein kleines Mädchen als Gehülfin

mitgebracht. Wir besichtigten zuerst das Stichel=Instrument.
Es bestand aus vier ziemlich feinen Nähnadeln, die zur oberen
Hälfte fest zusammengebunden und in ein kurzes dünnes
Stückchen Rohr eingesetzt waren. Unsere thüringischen Fabri=
kanten Wolff u. Knippenberg und manche Aachener Nadel=
fabrikanten, die den Orient mit deutschen Nähnadeln versorgen,
haben wohl nie gedacht, daß ihre Erzeugnisse zu solchem
Zwecke Verwendung finden. Als Farbmaterial diente eine
Flüssigkeit von schwarzblauer Farbe, wie es schien, wesentlich
Indigo enthaltend. Eine kleine Menge wurde in ein flaches
Näpfchen ausgegossen und nun hieß es den Aermel herauf=
streifen. Aber was denn nun stechen? Zeichnen könne sie nicht,
es müsse ihr alles vorgezeichnet werden. Ich mußte den Bitten
nachgeben und trug, um dem Scherz den indischen Karakter
zu erhalten, eine Sektenmarke der Schaiwas oder Schiwaiten
— waren wir doch heute Vormittag in Schiwa's Hause
gewesen — mit der Indigotusche Jedem auf die Operations=
fläche auf. Sessel und Schaukelstühle wurden in Ordnung ge=
stellt, welatti pani (Sodawasser) und viel burf (Eis) heran=
geschafft, Cigarren entzündet, und nun hieß es: los!
Die kleine Frau legte, nachdem sie vor ihrem Opfer nieder=
gekniet, ihre kleinen braunen Hände auf die im Kontrast um
so blendender weiß erscheinende Armfläche und begann zu sticheln
— wobei der Gestochene zuckte und die Unterlippe biß — dazu
aber zu unserem lebhaften Ergötzen kleine Sprüche herzusagen.
Ohne diese gelinge es nicht, sagte sie, was die Umstehenden
bestätigten. Ich unterdrückte äußerlich mein Interesse, um die
Stichlerin nicht verlegen zu machen, suchte aber die halb=
gemurmelten Worte zu erhaschen, das schnell hervorgeholte
Notizbuch auf den Knien. Es gelang mir, vier der kleinen
Zaubersätze unter einer etwa doppelt so großen Anzahl lautlich
festzuhalten, während Dschebby und die anderen Diener Gruppe
bildeten und neugierig und halb lächelnd allem zusahen. Die

Worte, deren Schreibung ich später richtig zu stellen und aus
der offenbaren Dialektfärbung zu klären suchte, lauteten:
Dherathwan, dherathwan, dherathwan ..... viele, vielemal
hintereinander, dann
Rase, rase, rase, raseraseraserase ......
Khuntschul (gespr. Khantschül), khuntschul .....
Dukh kur, dukh kur, dukh kur (gespr. dugur, dugur ....)
Dschebby erklärte die Worte dahin, daß sie alle besagen
sollten, der Schmerz solle nicht anhalten, vergehen, es solle
nicht bluten u. s. w. Nicht ohne mühsame Berathung des
Wörterbuches ermittelte ich, daß sich der „Stichelsegen", Irr=
thum vorbehalten, etwa wie folgt übersetzen läßt:
Genau auf den Punkt, genau auf die Linie (der Zeich=
nung .....
Zart, zart, zart, zarte, zarte ....
Blutstich, Blutstich, Blutstich ......
Thut weh, thut weh, thut weh ....
Etwa sechs, sieben Minuten dauerte die Prozedur; psychisch
ist eine ablenkende, den Schmerz lindernde Wirkung des fast
wie ein Metrum wirkenden Wiederholens der Worte zu er=
klären; wenden wir doch bei den Kleinen, die sich weh gethan,
lindernde Sprüchlein an. Die Schaiwa = Marke sah schließlich
sehr verschwommen aus, vor allem dünkte sie die Empfänger
etwas klein. Inzwischen war ein alter Schlangenbändiger
herangekommen, der seine vier Brillenschlangen (samp) aus
dem runden, schachtelförmigen Schlangenkorb* herausholte und
zu seiner Schalmei tanzen ließ.
Es müssen wesentlich die Töne sein, welchen die Wildheit
des Thieres nicht zu widerstehen vermag. Sobald das Tuch
von dem Gewürm zurückgeschlagen ist, schickt sich dasselbe sofort

* Ein solcher Schlangenkorb, der die typische cylindrische Form
hat, ist von mir dem handelsgeographischen Museum hier, Wilhelm=
straße, Architektenhaus, übergeben worden.

an, davon zu gehen. Indessen hören bei dem alsbald an=
gestimmten Flageoletgedudele die Schleicher auf, weiter zu
kriechen, richten sich mit halbem Leib auf und tänzeln mit dem
Oberkörper auf und nieder. Der vorher so schlanke Hals wird
dabei in die Breite gedehnt, so daß er ganz platt wird, was
durch die dem Thiere eigenthümliche Fähigkeit bedingt ist, die
oberen Rippen flach ausbreiten zu können, etwa wie ein um=
gelegtes Tuch. Stets sieht man die Kobra so abgebildet.

Die schon öfter gesehene Schlangengeschichte ermunterte
die eben fertig gestichelten jungen Männer, dem ausgestandenen
Schmerz zum Trotz, zu einer weiteren Ausführung der Ope=
ration; der Blutdurst hatte sie einmal erfaßt. Wohl oder
übel wollten sie nun auch eine Schlange auf den andern Arm
eingestochen haben. Ich mußte wieder zeichnen und brachte die
Schlange in Form eines großen S, das für beide Namen paßte,
auf dem Unterarm der Tattulustigen an, wo dann die Künstlerin
sie bald mit Stich und Spruch unauslöschbar eingeschrieben hatte.
„Eingeschrieben" ist das richtige Wort. Ist doch, wie die
Ethnologen uns zu beweisen wissen, höchst wahrscheinlich die
Zeichen= und Schreibekunst auf keiner anderen Bildfläche zuerst
ausgeübt worden, als gerade auf der menschlichen Haut. Und
sagt ja auch Heine vom alten Freund Wille in Zürich, wie
mir durch Gedankenecho einfiel:

Ich sah auch Wille, dem ins Gesicht
Seine Freunde mit Hieben
Einen Stammbuchvers höchst dauerhaft
Und leserlich eingeschrieben,

eine Inschrift, an welcher, wenn mir recht ist, unser Reichs=
kanzler als Student Mitarbeiter war.

Während die jungen Männer noch über Heine zu lachen
suchten, aber unter den Stichen zugleich zucken mußten, fand
der Schlangenbändiger nur Beachtung zweiter Klasse. Das
veranlaßte ihn, zu stärkeren Künsten zu greifen. Er stopfte

die Schlangen in den Korb, nicht ohne die letzte anscheinend
zu reizen, denn sie fuhr stoßend auf seine Hand los. Er that,
als habe sie ihn gebissen, geberdete sich sehr erschrocken und
wies auf eine vorgebliche Wunde am linken Mittelfinger hin.
Ich hatte indessen gesehen, wie der Schlingel dicht über dem
Gelenk desselben sich mit dem rechten Daumennagel eine kleine
Hautritzung beigebracht hatte. Er wühlte nun in seinem Gewand und brachte einen rundlichen flachen Stein, schwarz von
Farbe, wie ein Zehnpfennigstück groß, zum Vorschein. Dieses
Steinchen klebte er auf die vorgebliche Wunde und sagte dann
mit Triumph, nun sei der Biß unschädlich gemacht, ob ich den
Stein nicht kaufen wolle, zwei Rupien solle er nur kosten. Ich
zwinkerte ihn verständnißinnig an und flüsterte ihm leise zu,
daß ich den Schwindel kenne; aber daneben die jungen Männer,
die würden vielleicht. . . Er ging auf die Weiterführung des
Scherzes nicht ein, sondern zog mit seinem Apparat ab, allerlei
vor sich hinbrummend, aber doch zufrieden, einige kleine Kupfermünzen ergattert zu haben. Die Kobra, welcher bekanntlich
durch die Schlängenbändiger die Giftzähne ausgerissen werden,
ist noch sehr häufig in Indien. Während die englische Regierung in der Bekämpfung und Ausrottung anderer gefährlicher
Bestien glücklich gewesen, ist ihr der Kobra capella gegenüber
sehr wenig gelungen. Im Jahre 1875 ist, wie ich einer in
Kalkutta erworbenen Darstellung entnahm, die Zahl der durch
Schlangenbisse Getödteten in Indien noch 17,000 gewesen.*
Erklärlich daher das Grausen vor dem Thier und die immer
noch dankbare Ausbeutung des Furchtgefühls durch die
Schlangenbändiger.

Der noch zur Verfügung stehende gute Rest des Nachmittags mußte noch ausgenutzt werden und zwar um wenigstens
einige Anschauungen von der Industrie der großen Stadt zu

* 1880 waren es 19,150; auf Elephanten, Tiger, Leoparden,
Bären, Wölfe, Hyänen rc. kamen noch weitere 3,750.

erlangen. Auf Befragen wegen der wichtigen Feinweberei-
Industrie von Benares gab Dschebby den sehr willkommenen
Aufschluß, daß er uns zu einem Vorzügliches leistenden Fabrikanten führen könne. Unser Wagen brachte uns rasch wieder
in die Mitte der Stadt, wo wir auf einem größeren Platze
ausstiegen und nun unserem anstelligen Führer durch Gassen
und Gäßchen folgten, bis zu einem mittelgroßen, bescheiden
aussehenden Hause, in welchem unser Fabrikant wohnen sollte.
Wir erfuhren, daß er verreist sei; sein Stellvertreter war aber
bereit, uns zu empfangen. Durch einen schmalen Gang in
die Tiefe des Hauses gelangt, hatten wir eine enge winklige
Treppe zu ersteigen, zu welcher kleine, hochgelegene Fenster
nur wenig Licht, aber auch wenig Hitze zuließen, und traten
in das Geschäftslokal ein. Auch hier kleine und wenige
Fenster, steinerner Fußboden, weiß getünchte Wände. An
diesen hingen die Certifikate einer Reihe von Weltausstellungen,
auf welchen der Besitzer für seine Goldgewebe goldene Me-
daillen erhalten; die 1878er Pariser Ausstellung fehlte auch
nicht. Während wir europäischen Eindringlinge diesen Wand-
schmuck ergötzt betrachteten, der so heterogen in dem Fremden
und Andersgearteten saß, waren der Vertreter des Besitzers
und ein Babu, Buchführer, eingetreten. Der Babu hatte
gleich seine Arbeit mitgebracht, Bücher, Papier und Schreib-
zeug, setzte sich an einer Seite des Zimmers auf den Steinboden und begann eifrig zu schreiben, während der Kaufmann
uns zunächst durch Dschebby einige Stühle holen ließ (es
waren einfache europäische Strohstühle), sich selbst aber zu
zwei oder drei dicken weißen Paketen niederließ, die man ihm
herangebracht; diese machte er auf, um uns seine Waaren zu
zeigen. Es ist eine Eigenheit Indiens oder auch vielleicht
eines größeren Theiles von Asien, daß die Vorräthe von
Waaren, namentlich von Stoffen, in Bündel gelegt, mit
weißem Zeuge umschlagen und dieses zugeknüpft wird. So

fanden wir es bei den umherziehenden Händlern in Kalkutta, so in Benares, so auch später in Delhi. Bald war vor uns der Boden belegt mit den herrlichsten gold= und silberburch= wirkten und bestickten Seiden= und Sammetstoffen von den prächtigsten Mustern. Hohe Preise, die unerschütterlich fest schienen diesesmal, wurden mit Ruhe gefordert. Wollte man sie nicht anlegen, so wurde mit Gleichmuth und ohne Redens= arten, Anpreisungen und dergleichen ein neues Stück aus= gebreitet. Die Muster zeigten eine Fülle von Mannigfaltigkeit und fast ohne Ausnahme einen feinen Stil; die Goldstickereien waren so vorzüglich gearbeitet und verriethen dabei solche Ge= wandtheit und Leichthändigkeit in der Behandlung des schweren Materials, daß die durch Generationen gepflegte Uebung deutlich erkennbar wurde. Einiges wurde für Freunde und Sammlungen erworben.

Während meine jüngeren Begleiter noch wählten und handelten, hatte ich bemerkt, daß der Babu, mit seiner großen rundäugigen Brille auf der Nase, Sanskritschriften vor sich hatte. Die Gelegenheit war so günstig wie noch nie, das Verfahren beim Schreiben der eigenthümlichen Zeichen sowie überhaupt einiges Nähere darüber kennen zu lernen. Ich setzte mich also zu dem fleißigen Manne hin. Er sprach geläufig englisch, und ich wurde dann alsbald mit der interessanten Thatsache bekannt, daß das Hauptbuch des indischen Kauf= manns überall in Nâgari, d. i. Sanskrit (wörtlich Stadtschrift) geführt wird. Die Sprache ist also keineswegs so weit zu einer todten geworden, als wir vielfach annehmen, vielmehr noch recht vielfach im Gebrauch, vor allem dem schriftlichen. Das Hauptbuch war wunderschön geführt, die Zeichen kalli= graphisch tadellos hergestellt. In der äußeren Form wich das Buch ganz und gar von der unsrigen ab; es war gebunden, aber weich, biegsam, in ganz dünne Deckel. Beschrieben wurden die Blätter bloß auf einer Seite, der rechts gelegenen,

Die Zeilen liefen dabei parallel dem Rücken des Buches, so daß also die Bindung die Köpfe der Seiten zusammenhielt. Für jedes Konto, persönliches oder unpersönliches, war ein Folium eröffnet, aber auch buchstäblich nur ein einziges. Wo dieses gefüllt war, die Schrift den Rand der Seite erreicht hatte, war eine Verlängerung, eine Allonge, sorgfältig ange= klebt, auf der dann in unmittelbarem Anschluß an die sauber geschriebenen und scharf geordneten Zeilen ebenso säuberlich fortgefahren wurde. Große Kunden oder Konti hatten auf diese Weise enorm lange Leporellozettel, kleine nur eine ge= wöhnliche einfache Seite aufzuweisen. Der Eintragungsstil war, wie mir der Babu durch Uebersetzen zeigte, äußerst knapp. Alles dies bezieht sich auf das würdige oberste Buch der Ge= schäftsführung; die untergeordneten Bücher dagegen waren in Hindi geschrieben und zeigten gewöhnliche Buchform.

Der Babu hatte beim Schreiben sein Buch, Heft oder dergleichen auf dem Schoß liegen und benutzte eine Stahl= feder; die Feder flog nur so dahin beim gewöhnlichen Schreiben, richtete sich aber auf und bewegte sich regelmäßig, gleichsam ernst, wenn eine Eintragung in das Hauptbuch stattfand, wo sich dann die Züge streng und gleichmäßig, Gedrucktem ähn= lich aneinanderreihten. Bitte, schreiben Sie mir Benares mit Nagari=Schrift. Es geschah. Sie haben ja geschrieben Banaresa! Ja so schreiben wir es aber, nicht anders. Das erste a könnte wohl richtig sein, das letzte wohl nicht; es er= schien wohl wegen einer üblich gewordenen Nachlässigkeit, ein eigentlich nothwendiges Schlußzeichen, welches das a unter= drückt, wegzulassen.* Ganz gegen meine Erwartung ging

* Auf einem unserem Gepäck aufgeklebt gewesenen Zettel, lautend auf die Fahrt von Howrah nach Benares steht außer der englischen Angabe noch in Hindi sowohl als in Sanskrit „Benaresa“. Auch hier ist also das Schlußzeichen vernachlässigt, d. i. seine Anwendung im Stillen vorausgesetzt. Ueber die Entstehung und das Alter des

alles Schreiben in Sanskrit immerhin sehr schnell, wie denn
überhaupt die Uebung im Volke, Sanskrit oder Nagari
wenigstens zu lesen, groß ist. Diese wird dadurch erleichtert,
daß die Hindi=Buchstaben theilweise mit den Nagaribuchstaben
übereinstimmen, zum andern, vielleicht geringeren Theil nur
Umbildungen derselben sind. Die Ueberzeugung nahm ich aus
der lebhaft geführten Unterhaltung mit dem gewandten Babu
mit und überzeugte mich auch noch anderswo später davon,
daß die alte heilige Sprache noch in hohen Ehren gehalten
wird von den Indern und einen beachtenswerthen Theil des
geistigen Eigenthums des Volkes ausmacht.

Nachdem wir uns verabschiedet und mit unseren Packeten
wieder auf den Weg durch die Stadt begeben hatten, bot sich
uns an einem kleinen Platz auf einmal das Schauspiel eines
Leichenzuges oder dessen, was in Indien an die Stelle desselben
tritt, dar. Eine Schaar von etlichen dreißig Männern kam vor=
über. Sie gingen im Geschwindschritt dahin, je zwei und zwei.

Namens der heiligen Stadt haben eingehende Forschungen englischer=
und andererseits stattgefunden. Die frühere Form der jetzigen Be=
zeichnung war Varanasi, von Einzelnen gedeutet als Stadt zwischen
Baruna und Asi, heute Barna und Asi, zwei Wasserläufen, welche in den
Ganges gehen. Schärfere Untersuchung hat die Konjektur als völlig hin=
fällig erwiesen, indem die Stadt zur Zeit, wo sie jenen Namen trug, viel
weiter stromauf gelegen war. Eine ebenfalls sehr alte und in alten
Schriften oft vorkommende Bezeichnung ist Kaßi, über deren Etymologie
auch noch große Zweifel bestehen. Eine lange Zeit hindurch herrschte
in und um Benares der Buddhismus, der den Brahmanismus ver=
drängt hatte; er wurde aber von letzterem gestürzt und ist jetzt gänz=
lich dort verschwunden. Aus dem zwölften Jahrhundert wissen wir
bestimmt, daß damals Benares figürlich die Çiva = Stadt, Çivapura
genannt wurde, daß also schon damals der in Bischeswars Tempel
geübte Kultus blühte. Unter den Mohammedanern trat später
wieder ein Rückgang ein. Das Eine aber scheint festzustehen, daß
Benares niemals mehr und höher geblüht hat, als in heutiger Zeit.

Ungefähr in der Mitte des Zuges wurde die Leiche auf einer
Bahre getragen, auf den Schultern von vier Männern.

Der todte Körper war in bunte, reichfarbige Stoffe, die
dicht an den Körper ſchloſſen, nicht ſowohl eingehüllt als
förmlich eingenäht, die Arme dicht an den Leib geſtreckt, das
Ganze von außen mit der Hülle umlegt, auch der Kopf, wie
bei Mumien. Die Tragbahre, aus Bambusſtangen gebildet,
war einigermaßen geſchmückt; ihr voraus wurde ein Zeichen,
vielleicht ein Götterbildchen, getragen; einige der Offizianten
trugen auch friſche farbige Gewänder. Ihr Dahinſchreiten
begleiteten die Leichenführer mit dem ſchauerlich klingenden
Rufe: Harri, Harri, bol! Harri, Harri, bol! Harri, Harri,
bol!* den ſie nach kurzen Pauſen wiederholten, immer dreimal
hintereinander. Eine Gari von beſonderer indiſcher Bauart, mit
zugezogenen Vorhängen, folgte dem Zuge, der nach kurzer Zeit
verſchwunden war. Noch aus der Ferne hörten wir das
Harri, Harri, bol! dumpf herüberklingen. Es war eine nicht
ganz „kleine Leiche“, die wir geſehen hatten. Am Morgen
waren wir an einer „kleineren“ vorübergekommen. Der Ka=
daver, eingenäht wie der beſchriebene, aber in einfaches Weiß,
lag auf der Bambusbahre und dieſe war von ihren beiden
Trägern ſo einmal abgeſetzt worden, damit ſie ſich ausruhen
könnten; ſie unterhielten ſich, auf der Erde hockend, mit einem
Bekannten und verſpeiſten eine Melone.

Die wörtliche Bedeutung des Rufes wußte man mir nicht
anzugeben; es ſei der Todesruf bei allen Leichenbegleitungen. Ich
machte mir die Deutung, deren Richtigkeit ich dahingeſtellt ſein
laſſe, daß es eine Anrufung des Viſchnu iſt. Hari oder Harri
iſt ein beſonderer Beiname dieſes Gottes, und bol heißt ſprich
oder rufe, vielleicht auch hier abgekürzt: hat gerufen. Die

---

* Man findet geſchrieben auch Hurri und Hurry; das kurze a
und das kurze u werden, wie ſchon geſagt, im Hindi ſehr oft
promiscue gebraucht.

Leichen werden von den Trägern zum Flußufer gebracht, in
Benares wie anderswo, möge es auch entfernt sein, und dort
verbrannt, dann die Asche in den Strom gestreut. Am Ganges
verbrannt und der Mutter Ganga übergeben zu werden, steht
dem Inder besonders hoch. Bei unserem Frühbesuch am
Gangesufer waren wir auch zu der Stelle gekommen, wo die
Leichenverbrennung stattfindet, ja gerade eine begonnen wurde.
Es war an dem sogenannten Brandthor, Verbrennungs=Gath.
Die Leiche lag in einem schmalen Scheiterhaufen aus trockenem,
knorrigem Holz, der unmittelbar auf dem steinigen Ufer auf=
geschichtet worden, das nicht einmal horizontal planirt war.
Der Holzstoß war etwas über zwei Meter lang und etwa
einen Meter hoch und breit. Die Verbrennung, welche wir
ins Werk setzen sahen, ging absolut weihelos, ohne jede Feier=
lichkeit vor sich. Ein brauner Bursche setzte mühsam mittelst
Zündhölzchen den Holzstoß in Brand; in der Nähe hockten
einige vielleicht Angehörige auf dem Boden. Wir konnten die
vollständige Durchführung des äußerst banausischen Geschäftes
nicht abwarten; offenbar gehörte der Todte der niedersten Kaste
an. Auf unserer obigen Abbildung der Stadtfronte sieht man
im Vordergrunde links Holzvorräthe, lose zusammengeschichtete
Scheiter und Knorren (wahrscheinlich Treibholz) liegen. Dieses
Holz dient zu den Leichenverbrennungen. Wer es erschwingen
kann, läßt dem Scheiterhaufen für ein verstorbenes Familien=
mitglied Sandelholz zu Häupten und zu Füßen des Todten
beilegen. Vornehme errichten den ganzen Scheiterhaufen aus
diesem wohlriechenden Material. Dieses letztere bildet deshalb einen
großen Handelsartikel. Ein bedeutender Theil des Bedarfes wird
jetzt aus Westaustralien bezogen, jener einzigen australischen
Kolonie, wohin noch ab und zu Verbrecher transportirt werden.
Die Hauptbeschäftigung derselben ist das mühsame Fällen und
Herabflößen von Sandelbäumen für den ostindischen Verbrauch!
Die Geschäfte der Leichenüberführung und Verbrennung

liegen der niedersten Kastenstufe, den schon in Kalkutta gesehenen Harri ob, deren Name wohl mit dem Leichenruf zusammenhängt oder einerlei Quelle hat. Nach der Kleinheit der Brennstoff= menge zu urtheilen, konnte in dem beobachteten Falle die Zer= störung des todten Körpers durch das Feuer nur unvollkommen gelingen. Die Gesammtheit der Reste wird in den Strom hinausgebracht. Leichen von Kindern unter vier Jahren werden nicht verbrannt, sondern ohne weiteres in den Fluß versenkt. Auch diesen Vorgang hatten wir zu beobachten Gelegenheit. Zwei alte Harris in schlechter Bekleidung hatten einen solchen Auftrag zu erfüllen. Die kleine Leiche war in ein Stück weißen Zeugs eingenäht. An das schaurige Bündel war ein großer kugelrunder Krug mit einem Strick befestigt, leer und unverschlossen; derselbe schwamm so, daß die Mündung aus dem Wasser ragte. Die beiden Alten bestiegen ein plumpes, häßliches Boot und stacherten dasselbe zwischen den übrigen Fahrzeugen hinaus in den freien Strom, wobei der Eine das Bündel am Stricke hielt und im Wasser nachzog, nicht ohne daß es rauh hie und da angestoßen wurde. Kein Leibtragender war zu sehen; kein Mutterauge schaute nach; die einzigen Zu= schauer waren wir etwas angegrauten Europäer. Draußen im stark treibenden Ganges wurde der Strick losgelassen — — —. Ich dachte an die Soonabrücke und das, was wir dort aus den Fluthen hatten emportauchen sehen.

Eine Sutti oder Wittwenverbrennung, jenes furchtbare Er= zeugniß fanatischen Wahnes, bekamen wir nicht zu sehen, obwohl Jules Verne's „Reisender in achtzig Tagen" angeblich mehr Chance in dieser Beziehung hatte; die Engländer haben den Brauch mit Muth, Geduld und Strenge thatsächlich beseitigt. Die Bewegung begann schon 1813, durch Ramohun Roy, einen indischen Friedrich von Spee, kühn angefaßt. Sie wurden hierbei von mehreren aufgeklärten Indern unterstützt. Ohne diese Hülfe würde vielleicht heute noch der barbarische

8*

Frevel geübt werden. Das Leben wird eben geringer ge=
achtet in Indien und der erwähnte idealiftifche Zug des
Volkes ließ daffelbe nicht fehen, nicht wiffen, was es that.
Wie der Vorgang fich aber eigentlich einft abfpielte, zu welchen
Fürchterlichkeiten auch hier wieder religiöfer Wahn den Menfchen
trieb — wer weiß in wieviel verborgenen Winkeln des großen
Reiches noch treibt — das hatte ich aus Schilderungen eines
Augenzeugen entnommen, die ich während unferer Reife von
Howrah nach Benares gelefen. Es war die Mittheilung
eines hochgebildeten Inders, der feine Landsleute in einem
in Kalkutta frifch erfchienenen Buche* fchilderte. Lebhaft ftanden,
während das „Harri, Harri, bol" noch dumpf herüberklang,
die Szenen vor meiner Seele, welche mein Gewährsmann mit
Augen gefehn hatte und uns wie folgt lebendig nahe rückt.

„Als ich noch ein kleiner Knabe war und eines Morgens
zu Haufe in der Patfala** mit Lefen befchäftigt war, wurde
meine Aufmerkfamkeit dadurch erregt, daß meine Mutter fagte,
meine Muhme werde „eine Sutti*** werden".

Ich verftand das Wort nicht; hin und her erwog ich in
meinen Gedanken, was „Sutti" doch meinen möge. Da ich es
nicht herausbringen konnte, fragte ich meine Mutter danach;
diefe, Thränen in den Augen, antwortete, meine Muhme
(die im nächften Haufe lebte) „werde Feuer effen gehen."
Alsbald empfand ich die größte Neugier, das Ding mit eigenen
Augen zu fehen, immer noch im Unklaren, was es denn eigent=
lich fein möchte. Eine deutliche Vorftellung befaß ich damals
nicht, daß das Leben mit einemmale ausgelöfcht werden könne;

---

* Shib Chunder Bose, the Hindoo as they are, Kalkutta
Newman & Cie., Landon, Stanford, 1881.

** Lefezimmer, vielleicht genauer Saal der Hymnen, von Paba,
Hymnenvers.

*** Sanskrit heißt das Wort Sati; hinduftanifch wird es öfter
auch Satti gefchrieben.

keinen Augenblick dachte ich daran, daß ich meine liebe Tante für immer verlieren solle. Hinunter rannte ich in der Muhme Zimmer, und was sollte ich da sehen, als eine Gruppe düster dreinschauender Frauen, meine Muhme in der Mitte. Jetzt noch, nach funfzig Jahren, steht lebhaft vor meiner Seele, was ich erblickte. Meine Muhme war angethan mit einem roth= seidenen Sari und all ihrem Schmuck, ihre Stirne dick bemalt mit Sibur* oder Zinnober, ihre Füße roth gemalt mit Alta,** sie kaute einen Mundvoll Betel und eine hellbrennende Lampe stand gerade vor ihr. Offenbar befand sie sich in einer re= ligiösen Entzückung, ernst, in allem, was sie that, zugleich aber ruhig und gemessen, als ob nichts Auffallendes zu geschehen habe. Kurz gesagt, sie war in ihrer Morgenandacht begriffen, zugleich ungeduldig die Stunde erwartend, wo sie diese sterbliche Hülle ablegen solle. Mein Oheim lag als Leiche in dem anstoßenden Zimmer. Mir schien, als ob alle versammelten Frauen die Tugend und den Muth meiner Muhme bewunderten. Einige küßten den Betel aus ihrem Munde, andere betupften ihre Stirne, um etwas von dem Sibur oder Zinnober zu be= kommen, während nicht wenige ihr zu Füßen fielen und den heißen Wunsch aussprachen, nur einen kleinen Theil von ihrer Tugend ihr eigen nennen zu können. Was mich unter allen diesen Vorgängen am meisten betroffen machte, war, daß meine Muhme mit einem mal auf die Bitte einer alten Brahmanin die Hand ausstreckte und einen Finger genau über die Flamme der Lampe hielt, wo er nach wenig Sekunden versengt war und sie mit Gewalt von der alten Frau zurückgerissen wurde; diese hatte sie gebeten, so zu thun, um einen Vorschmack von der unerschütterlichen Festigkeit ihres Entschlusses zu erhalten. Die

---

* S i n d u r a , Sanskrit, bedeutet Mennigroth; Sidur ist also wohl dialektisch.

** Welche Farbe gemeint ist, bleibt hingestellt, alata (Sanskrit) ist Feuerbrand.

vollständige Gelassenheit, mit welcher sie diese Feuerprobe durch=
machte, überzeugte alle, daß sie eine wahre Sutti sei, be=
stimmt, mit ihrem Gatten in Boykonto*, dem Paradiese,
zu leben. Niemand vermochte eine Aenderung in ihrer Haltung
oder ihrer Entschlossenheit zu entdecken, nachdem sie diesen
schmerzhaften Versuch durchgeführt.

„Ungefähr eilf Uhr war es, als die Vorbereitungen zur
Fortführung der Leiche meines Oheims zum Ghat gemacht
wurden. Es war eine kleine Trauerversammlung, ungefähr
dreißig Personen, alle aus geachteten Familien, die sich frei=
willig erboten hatten, die Todtenbahre abwechselnd auf ihren
Schultern zu tragen. Der Todte ward auf die Tscharpai**
gehoben, meine Muhme folgte, nicht in einem geschlossenen,
sondern in einem offenen Palki. Sie war unverschleiert, und
gleichgültig gegenüber dem Umstand, sich öffentlich zeigen zu
müssen; sie war so zu sagen tobt. für die Außenwelt. Der
feine Zug hoher Schamhaftigkeit, so karakteristisch für die
indischen Frauen, war vollständig unterdrückt in ihr. In
Wahrheit verlangte sie sichtlich nach dem Augenblick, wo ihre
Seele mit der ihres Gatten wieder vereinigt werden sollte, um
im Himmel zu wohnen. Sie trug eine Tulsi=mala*** (Schnur
mit geschliffenen Gebetperlen) in der Rechten, die Perlen
zählend und schien die Rufe „Harri, Harri, bol" mit Heiterkeit
des Gemüthes anzuhören. Wer mag entscheiden, wie es in
einem bewußten Wesen aussehen mochte, welches im Begriffe
stand, zu „Harri's" Füßen für immer den letzten Lebensfunken

---

* Offenbar mundartlich, platt möchte man sagen, für, wie ich
vermuthe: bhavakanta, Welt des Glückes, Welt der Seligkeit.
** Mein Gewährsmann, der in seinem englischen Text die hin=
dustanischen Ausdrücke, wo ich sie wiedergebe, angebracht hat, schreibt
Tscharpoy, was wohl dialektisch für die obige Form steht, die Vier=
fuß bedeutet.
*** Mala, sanskrit, ist Rosenkranz.

herzugeben, ohne Murren, ohne einen Seufzer oder eine
Thräne? Ein tiefernster religiöser Glaube, welcher der Seele als
Nothanker dient inmitten der Stürme des Lebens, vermag
allein das Räthsel zu lösen, und den Tod seiner Schrecknisse zu
entwaffnen. Wir erreichten Nimtollah*=Ghat gegen zwölf, wo
wir zehn bis fünfzehn Minuten hielten, um den todten Körper
mit heiligem Wasser zu besprengen, und zogen dann alle
langsam nach Kultollah**=Ghat.

Als wir an unserem Bestimmungsort angelangt waren,
dem traurigen, einsamen und verlassenen Aufenthalt hindui=
stischer Leichenbestatter, kam der Polizei-Darogah*** (ebenfalls
ein Hindu) zur Stelle und fragte eingehend meine Muhme
aus, auf die verschiedenste Weise versuchend, sie zur Sinnes=
änderung zu bestimmen. Sie aber, wie eine Jeanne d'Arc,
verhielt sich entschieden und entschlossen; sie gab die unzweideutige
Antwort, daß „„solches ihr vorherbestimmt sei, und daß Harri
sie und ihren Gatten vorgefordert habe nach Bohkonto"". Der
Darogah, bestürzt über die Festigkeit ihres Entschlusses, trat
zurück an den Ghat, den Vorgang zu überwachen, während
ein Scheiterhaufen hergerichtet wurde; er bestand aus trockenem
Brennholz, Reisigbündeln, Fichtenholz nebst vielem Sandelholz,
Butter und anderem dazwischen, was der Luft einen durch=
bringenden Geruch ertheilen sollte. Auch ein halbes Dutzend langer
Bambusstangen wurden herbeigebracht, deren Bestimmung wir
später erst durch den Augenschein kennen lernen sollten. Wir
kleinen Knaben wurden angewiesen, uns abseits zu stellen.
Der Bestattungsbrahmine kam sodann und las einige Mantras
und Anrufungen ab. Nachdem der in neue Gewänder gehüllte
todte Körper auf den Holzstoß gelegt worden, wurde meiner

---

* Nimtola ist Mittelviertel, Mittelstadttheil.
** Kultola ist Uferviertel, ungefähr drei Meilen (nahe dreiviertel
Stunden, stromaufwärts) nach Norden von Nimtola.
*** Oberste eines Bezirks.

Muhme bedeutet, siebenmal denselben zu umwandeln, was sie
that, indem sie eine Menge Blumen, Kaurimuscheln und ge=
rösteten Reis auf den Boden streute. Es fiel mir damals
sehr auf, daß nach jedem Rundgang ihre Stärke und Geistes=
gegenwart nachgaben, worauf der Dagorah herantrat und aufs
neue und bis zum letzten Augenblick versuchte, sie von ihrem
verhängnißvollen Entschluß abzubringen; aber sie, an der
Schwelle eines grauenvollen Todes, in der letzten Stunde ihres
dahinschwindenden Lebens, Yama's* Verhängnißfackel vor
Augen, erstieg ruhig den Scheiterhaufen und legte sich ihrem
Gatten zur Seite, die eine Hand unter sein Haupt, die andere
auf seine Brust gelegt, und man hörte sie noch mit halberloschener
Stimme „„Harri, Harri''' anrufen — ein Zeichen ihres uner=
schütterten Glaubens an die Wirklichkeit ewiger Glückseligkeit.
Nachdem sie sich so auf den Holzstoß gebettet, wurde sie fast
augenblicklich überdeckt oder vielmehr begraben unter trockenem
Holz, während einige starke Männer den Holzstoß mit den
Bambusstangen niederdrückten und hielten, der alsbald an
allen Seiten in wilden Brand gerathen war. Ein mächtiges
Freudengeschrei erscholl sodann aus der Zuschauermenge, bis
der Todte und der lebende Körper beide in eine Handvoll
Staub und Asche verwandelt waren. Als die tragische Szene
beendigt und die Aufregung des Augenblickes vorüber war,
begannen Männer und Weiber rings zu weinen und zu schluchzen,
während noch Beifallrufen und Gestöhne der Menge die Luft
erfüllte.“

Ich glaubte, diese durch ihre Einfachheit ergreifende Er=
zählung, die in sich schon ein Kulturbild ist, wörtlich vorführen
zu müssen, da sie uns tief in das indische Gemüthsleben blicken
läßt. Der großartige Heldenmuth der sich opfernden Frau
steht in seiner Ueberzeugungstreue gewiß nicht minder hoch,

* Des Todesgottes.

als irgend ein Martyrium, von welchem die Geschichte weiß.
Der Erzähler fügt noch eine Parallele hinzu, Johanna von Orleans'
letzte Stunde schildernd, und schließt: „So starb Johanna,
„„die Jungfrau von Orleans,"" und so starb Bhuggobutty
Dassi, meine Muhme." Auch ein reflektirtes Licht wirft die
Schilderung auf furchtbare Zustände unseres Mittelalters,
deren Grausigkeit auf der einen und edles Heldenthum auf
der andern Seite hell beleuchtet vor unsere Seele treten. Als
wie entsetzlich schal erkennen wir zugleich die platten Späße
über denselben Gegenstand, welche moderne Leichtlebigkeit uns
sogar auf der Bühne vorgeführt hat.

Nach dieser Abschweifung, auf die mich die vorüberziehen=
den Harris gebracht, kehre ich zu unserem Gang durch die
Stadt zurück. Es galt noch einen Besuch des Bronze= oder
Messingbazars, jener Stelle, wo die jetzt so massenhaft nach
Europa gebrachten, außen gravirten Gefäße gefertigt werden,
die man allgemein Benareswaare nennt. Ein ganzes Gassen=
viertel ist besetzt mit Werkstätten für diese Gegenstände. In
den nach außen offenen Vorderräumen sieht man die Arbeiter
beschäftigt mit Hämmern, Treiben, Löthen, Feilen, Drechseln,
Meißeln, Punziren. Vermöge der großen europäischen Nach=
frage blüht das Geschäft außerordentlich; freilich bewirkt eben
derselbe Umstand, daß auch viel geringwerthige Waare Absatz
findet und weiter vertrieben wird. Der Wirth unseres Gast=
hofes unterhielt ein sehr gut versehenes Lager von „Benares=
waare" vorzüglicher Qualität, hatte auch beträchtliche Be=
stellungen aus Europa. Er erzählte mir, daß er einige Tage,
ehe wir ankamen, einen Auftrag im Gesammtwerth von
5000 Rupien (rund 10,000 Mark) ertheilt und zwar voraus=
bezahlt habe. Die Arbeiter, sagte er mir, sind ganz sicher.
Das Vorausbezahlen ist eine Diskontirung, indem die Preise
dabei unverhältnißmäßig niedriger gestellt werden. Bei unserem
Durchziehen des Bazars gelangten wir zu einem uns besonders

gut gefallenben jungen Meifter, ber uns bringenb einlub, bei
ihm einzuſprechen. Das geſchah benn auch, unb ſiehe, es ſtellte
ſich heraus, baß juſt bieſer Mann bie große Beſtellung von
Herrn Clarf erhalten hatte. Man brachte uns in bas in ber
Tiefe bes Hauſes belegene Magazin Stühle unb ber Künſtler
legte ſeine Waaren vor uns auf bie Erbe. Es bauerte aber
nicht lange, ſo war bas ganze Zimmer bichtgefüllt mit ber
Kollegenſchaft bes Meiſters. Alle übrigen boten ebenfalls
Sachen an, was ber Herr bes Hauſes auch ohne weiteres zu=
ließ, unb ſo thürmte man benn einen wahren Rheingolbſchatz
von allerlei Gefäß unb Geräth, blinfenb zum Theil wie Golb,
freilich aber alles nur eitel Meſſing, vor uns auf. Gravitätiſch
wurbe unſererſeits gehanbelt unb gewogen unb ausgeſchoſſen
unb gemuſtert, babei ber uns ſchon geläufige billigſte Preis=
anſatz erzielt. Der ſchöne Glanz ber Benaresgefäße wirb, wie
man uns zeigte, auf höchſt einfache Weiſe erzielt, nämlich
burch Abreiben ber Sachen mit Citronenſcheibchen. Die
Benarenſer bringen bamit einen prächtigen thauigen Glanz ber
Stücfe heraus. Wer bie Methobe verſuchen will, unterlaſſe
nicht, gleich nach bem Abreiben mit Citrone bie ſaure Flüſſig=
feit raſch mit Waſſer abzuſpülen. Ein gemüthlicher Brauch
beim inbiſchen Hanbel iſt an ̓ vielen Stellen ber, baß beim Ab=
ſchluß eines größeren Kaufs ber Verfäufer ſeinem Kunben ein
Geſchenf giebt, auf welches bieſer einen gewohnheitsrechtlichen An=
ſpruch hat. Ich machte mir ben Scherz, bei unſerem Bronze=
mann nun auch mein Geſchenf zu begehren; er verehrte mir
ein niebliches fleines Gefäß unter ben Beifallsäußerungen ber
auf wenigſtens vierzig Köpfe angewachſenen Corona. Dſchebby,
bem ich ein Kochgeſchirr gefauft unb geſchenft, pacfte mit
Wonne alles Erworbene zuſammen, nicht ohne vorher von bem
Meiſter ben ihm zufommenben Bafſchiſch in Baar mit einer
gewiſſen Gier begehrt unb in Empfang genommen zu haben.
Die nach allerlei Rechnerei erlangten fupfernen Anas ſchob

er in die früher beschriebene enge Sicherheitstasche auf dem
Brustbein.

Nachdem wir noch Bücherhändler, Schlosser, Zinngießer,
Steinhauer u. A. besucht, was bei der drückenden Hitze kein
kleines Stück Arbeit war, langten wir ermüdet im Gasthof an,
eine letzte wichtige Kampagne für den kommenden Tag in Aus=
sicht nehmend.

Ein von mir bei dem Bücherhändler gekauftes Buch,
höchst eigenthümlich in rauhes, hübsch gemustertes Seidenzeug
gebunden, durchforschte ich noch beim Kerzenschein unter der
wehenden Punkah. Es war sehr schön in wenig mobifizirtem
Sanskrit gedruckt und enthielt ein kleines und ein großes Stück.
Auffallend waren die zwei Jahreszahlen der Herausgabe, die
eine 1802, die andere 1937. Nach längerem Kopfzerbrechen
brachte ich heraus, daß sie zwei der indischen Zeitrechnungen
bedeuten möchten. In der That erwies sich das später als
richtig. 1802 war nach der Aera des Königs Salivahana ge=
zählt, die 78 nach Christi beginnt; die andere nach derjenigen
des ruhmvollen Vikramaditya, zu deutsch des Sonnenhelden,
welche 56 vor Christi anhebt. 56 von 1937 ergiebt 1881.
Das Buch war also wirklich, wie der Farosch versichert hatte,
soeben erschienen. Das Ganze zeigt, daß die Inder für ihren
eigenen Gebrauch unsere Zeitrechnung noch abweisen.

In aller Morgenfrühe des nächsten Tages — es war
Sonntag — fuhren wir hinaus nach dem Nordende der
Stadt hin, wo ein berühmter Tempel der Göttin Durga zu
besuchen war. Eine für tropische Verhältnisse recht angenehme
Morgenfrische, bei der man nämlich etwas weniger zu schwitzen
hatte als sonst, lag auf Stadt und Land. Wir begegneten
vielerlei Leuten, die mit Fruchtkörben und anderen Traglasten
dem Innern der Stadt zugingen; die Handwerksbuben waren
zu einem kleineren Theile geschlossen, dem englischen Sonntag
zu Liebe, der, wie der Gariwan bestätigte, langsame, aber

auch nur ganz langsame Fortschritte als Feiertag macht.
Nicht lange, so schien unser Weg ins freie Feld hinauszu=
führen, außerhalb der Stadt; es war aber bloß ein veröbeter
Theil des großen Benares, jetzt für üppige Gärten und Felder
benutzt. Bewässerung derselben sah man ausüben. Zum
erstenmale konnte ich mit eigenen Augen die Arbeit an den
eigenthümlichen Schlauchbrunnen, Moth genannt, beobachten,
die ich vor Jahren schon öfter aus zweiter Hand und nach
Zeichnungen beschrieben hatte. Ein weiter Schlauch, je nach
der verfügbaren Kraft ein Ziegen=, Kalbs= oder ganzes Ochsen=
fell, wird ins Wasser gelassen, an Seilen über Rollen, und
unten gefüllt. Bei dem Aufziehen wird das obere offene und
offen bleibende Ende zuoberst gehoben; das untere Ende ist
mit einem Auslaufschlauch versehen, der zugenestelt ist. Ist
der Schlauch ganz aufgewunden, so wird der verschließende
Knoten geöffnet und der Schlauch entleert. Kleinere Mothen
werden mit der Hand am Haspel betrieben, größere dagegen
mit Zugochsen, die auf einer schrägen Bahn vom Brunnen
abwärts schreitend den bis zu 2½ und 3 Centner schweren
Wassersack in die Höhe ziehen. Zu den kleineren Moth=
brunnen sah man Kinder und alte Frauen kommen, in einem
blinkeblanken Messingkübel das frische kühle Wasser zu holen,
bevor die Tagesgluth dies doppelt schwer machte. Man
glaubte, ihnen mit der Vorstellung in ihre einfachen schatten=
tiefen Häuschen folgen zu müssen.

Wir fuhren durch die mit zerstreuten Wohnungen besetzte
ländlich aussehende Gegend dahin. In der weiten Ferne
zeigte man uns eine hügelige Stelle; da liege Sarnath, das
ehemalige Buddhistenheiligthum; der große Thurm sei noch
gut erhalten, bedeckt mit Skulpturen. Leider fehlte uns die
Zeit, die merkwürdigen Ruinen zu besichtigen, von denen der
Thurm dem Reisebuch nach namentlich beachtenswerth ist, als
eines der Monumente errichtet an einer Stelle, wo Buddha

das Religionsgesetz gegeben habe. Der Buddhismus soll heute gar nicht mehr in Benares vertreten sein, hieß es.

Die Häuser traten wieder dichter zusammen, als wir uns dem Durgatempel, dessen Spitzkuppel sich nun zeigte, näherten. Eine Eigenthümlichkeit dieses Tempels ist, daß in und bei ihm heilige Affen in großer Zahl gehalten werden, offenbar im Zusammenhang mit der göttlichen oder Heroen=Verehrung, welche dem Affenkönig Hanuman gezollt wird; dem tapferen Affenkönig, welcher der Mahabharata nach einst Rama half in dem Kampfe gegen Lanka (Ceylon) und zwar dadurch, daß er durch seine Affen eine steinerne Brücke vom Festlande nach Ceylon bauen ließ. Dieser Brückenbau findet sich öfter dargestellt; ein Holzschnitt in einem Volksbuch, das ich am vorangegangenen Tage beim Bücherhändler erworben, stellte den Affenkönig dar, wie er den Rama und wahrscheinlich dessen Bruder Lakschmana von einer Hügelreihe zur anderen, also wohl vom Festland auf die Insel, springend hinüberträgt.

Die Affengesellschaft war denn in der That bald sichtbar; alle gehörten, wie es schien, derselben Spezies an, ziemlich groß, bis Jagdhundgröße, gelbbraun von Fell, mit langem Schwanz, der zum Wickeln und Turnen an Baumästen trefflich gebraucht wurde; fleischfarbige Nasen und Lippen. Der Inder ist im allgemeinen schon Thierschützer und =Freund. Diese heilig ge= haltenen Geschöpfe behandelt er aber noch mit besonderer Rück= sicht. Die Gesellen, obwohl beim Tempel eigentlich zu Hause, spazierten vierhändig überall herum, wo es ihnen gefiel. Man sah sie in den Fenstern sitzen, auf den Gartenmauern (wahr= scheinlich, weil sie in den Gärten „zu thun" hatten), auf den Dächern auch. Wo Früchte oder Blumen zum Verkauf standen, scheuchte man sie mit leichter Handbewegung fort, worauf sie sofort hinweghumpelten.

Wir stiegen aus, da wir an dem großen Teich der Durga, dem Durga=Kund, angekommen waren. Ein viereckiger, vor=

Durga-Tempel bei Benares.

züglich in Quadermauerwerk gefaßter Teich, zu dessen Wasser=
spiegel breite Treppenflüchte hinabführten. Das Baden im
Durgateiche soll sühnend sein und dem Baden im Ganges
gleich oder nahe stehen. Dicht an den Teich stieß das Tempel=
gehöfte, welches von ganz regelmäßiger und durchgeführter
Bauart war. Von der Straße gelangte man durch einen
Portikus von Säulen in einen Vorhof. In diesen hinein ließ
man uns aber nicht ohne weiteres. Da saßen wieder einige,
obwohl nicht viele Verkäuferinnen, die Blumen feil hielten,
dann aber auch solche, bei denen eine getrocknete Körnerfrucht,
Koi mit Namen, zu kaufen war. Ein uns entgegentretender
jüngerer Brahmine bedeutete uns, daß wir Koi für die Herren
Affen darzubringen hätten. Er selbst übernahm nach Ausfolgung
der erforderlichen Steuerquote das Kaufgeschäft, indem er eine
große runde Messingschüssel voll von den Körnern, welche etwa so
aussahen, wie getrocknete Kapuzinerfrüchte, kaufte. Wir durften
uns jetzt ihm anschließen und nun ließ er einen eigenthümlichen
lauten Aufruf an die Vierhänder ertönen, in welchem „Koi"
wiederholt vorkam. Einige der Langschwänze hatten sich schon
auf der Treppe zur Tempelhalle gezeigt; theils neugierig, theils
scheu; jetzt aber sprang und kletterte und drängte sich's heran,
aus der Tempelthür, von dem Portikus herunter, von außen,
aus den nächsten Häusern, von den Bäumen, alles dicht um
den Brahminen herum zu uns her, hungrig, oder wenigstens
voll Appetit, mit jenem gelächterähnlichen Grunzen, die so be=
weglichen Augendeckel in fortwährender Thätigkeit. Die um=
hergestreuten Koikörner wurden begierig aufgeschnappt, auch
darum gebalgt, immer unter dem Hohoho, höhöhö; einzelne
Hände wagten blitzschnelle Griffe in die Schüssel. Ich nahm
dann eine große Hand voll Körner und hielt sie, mich nieder=
beugend, ihnen hin. Anfangs scheu zurückweichend, griffen end=
lich die Muthigeren, denen der Brahmine noch zuredete, mit
ihren weichen Händchen zu, mit einem großen Satz sich rettend nach

ausgeführter Heldenthat. Es dauerte nicht lange, so war unsere
Spende von den verehrlichen behenden Nachkommen Hanumans
aufgezehrt, worauf diese sich eiligst wieder zerstreuten.

Wir traten, einige Stufen ersteigend, nunmehr zur Thür
des Tempels oder richtiger der Tempelhalle hinein. Es war
eine im Geviert den Tempelraum einschließende Säulenhalle,
aus rothbraunem Sandstein sehr hübsch ausgeführt, nach außen
die geschlossene Wand, nach innen die Säulen. In dem von
dieser Halle eingeschlossenen, unüberdeckten Raume erhob sich
in der Mitte mit drei Stufen eine Plattform, welche mit einer
säulengetragenen Kuppel überdeckt war. Ich zählte zwölf
Säulen, vier an jeder Front. Im Hintergrunde unter der
Kuppel, der Eingangsthür gegenüber, stand wiederum ein kleines
Gebäude, dicht an die Rückwand anschließend, das Allerheiligste.

Ich war nicht wenig neugierig, namentlich in der Hoffnung, heute, wo der Besucher der Frühe wegen noch sehr
wenige waren, die Dinge recht in der Nähe sehen zu können.
Die Sache schien indessen nicht ganz sicher; denn auf der
Plattform unter der Kuppel saßen und lagen die Herren
Brahminen, acht oder zehn an der Zahl, in so bequemer
Nichtsthuerstellung, und sie sahen die eintretenden Sahibs so
gleichgültig, ja mir schien herausfordernd trotzig an, daß ich
besorgte, wir würden auf wenig Zugänglichkeit zu rechnen
haben. Keiner rührte sich, auch unser Koirufer machte keinerlei
Anstalten, uns zu helfen, Dschebby stand verlegen. Was war
zu thun! Ich faßte mich kurz, schritt auf die Stufen zu und
langsam, gemessen hinauf, meine Begleiter nahe hinter mir.
Oben noch zwei Schritte, dann blieb ich stehen und sprach
mit lauter Stimme: Salám! (Friede mit euch). Sofort
sprangen die sämmtlichen Daliegenden auf die Füße und
erwiderten im Chorus den Gruß mit höflicher Neigung
und Handbewegung. Das Eis war gebrochen; die Befriedigung ihres Selbstgefühls hatte die Stimmung von der Ge-

witterschwüle entladen. Einer der älteren Priester übernahm nun alsbald die Führung. Er machte auf die von der Mitte der Kuppel herabhängende reich ornamentirte Glocke auf= merksam, welche zu ähnlichem Zweck bestimmt war, wie die in Bischeswar's Tempel gestern gesehene. Der Brahmine theilte mit Stolz mit, daß diese Glocke von einem Engländer, einem Stadtbeamten in Mirzapur, dem Tempel geschenkt worden sei, eine bei den schroff orthodoxen Anschauungen der Engländer offenbar erstaunliche Handlung. Floß sie aus besonderer Staatsklugheit? oder haben wir in ihr eine Folge jener selt= samen Einwirkungen des indischen Kultus auf das in Glaubens= sachen oft sehr sensitive Britengemüth zu erblicken? Dieses Durchdrungensein des ganzen Lebens des Hindu von seiner Religion, seinem Kultus, dieses gleichsam gemeinschaftliche Leben desselben mit seinen Göttern, die ihm so gewiß sind, wie sein Dasein, mag oder muß wohl auf manchen Beobachter eine nach innen gehende Wirkung ausüben, ihn befangen, ihn be= stricken. Deshalb auch wohl der große Anhang, den der Spiritismus bei den indischen Engländern gefunden hat, welche alsbald bereit waren, die indische Seelenwanderung, als so nahe verwandt mit dem Spiritistenspuk, in den letzteren einzu= registriren. Mit keckem Trugschluß, den aber glaubsüchtige Anhänger nicht durchschauen, wird hier die eine Wirre zum Beweise der Wahrhaftigkeit der anderen gebraucht. Man muß nur einmal in solch ein indo=englisches Spiritistenblatt hinein= sehen, um sich zu überzeugen, wie weit diese verknotete Beweis= führung getrieben wird. Von einer anderen Einwirkung des brahmanischen Weihrauchduftes hatte ich aus dem schon oben erwähnten Buche von Bose erfahren, welcher mit großer, liebenswürdiger Treue die Verhältnisse schildert. Er theilt merkwürdige englische Aeußerungen mit, welche den erwähnten Eindruck wiedergeben. Ein englischer Geistlicher, ein verdienter Mann, dessen Name Bose auch anführt, hat in Forbes' Mu=

feum eine sehr alte gottesdienstliche Hinduglocke gesehen und
geräth bei der Schilderung von deren Ton in folgenden
Stimmungsausbruch: „ . Meine schwärmenden Gedanken
trugen mich zurück in die längstvergangene Zeit, wo die brah=
manische Religion in ihrem ganzen Glanze in den Höhlen=
tempeln von Elephanta loberte. Ich war für einen Moment
entrückt und empfand das Wehen des Enthusiasmus. Eine
Schaar verehrungswürdiger Priester, angethan in herabfließende
Stolen, schien mir um mich versammelt; ihr mystischer Ein=
weihungsgesang (!) erzitterte in meinem Ohr; ich athmete eine
Luft, durchwogt von den reichsten Wohlgerüchen und schaute
die Gottheit an in dem Feuer, welches als ihr Sinn=
bild brannte.“ So ein englischer Reverend! Sollte nicht
Herr Forbes in Stanmore Hill bei Kalkutta angehalten
werden, neben den alten Hinduschellen in seinem Museum
stets einige kühle Flaschen welatti pani (Sodawasser) bereit
zu haben?

Mein Brahmine führte uns, nachdem wir die Glocke be=
wundert und die sehr reich skulpirten Säulen der Halle näher be=
trachtet, geradeswegs zu dem Allerheiligsten, in dessen mit
Steinornamenten reich eingefaßte Thür wir treten durften.
Es war gerade ein junger Mensch, sehr einfach bekleidet,
nämlich eine bloße Dhoti um die Hüfte, in der Beichte. Der
Brahmine, der sie ihm abnahm, trug an Mehr nur eine Pugri
(Turban). Er hatte verschiedene Lampen angezündet und
streute nun aus einem fünftheiligen bronzenen Behälter mit
dem Opferlöffel verschiedene Spezereien in die Flamme. Dann
nahm er irgendwoher Farbe und kleine Stäbchen und malte
dem Jüngling die Absolutionszeichen auf die Stirn. Dieser
hatte ein Kränzchen aus Blüthenkelchen, wie wir sie früher
gesehen, mitgebracht. Dieses streifte der Beichtiger ihm nun
über den Kopf und legte es ihm um den Hals. Gebeugt, die
Hände flach gegen einander gedrückt, stand er vor ihm; nun

noch ein Segensspruch und ein Zeichen über seinem Haupt und er war entlassen. Wir hatten uns natürlich ganz unbewegt verhalten, während der interessanten Ceremonie. Der alte Brahmine drinnen ließ es sich aber jetzt nicht nehmen, uns das Götterbild zu zeigen. Ein merkwürdiger Anblick.

Es war das Bild der Kali Durga, der schwarzen Durga also. Dasselbe war an der Rückwand der Cella angebracht, in halbhohem Relief, scharf im Profil. Heilige Mutter von Czenstochau! würde der Polacke ausrufen, der sie sähe mit ihrem braunschwarzen Gesicht, ihren aus wirklichen Zeugstoffen hergestellten, nach unten kegelförmig auseinander gehenden Kleidern und ihrer Blumenkrone im goldigen Kopfschmuck, die Brust behängt mit silbernen Herzchen, Schildchen und Ketten. Eine feuerrothe Zunge ragte aus dem wenig geöffneten Munde hervor, das Furchtbare, Schreckhafte auszudrücken bestimmt, was dieser zweiten Form der sonst so zarten, huldvollen Bhawani, Civas Gattin, eigen ist. Besonders aufmerksam machte man uns auf das Auge, welches tiefblau glänzte und glitzerte. Es bestehe aus einem kostbaren Saphir, wurde uns versichert.* Ob die russische Madonnenform, wofür ihr Aeußeres spricht, eine übersetzte Kali Darga ist, mögen die Archäologen entscheiden.

Wir bewunderten noch das in Sandstein äußerst reich ornamentirte spitze Kuppeldach des Sanktuariums, wobei uns der Brahmine alles zuvorkommend erklärte, während wir durch die Säulenhalle schritten, wie Mönche im Kreuzgang.

* Vor einiger Zeit ging eine Mittheilung durch die Zeitungen, wonach aus einem „buddhistischen" Tempel in Benares ein großer seltener Saphir entwendet worden, aus dem Bilde der Göttin „Kali" herausgebrochen, deren Auge er dargestellt. Offenbar war die hier beschriebene hinduistische Kali Durga gemeint. Die Zeitungen berichteten weiter, daß ein kluger Brahmine dem Spitzbuben nachgefolgt sei und daß Stein und Dieb in Paris abgefaßt worden.

Wo wohnen denn die Affen? O, an verschiedenen Stellen, im Dachwerk der Vorbauten, meistens aber hier in dem heiligen Baum. Dieser stand draußen auf der rechten Seite des Tempelgehöftes, eine herrliche alte Baniane, hoch hinauf hohl, prächtig veräftet. Man trat durch eine Seitenthür zu ihm hinaus. Auf einen scheuchenden Wink mit dem Handrücken jagte die ganze, am Fuß des Baumes hockende vierhändige Gesellschaft auf und in den Baum und dann hinauf bis in die dichtbelaubten Wipfeläste. Unser Backschisch wurde dankbar angenommen und uns ein allgemeines Salam! als Scheidegruß gebracht.

Für die Rückfahrt schlug Dschebby einen Weg näher dem Flusse zu vor, wo wir vielleicht Gelegenheit finden würden, ein Besitzthum, einen Palast, wenn man so will, eines indischen Großen zu besichtigen. Diese verlockende Aussicht nahmen wir gern entgegen. In der That war der Maharadscha Bisanagram oder Visanagram — des V oder B war ich bei Dschebby nie ganz sicher — nicht zu Hause, so daß wir zugelassen wurden. Es sei so wunderschön drinnen, rühmte Dschebby. Man fuhr in einen großen viereckigen Hof ein, an dessen einem Ende weitläufige Wirthschaftsgebäude lagen. An dem anderen führte eine die ganze Hofbreite einnehmende Steintreppe auf eine Terrasse, von der aus man unmittelbar in das Haus trat. Dieses hatte eine offene, säulengetragene Vorhalle, von welcher aus die Empfangenden den Ankömmlingen in großem Aufzug und mit Feierlichkeit entgegenzugehen vermochten. Darauf hin schien die Anlage berechnet. Uns kamen ganz einfach einige Diener in ihren weißen luftigen Anzügen entgegen. Von ferne schon, als wir den Hof hinaufschritten, fiel mir ein Bild auf, welches in der Vorhalle an der Wand hing. Augenscheinlich ein Farbendruck nach einer Madonna! Wie kommt die hierher? sagte ich mir und schritt in gerader Linie auf das Bild los. Es war keine Madonna — —, sondern das Bild der Maya

oder Mahadevi, der jungfräulichen Mutter Bubbhas, des Sakia=
muni, beide, Mutter und Kind, den Heiligenschein um das Haupt,
dazu eine Çiva=Marke (Möndchen mit Auge) mitten auf der
Stirn. Noch zwei andere Bilder als Gegenstücke schmückten
die Vorhalle, das eine Mahadewa mit seiner, hier milden Gattin
Parwati (Dschebby sagte deutlich Parbati) und dann der
höchst populäre Ganeßa, der Gott der Klugheit, des Unter=
richts, der Hülfe in Ehesachen, stets mit einem Elephantenkopf
dargestellt, bei ihm sein Weib Sampat. So war denn die
Vorhalle den Göttern gewidmet. Die Bilder waren geringe
Oelgemälde, in schwächliche europäische Goldleisten gefaßt.

Auf die Vorhalle folgte ein großer, durch zwei Stock=
werke gehender Saal, sehr wenig möblirt; europäische Glas=
kronleuchter hingen von der kassettirten Decke herab. An einer
Wand standen als Hauptmöbel zwei höchst einfache Glas=
schränke und in diesen befanden sich indische und europäische
— Spielsachen. Der ganze Boden des großen Gemaches
war mit Teppichen belegt und zwar waren drei große Teppiche
aneinandergereiht, wo sie zusammentrafen, einander fußbreit
überdeckend. Man führte uns noch hinauf in einige über der
Vorhalle belegene Zimmer. Eines derselben hieß das Königs=
zimmer. Es war wiederum übertrieben einfach möblirt. Seinen
Namen verdankte es den Bildnissen europäischer Fürstlichkeiten,
vom Mahardscha angeblich aus Europa von der Reise ge=
bracht. Es waren theils Farbendrucke, theils schwarze Litho=
graphien der Königin Viktoria und des Prinzen Albert, sodann vom
Kaiser, dem Kronprinzen, der Kronprinzessin, Prinz Friedrich
Karl, Fürst Bismarck — der Diener zeigte hinauf, sehen Sie?!
— ferner von dem König der Belgier und noch einigen an=
deren gekrönten Häuptern. Höchst naiv war die Anbringung
aller dieser Bilder. Man hatte sie nämlich oben, wo Decke und
Wand zusammenstießen, schräg aufgestellt und an Schnüre be=
festigt, wie Bildchen und Spiegel in deutschen Bauernstuben.

Das war die Gemäldegallerie des Maherabscha, aus Europa
mitgebracht!

Nachdem wir den fürstlichen Landsitz verlassen, besuchten
wir noch einige Weberwerkstätten, wo die kostbaren Gold=
gewebe unseres Kaufmannes von gestern gefertigt wurden. Die
Häuser waren neuerer Bauart, halbwegs europäischen Stils,
zweistöckig; drinnen ziemlich große Säle, die ganze Breite des
Hauses einnehmend, in jedem vier bis sechs große Web=
stühle, so daß der ganze Betrieb sich als ein fabrikmäßiger
darstellte. An der Mehrzahl der Stühle wurde trotz dem
Sonntag an den kostbaren, herrlich gemusterten Stoffen
gearbeitet. Die Weber schienen den Besuch nicht gern zu
sehen, doch erweichte sie der Bakschisch so weit, daß sie uns
alles Wesentliche dieser merkwürdigen Luxusindustrie zeigten. Das
Verfahren war sehr interessant. Zunächst waren die Webstühle
von ungemein einfacher Bauart. Die Webekette war ganz
nahe über den Boden ausgespannt, nicht zwei Hände hoch
darüber. Vorne, wo gearbeitet wurde, standen zwei bis zur
niedrigen Decke reichende Pfosten; zwischen ihnen hing das
sogenannte Webergewirr, mittels dessen die verschiedenen Kett=
fäden gehoben und gesenkt wurden, um das „Fach" zu bilden.
Vor diesen Pfosten lag der Zeugbaum zur Aufnahme des
fertiggestellten Zeuges, hinten, ziemlich weit zurück, der Ketten=
baum. Auf dem Stuhl, welchen wir genauer ansahen, wurde
gerade eine prachtvolle Sari, ein breites, als Frauengewand
dienendes Tuch aus violetter Seide gewebt. Dasselbe hatte
einen ziemlich einfachen Plein mit verstreutem Blumenmuster,
an jeder Seite eine zwei Hände breite, goldgemusterte Borte
und war am Ende durch einen etwa ellenbreiten Fries aufs
prachtvollste mit einem Pflanzenornament in Gold, Silber und
farbiger Seide abgeschlossen. Der reichste Theil dieses Frieses
wurde gerade gearbeitet, und zwar von drei Personen, einem
jungen Menschen von 18 bis 20 Jahren und zwei Knaben

von 10, 11 Jahren. Sie saßen vor dem Brustbaum
des Webstuhles, die Füße in einer unter dem Gewebe ange=
brachten Bodenvertiefung, welche rings mit Ziegelmauerwerk
eingefaßt war. In dieser hingen auch die Gewichte, welche die
sogenannten Geschirrlitzen gespannt erhielten. Der Erwachsene
leitete die Arbeit mit ernster Miene, überaus wortkarg. Er
zog alle Züge, arbeitete wunderbar schnell mit den farbigen
und Metallfäden, überwachte seine links und rechts von ihm
sitzenden kleinen Gehülfen und warf auch schließlich das Schiff=
chen mit dem Hauptschußfaden durch das Fach und schlug den
eingeschossenen Faden mit dem Riet fest. Die Webearbeit an
dem überaus reichen Blumen= und Rankenmuster geschah mit
Hülfe kleiner Broschirschützen. Das einzuwebende Muster war
auf Papier gezeichnet und gemalt und dieses unterwärts am
Stoff angebracht. Ehe die Zierfäden eingezogen wurden, schlu=
gen die Arbeitenden das Papier mit der Musterzeichnung von
unten gegen den Webezettel — man konnte dann die Zeich=
nung ganz gut zwischen den Kettfäden hindurch erkennen —
und führten darauf die kleinen Schiffchen mit den Zierfäden
durch, hier, dort, an dritter, vierter, fünfter Stelle, mit Roth,
mit Gold, mit Purpur, Grün, Silber, je nachdem es das
Muster erheischte. Die wichtigsten zu hebenden Kettfäden zog
der ernste mittlere Mann mit seinen Zugschnuren in die Höhe;
viele Fäden ließ er aber auch liegen, die alsbann mittelst der
Schützenspitzen gehoben wurden. Die schwierigsten Theile des
Musters hatte der Zeichner in und nahe bei der Mitte ange=
bracht, sie fielen also dem Erwachsenen zu; doch hatten auch
die kleinen Helfer Schwieriges auszuführen und arbeiteten auch
höchst sauber und gleichmäßig. Es war alsbald einzusehen, daß
gegen diese Methode, bei welcher die billige Löhnung von einigen
Anas auch ein wichtiges Moment bildet, selbst unser raffinirter
Jacquardwebstuhl nicht aufkommen kann, vor allem dann nicht,
wenn solch ein Prachtgewebe nur ein=, höchstens zweimal ge=

macht wird. Warum sollte man sich auch wiederholen und
dadurch dem Stück den Reiz der Seltenheit rauben? Es ist
ja so leicht, eine neue Zeichnung unterzulegen, so leicht, das
einmal entworfene Muster auch abzuändern, zu strecken oder
zu drängen, hie und da ein Blümchen herauszulassen, statt
roth gelb, statt grün dort blaugrün, hier gelbgrün zu wählen,
ohne auch nur zur leisesten Veränderung des mechanischen
Theiles des Webstuhls genöthigt zu sein. So wird denn
dieser muster= und farbenreichen Prachtweberei von Europa aus
keine Konkurrenz gemacht werden können; eher wäre noch
unsererseits Indien als Arbeitsstätte für besonders reiche und
edle Unika von Geweben aufzusuchen. Anders verhält es sich
hinsichtlich der einfachen, verstreuten und ganz regelmäßigen
Muster. Für diese ist die indische Methode zu verwickelt, die
unsrige weitaus im Vortheil. In der That wird denn auch
ein großer Theil des indischen Bedarfes an jenen eleganten
goldburchwirkten Schleiern, Ueberwürfen, Dhotis, Saris,
Tschunbalas, Guntschobas und wie die verschiedenen Neben=
formen der graziös verschlungenen Frauengewänder Indiens
noch heißen mögen, bei uns gefertigt, vor allem im fleißigen
Wupperthal.

In der angenehmen Kühlung, die ein feiner Regen in=
zwischen herbeigeführt, fuhren wir nach Sekrol zurück. Um
Mittag waren wir wieder in unserem Gasthofe und bald
nachher nahmen wir Abschied von der heiligen Stadt, in der
wir so vieles Interessante ungesehen lassen mußten, um unsere
Reise nach Agra zu richten. Während wir uns durch den
schon bereit stehenden Lunch, der für ein tüchtiges Mittagessen
gelten konnte, stärkten, ordnete Dschebby mit gewohnter wiese=
liger Schnelligkeit unser Gepäck, welches sich freilich um drei
Kisten mit allerlei Benareswaare vermehrt hatte. Nicht lange
und unsere Karawane war wieder in Bewegung.

— ◄•●•► —

IV.

Agra.

Es war wieder regnerisch geworden, als wir zum Gangesufer
gelangten und die Rückfahrt über den Strom anzutreten
hatten. Gelbbraun spritzte das Gangeswasser auf vor den
Ruderstangen und kräuselte sich vor dem plumpen Bug des
Fährbootes. Ein feiner Schleier — war er geistig oder nur
körperlich? — verhüllte die seltsame, des Seltsamen so vieles
bergende thurmreiche Stadtfront, zu der wir, Abschied nehmend,
hinüberblickten. Am linken Ufer erwarteten uns wieder die
Träger, welche wie alte Bekannte thaten und Affen und
Papageien vorsichtig aufpackten. Um zwei Uhr ging unser
Hülfszug ab gen Mogul Serai hin. Auf der Fahrt sahen
wir auch wieder die früher erwähnte Hindufamilie am Bahn=
damm arbeiten; sie hatte also immer noch nicht die Idee auf=
gegeben, das Werk zu Stande zu bringen.

In Mogul Serai angelangt, hatten wir nach Auslösung
unseres großen Gepäckes noch kurze Zeit zu warten, bis der
Kalkuttaer Zug einlief, der eine enorme Menge von Reisenden
zuführte. Es mochte ein Fest in der Nähe gefeiert werden

sollen. Das war ein Gewimmel und ein Getümmel, das um
so merkwürdiger anließ, als die Zahl der Europäer und selbst
der indischen, europäisch gekleideten Bahnbeamten völlig ver=
schwand gegen die schwirrende Menge der braunen Turban=
träger, die aber so vertraut mit der Eisenbahnfahrerei thaten
oder sein mochten, als ob sie mit der Sache aufgewachsen
wären. Für „Trinkwasser" war auch an der Station Mogul
Serai gesorgt. Hier war es Wasser aus dem heiligen Strome
sogar. Man sah die Filtrirungsweise. Uebereinander waren
vier große thönerne Gefäße angebracht (das Ganze an ver=
schiedenen Stellen des weiten Bahnhofes) in einem eisernen
Gestell; die drei oberen Gefäße aus unglasirtem, deshalb durch=
lässigem Thon und unten spitz, wie verkürzte griechische Amphoren.
Das Wasser troff langsam hindurch bis in die unterste Auf=
fangschale, welche glasirt war und ganz klares und ganz kühles
Wasser enthielt. Die Inder entnahmen vorsichtig, rücksichts=
voll, immer nur kleine Loten voll, von der köstlichen Gabe
der Ganga.

Wir gingen den kolossalen Zug entlang, die Reisegesell=
schaft zu mustern. Durchaus überwiegend war die dritte Klasse
besetzt; in großen Wagenabtheilungen ohne Zwischenwände
fast nur Männer; die meisten Wagen aber hatten an einem
Ende eine gesonderte, durch eine Wand abgetrennte Abtheilung
für Frauen, „ladies only", wie über der Thüre stand. Auch
sie waren dichtgedrängt voll. Da schwatzte es und kicherte und
tuschelte, da glitzerten die Perlchen und Steinchen an den
Nasenringen, Haarschnüren, Armbändern. Manches hübsche
dunkeläugige Gesicht konnte man da sehen, ohne indessen ange=
sehen zu werden. Die Dezenz der indischen Weiber ist auf=
fallend und interessant. Sie gehen nicht verschleiert, wie die
Mohammedanerinnen, aber sind so zurückhaltend, als ob sie
zehnfach verschleiert wären. Ruhig, völlig interesselos scheint
ihr Blick vorüberzugleiten an allem Fremden, was Mann heißt.

Meine jüngeren Begleiter suchten völlig vergeblich auch nur
einen einzigen für ihre Schnurrbärte und frischen Wangen
empfänglichen Augenbliß zu erhaschen.

Das Thema beschäftigte uns nach der Abfahrt, nachdem
wir uns wiederum wohnlich in dem geräumigen Wagen ein=
gerichtet, noch längere Zeit. Mein schon früher erwähnter
indischer Gewährsmann Bose mußte die Lücke, die unsere so
sehr zur Unvollständigkeit gezwungenen Beobachtungen ließen,
einigermaßen ausfüllen, wozu die lange Fahrt Muße ließ.
Draußen war es brütend heiß, trotz dem bewölkten Himmel;
durch die offenen Fenster strich aber eine angenehme Kühlung
herein; die Landschaft zeigte wenig Veränderung. Darum das
Buch hervorgeholt.

Nach ihm beginnt bei dem indischen Mädchen, sobald es
fünf Jahre alt geworden, schon die Einführung in gewisse
rituelle Gelöbnißweihen, Brata genannt, deren erster und
oberster Zweck die Sicherung eines guten Ehemannes und des
sich daran anschließenden Lebensglückes ist. Der gleichalterige
Bruder muß in die Patsala*, das Lehrhaus, die Lehrhalle,
wo er das Buchstabiren bei dem strengen, öfter auch „hauenden“
Guru (Lehrer, angeredet „großherziger Lehrer“, guru=mahaschaß)
angeeignet bekommt. Die Kleine soll erst später lesen und

* Sala, meistens für das strenger richtige Schala gebraucht,
scheint die Quelle unseres Wortes Saal zu sein. Bei dieser Gelegen=
heit sei bemerkt, daß das indische Wort für das bekannte Umschlage=
tuch „Schal“ (langes a) ist, und nur durch die Engländer in die
für unsere Sprache abstoßende Form „Shawl“ gebracht worden ist,
so unbehülflich und unheimisch, daß manche glauben, „Shwal“ schreiben
zu müssen. Sollten wir nicht gut thun, das nach Forbes unmittelbar
aus dem Sanskrit kommende Wort Schal, Mehrzahl Schale, das wir
mit den Indern gleich sprechen, auch richtig zu schreiben?? Unseren
zu Verbesserungen gerne bereiten Herzögen und Gersönen sei der Vor=
schlag hiermit an ihre respektiven Herzen gelegt.

schreiben lernen; zunächst wird ihr junges Gemüth wie spie=
lend in die Fesseln einer ursprünglich tiefsinnigen, in ihrer
jetzigen Form aber überwiegend abergläubischen Religiosität
gelegt, aus denen ihre Seele selten oder nie mehr sich zu be=
freien vermag. Als erste Brata hat das kleine Ding diejenige
für Çiva zu üben, den Musterehemann unter den Göttern,
welchem Ungebundenheiten à la Zeus durchaus fremd sein sollen.
Das kleine Mädchen wird unterwiesen, ein Paar Erdenklöß=
chen zu kneten, menschliche Figuren vorstellend, mit Köpfchen
in Erbsenform: Çiva und seine Gemahlin. Diese werden
zwischen gewisse Blätter und Früchte auf den Boden gesetzt,
mit einigen Tropfen heiligen Wassers aus einer Gelöbnißschale
besprengt und angerufen mit kleinen Sprüchen. Vorher aber
muß das artige Kind sich hübsch waschen und reine Kleider
anlegen, was ihm sehr einleuchtet. Die Waschungen spielen
überhaupt eine große zweifellos sehr nützliche Rolle, die ich
schon früher berührte, in diesem Erziehungssystem: sie flößen
den Sinn für körperliche Reinlichkeit für das ganze Leben
ein. Çiva's Gemahlin Bahwani oder Durga hat in dieser
Brata ihre weichste, zarteste Form und wird Bhubschara* an=
geredet.

Wenn dann die wohlriechenden Blätter und Früchte dem
Mahadewa (Çiva) dargebracht werden, fragt dieser vom Himmel
herab — so sagt wenigstens die unterweisende Tante —
welche Brata denn dort unten dargebracht werde. Dann muß
die Kleine antworten, sie verehre den Çiva und erbitte sich —
nichts Geringeres als — ihn selbst zum künftigen Eheherrn,
denn er sei ein Muster von Ehemann.

Später wird dem Kinde eine Brata an Harri oder
Krischna (eine der Menschwerdungen oder Avataren des Wischnu)
beigebracht. Hier treten schon größere Feierlichkeiten ein. Die
Füße des Gottes werden mit weißer Sandelpaste auf eine

---

* „Geliebte der Erde," das bsch wieder sehr weich zu sprechen.

Messingschüssel gemalt und dann werden Opfer gebracht. Auf
die obligate Frage des Gottes wird nunmehr dieser zum
Gatten erbeten und darauf allerlei Segnung erfleht, darunter
am Schluß auch die rührend klingende, daß es der Betenden
einst durch Harris Gnade vergönnt sein möchte, am Ufer des
Ganges ihr Leben zu beschließen, um damit den Weg zum
Paradiese zu betreten. Früh wird so das kleine Köpfchen mit
allerlei Vorstellungen vollgepfropft, die nicht etwa späterhin
durch Klärung in Sinnbilder übergehen, wie das Christkindlein
der deutschen Kinderwelt, sondern allmählich zu fester Grundlage
werden. Bei dieser Brata ist auch ein klein „bissele Falschheit"
dabei. Die obige Musternachrede wegen des ehelichen Ver=
haltens wird nämlich dem Krischna n i c h t gemacht; Çiwa wird
vorgezogen, Krischna geht also troß der Anbetung nur „faute
de mieux" durch. Bose fragte, so erzählt er, einst ein kleines
Mädchen, warum sie denn den Krischna nicht zum Manne
haben möchte. Die schlagfertige Antwort war, weil dieser Gott
wenigstens tausend Gopini, Hirtinnen, den Hof gemacht habe*;
deßhalb sei er kein „guter" Gott, wohl aber Çiwa, der seiner
Gattin Durga immer treu bleibe.

So folgt eine Bittfeier auf die andere, sich in strenge
innegehaltener Form öfter wiederholend, an die Jahreszeit
geknüpft. Die vierte ist besonders erwähneswerth, indem sie
sich auf den dunkelsten Punkt in dem Leben jeder Hindu=
Ehefrau bezieht, auf die Frage des Nebenweibes. Schon in
der Phantasie des kleinen Mädchens ist die bitterste aller
Bitternisse die, daß dereinst ihr Mann eine zweite Frau neben
ihr nehmen möchte. Es wird gebetet und gefleht und ge=

---

* Einer reizvollen Legende und großartigem Gedicht sich
anschließend. Krischna wird sehr häufig mit der Hirtenflöte dargestellt,
durch deren Klänge er die entzündlichen Herzen der die Kuhherden
hütenden Mädchen gewonnen haben soll. Ich besitze zwei fingerhohe
Statuetten des flötenden Ideals des Marsyas.

opfert dagegen in allen Formen, welche diese Brata, die Sab=
schutz=Brata genannt, nur zuläßt. Aber nicht nur gebetet,
auch verwünscht wird darin. Folgendes ist die Form. Die
Kleine malt, bei einem gewissen Punkte der Ceremonie an=
gelangt, zuerst auf den Boden der Stube, wo das Hausgötter=
bild steht, mit Reismehlteig allerlei Sachen, und zwar solche,
die (ihren künftigen) Reichthum bedeuten sollen, Häuser, Bäume,
Gärten, Tempel, Wagen, Schiffe, Schmuck, Edelsteine u. s. w.,
und bittet Mahadewa (Çiva), ihr alles das zu gewähren.
Dann aber kommt die Antithese. Es geht los gegen die —
wie soll ich sagen, um das Wort Satihn zu übersetzen —
etwa Stieffrau. Die obige alte Tante, die vielleicht ein Leben
voll fressender Eifersucht hinter sich hat, sagt vor, und nun
heißt es z. B.:

Baree, Baree, Baree (ein Küchengeräth),
Möchte Satihn eine Sklavin werden!
Khangra, Khangra, Khangra (der Besenstiel),
Möchte Satihn in Schimpf und Schande gerathen!
Hatha, Hatha, Hatha (Topfeisen),
Möchtest du Satihns Kopf zerschlagen!
Gilee, Gilee, Gilee (eine Frucht),
Möchte Satihn vor Galle vergehen!
Paki, Paki, Paki (ein Vogel),
Möchte Satihn sterben und du sie sehn vom Dach herab!
Moyna, Moyna, Moyna (ein Vogel),
Möchtest du nimmer mit einer Satihn geplagt sein!
Möchtest du dir ein Haus bauen, möchte deine Satihn
sterben und du deine Füße mit ihrem Blute färben!!
u. s. w. u. s. w.

Ein anmuthiges Register! Man erkennt aus der augen=
auskratzenden Heftigkeit der Verwünschungen, welche Uebel die
Mehrweiberei in der indischen Gesellschaft heute anrichten mag.
Sie ist indessen nicht gerade der gewöhnliche Fall, andererseits

aber auch nicht selten. Ihre sozialen Einwirkungen ziehen sich durch Geschichte, Sagen und Dichtung der Inder. Vielfach wird das Verhältniß der Neben-Frauen zu einander als ein fried- und freundliches geschildert, wie z. B. in dem spannen- den Drama: „der Lehmkarren", in welchem die erste Frau des übersanften Helden Tscharudatta die in der Katastrophe ihr zugesellte zweite mit inniger Freundschaft aufnimmt. Anderer- seits ist aber auch das Eifersuchtsthema stehend, wie denn die ganze Verwicklung des „Ramayana" darin beruht, daß die zweite Frau den König zu beschwatzen weiß, ihren Sohn seinem Liebling Rama, dem Sohn der Erstvermählten, vorzuziehen. Die Eifersuchtsmotive gestalten sich wegen der anerkannten Berechtigungen des polygamen Hausherren ganz anders als in unserem Drama — der Bühne wie des Lebens. So leicht hier übrigens die Mehrweiberei in Indien durchweg behandelt wird, so machte es mir doch immer den Eindruck, als ziehe sich eine gewisse Scheu, ein Augen-Niederschlagen wegen derselben durch das indische Wesen. Jedenfalls indessen ist die indische Mehrweiberei weit verschieden von der türkisch-arabischen, bei welcher die Frau wenig mehr als ein Objekt des Besitzes ist.

Die Verheirathung der jungen Indierinnen findet früh statt, früh in zweierlei Richtung. Einmal wird das Braut- paar schon in Kindesjahren verbunden, und zwar durch eine an Ceremoniell überreiche vollständige Scheinhochzeit, die für die besitzenden Stände meist mit enormen Ausgaben verknüpft ist.*

* Bose nennt eine Reihe reicher Leute mit Namen, und er- wähnt noch mehr, welche für die Scheinhochzeit der Söhne zwischen 5000 und 20,000 Pfund Sterling wegen ihrer Lebensstellung aus- zugeben veranlaßt waren. Den Löwenantheil bekommen die Bettler, die zu vielen Tausenden herzuziehen. Auch einzelne Gäste werden nicht schlecht herangezogen. Zunächst durch kost- spielige Geschenke, die üblich sind. Dann ist aber da z. B. eine besondere Ceremonie, wo an die Gäste sandelduftende Guirlanden

Anderntheils findet auch die wirkliche Vermählung in jungen
Jahren statt, indem die Geschlechtsreife außerordentlich früh
eintritt. Heirathen mit vierzehn Jahren bei beiden Theilen
sind etwas Gewöhnliches. Als bemerkenswerth sei noch her=
vorgehoben, daß Verlöbnisse und Eheschließungen nicht auf
persönliche Bekanntschaft hin angeknüpft, sondern völlig
üblicher Weise durch Vermittler vorbereitet werden. Ghatuk
heißt der Unterhändler, deren es auch weibliche, Ghatki genannt,
gibt. Welche Aehnlichkeit, beinahe bis zum Namen, mit dem
jüdischen Schadchen!

Bei dürftigem Unterricht, der durch einen Babu im
Elternhause ertheilt wird, wächst das Mädchen heran. Der
Verkehr mit der Außenwelt ist fast null. Nur zwischen Ver=
wandten finden Besuche von Haus zu Haus häufiger statt.
Dafür ist der Haushalt selbst, in welchem der Vater einem
Patriarchen ähnlich herrscht, oft sehr groß, indem, je begüterter
ein Hausvater ist, die Sitte ihn verpflichtet, um so mehr von
seinen ärmeren Verwandten zu ernähren, vor allem sie in seine
Behausung aufzunehmen. „Luckhi (die Göttin des Reich=
thums) hat immer ein großes Gefolge", sagt ein indisches
Sprichwort. Bose erzählt von Haushalten, die 100, ja bis
500 Köpfe umfassen!! Welch ein Blick in eine eigenthümliche
Großartigkeit des indischen Charakters!

Dem auf solche Weise manchmal ins Grandiose gehenden
Hauswesen steht die Hausfrau vor, nach meinem Gewährsmann
durchschnittlich eine treue, unausgesetzt thätige Leiterin der

vertheilt werden. Der im Range am höchsten stehende bekommt
den ersten Kranz. Diese Würde, welche die des Dullaputty heißt,
wird aber mit theuren Spenden erkauft. Bose führt u. a. sechs
Millionäre aus Kalkutta namentlich an, welche jeder über 10,000
Pfund Sterling für Erlangung dieser Ehrenstellung hergegeben.
Das Heirathen und heirathen Helfen ist, wie man sieht, nicht
billig in Hindostan.

Hausgeſchäfte und immer dabei eine den Gatten verehrende, ihn über alles ſtellende Gefährtin deſſelben. So der normale Fall. Schattirungen ins Helle wie Dunkle fehlen ja ohne Zweifel nicht.

Auch während der Ehe gehen die Gebetfeiern der Frauen ihren Gang. Es dreht ſich eben bei ihnen alles um her= gebrachte, gepflegte Formen, die auch den Mangel an Verkehr nach außen mehr oder weniger ausgleichen müſſen. Den Mittelpunkt der Anrufungen bildet ſtets die Sorge um das Wohl der Familie, des Gatten vor allen anderen. Eine der Form nach ſehr ſchön zu nennende und auch anders noch be= merkenswerthe Brata möchte ich dem Leſer noch näher mit= theilen. Es iſt die Sabitri=Brata. Sie findet jährlich einmal ſtatt in einem beſtimmten Monat an dem Abend vor Neumond. Der Eheherr, nach genommenem rituellem Bade, angethan in neue friſche Gewänder, ſetzt ſich auf einen Teppich, vor ihn die Frau. Zuerſt ihm die Füße waſchend und trocknend (man denke an die Bibel) legt ſie ihm dann einen Blüthenkranz um den Hals und bringt darauf Opfer dar in Blumen und Sandelholzräucherung, wobei ſie in brünſtigen Gebeten die Götter für ſein Wohlergehen und langes, langes Leben anfleht. Darauf folgt eine ausgeſuchte Mahlzeit, für welche die Lieblings= ſpeiſen des Gefeierten den Grundtext bilden, der durch aus= geſuchte Ueberraſchungen ausgeſchmückt wird. Der Hausprieſter, der ſchon früher genannte Purohit, empfängt ſein reichliches Theil, nämlich außer dem Mahle alles an Reis, Früchten, Kuchen, Stoffen, was den Göttern diesmal in beſonderer Fülle dargebracht worden, die Gefäße aus Meſſing, worin die Gaben aufgetiſcht, mit einbegriffen, ein Geldgeſchenk obendrein. Der ganzen Feierung des Eheherrn voran geht aber der erſte Theil der Brata, welcher hauptſächlich den feierlichen Vortrag einer hergebrachten Erzählung von Gattentreue zum Gegenſtande hat, von der eine vollſtändige Ueberſetzung einzuſchieben geſtattet sein möge, weil sie als ein poetisch gestalteter Ausdruck indischen Denkens und Fühlens gelten kann.

Die wunderbare Geschichte von Sabitri der treuen Gattin.

Nach dem Englischen des Inders Schib Tschunder Bose.

In den friedvollen Zeiten des indischen Königthums, als Frömmigkeit die Menschen verband und Rechtschaffenheit das häusliche Glück erhielt, als Judhishtra der Gerechte* durch Vorschrift und Beispiel die festen Regeln sittlichen Wandels einprägte, da herrschte in der Landschaft Madra ein frommer, wahrhaftiger, weiser und wohlwollender König mit Namen Aßvapati**.

Lange Zeit hindurch waren ihm keine Kinder beschieden, was ihn tief bekümmerte. Als er nun inne ward, daß der Abend seines Lebens täglich näher rückte, und noch immer kein Zeichen der Erfüllung seines Wunsches erschien, beschloß er, eine große Götteranrufung zu veranstalten, um einen Sohn und Erben zu erflehen und brachte von da ab täglich zehntausend Opfergaben dar, um der Göttin Sabitri***, von welcher er die Gnade erhoffte, zu gefallen.

So vergingen mehrere lange und peinvolle Jahre; da geschah es, daß eines Tages die Göttin Sabitri plötzlich vor ihm erschien in der Gestalt eines schönen Weibes und ihm sagte, sie sei bereit, ihm irgend eine Gnade, um die er bitten möchte, zu gewähren, weil sie Wohlgefallen gefunden an seinen strengen Bußübungen, sowie an der Reinheit seines Herzens, der unwandelbaren Festigkeit seines Gelübdes und dem festen unerschütterlichen Glauben an sie. Wie zu erwarten, flehte er um

---

* Ein König aus dem Geschlecht der Pandava.

** Der Rosse-Meister.

*** Das a lang, wiederum ein Name der Gattin Çiva's. Der Name bedeutet die Beständige, Standhafte, auch die Standhaftigkeit.

eine Anzahl von Söhnen, indem er betheuerte, daß das Leben
des Mannes ohne Nachkommen nur ein Wirrsal sei, welches
den vorübergehenden Sonnenschein des Segens zu drückender
Düsterheit verdunkele.

Die Göttin antwortete, daß sie diesen seinen Herzens=
wunsch vorausgekannt und den Weltenschöpfer (Brahma)
befragt habe, auf welche Weise am besten der Wunsch ver=
wirklicht werden könne; durch seine Gnade werde er bald durch
eine Tochter beglückt werden, die in jeder Beziehung eines so
frommen und tugendreichen Vaters würdig sein werde. Sie
werde der Leitstern für die Augen aller Prinzen sein; ihr Reiz
werde erstrahlen weit und breit. Nachdem sie so gesprochen,
verschwand die Göttin; der König kehrte darauf zu seiner Haupt=
stadt zurück.

Nach kurzer Zeit ward die älteste Königin gesegneten
Leibes und gebar nach Ablauf der Zeit eine Tochter von
fleckenloser Schönheit. Der König und seine Brahminen gaben
ihr den Namen Sabitri nach der Göttin, welche die Gnade
gewährt hatte. Tag für Tag wurde die Prinzessin schöner
und schöner und entfaltete sich bald zu herrlicher Jugendblüthe.
Jeder der ihre wie vom Bildner geschaffene Gestalt und ihre
einnehmende Erscheinung sah, glaubte, daß in der lieblichen
Jungfrau eine der Himmlischen, die Verkörperung der Lieblich=
keit selbst, zur Erde hernieder gestiegen sei. So schön aber war
sie, daß kein Prinz, mochte er noch so groß und ausgezeichnet
sein, es wagte, unaufgefordert um ihre Hand zu werben.

Der König Aßvapati aber gedachte nun, seine einzige
Tochter, da sie in der vollen Frische ihrer Jugend stand, mit
einem dieser Ehre Würdigen zu vermählen. Indessen es fand
sich aus dem angegebenen Grunde kein fürstlicher Bewerber
ein. Zuletzt erhielt auf ihre Bitte die Prinzessin die Erlaubniß,
selbst eine passende Wahl zu treffen. Um ihr hierzu behülflich
zu sein, gestattete der Vater ihr, einige seiner weisesten Räthe

10*

mit auf die Reise zu nehmen, deren Erfahrungen und Rath=
schläge sie in der so schwierigen Aufgabe in Anspruch nehmen
könne. So reiste sie denn ab auf einem goldenen Wagen,
begleitet von den ergrauten Räthen, unter den Segeswünschen
der Priester des Hauses. In die Fremde und Weite zog sie
durch manchen fremden Landstrich, unterließ auch nicht, auf
ihrem Wege die Einsiedeleien verehrungswürdiger alter Rischi
zu besuchen, welche in Gottesbetrachtungen versunken waren.

Nach einiger Zeit, als der König, den Staatsgeschäften
obliegend, eben mit dem ruhmvollen Weisen Náraba Rathes
pflog, kehrte Sabitri mit den Räthen von ihrer Pilgerfahrt
zurück. Als die Prinzessin ihren Vater mit dem großen Rischi
Náraba im Gespräche fand, beugte sie ihr Haupt in gebührender
Ehrfurcht vor dem würdigen Weisen und ihrem hochgeliebten
Vater. Nachdem die ersten freudevollen Begrüßungen nach so
langer Trennung ausgetauscht waren, hob Náraba an: „O
König, wohin war deine Tochter gegangen, woher kommt sie?
Hohe Zeit wäre es, sie einem ihrer würdigen Prinzen zu ver=
mählen!" „Ehrwürdiger Rischi", erwiderte der König, „ich
habe sie auf Reisen gesandt mit einigen meiner weisesten
Räthe, um nach einem edlen Prinzen umzuschauen, welcher
mit körperlicher Schönheit die seltensten Gaben der Weisheit,
des Muthes, der Frömmigkeit und der Tugend vereinigen
möchte; nun höre aus ihrem eigenen Munde, wie weit sie in
ihrer heiligen Sendung Erfolg gehabt." Dann forderte er
Sabitri auf, ihnen zu berichten, wen sie zum Gatten gewählt.
Sabitri, gehorsam ihres verehrten Vaters Geheiß, antwortete
mit dem Wohlanstand ihrer Jahre und ihres Geschlechtes:
„Mein Vater, ein frommer König, Dhumutsen mit Namen,
beherrschte früher das Königreich Sala.* Aber wenig Tage
nach seiner Thronbesteigung erblindete er auf beiden Augen.
In dieser Zeit war sein einziger Erbe ein Kind. Verrätherische

---

* Eine Landschaft im nördlichen Indien.

Feinde benutzten seine Blindheit und das zarte Alter des Knäbleins, um in das Reich einzufallen und die Herrschaft an sich zu reißen. Der entthronte König zog sich mit seiner geliebten Gemahlin und dem Söhnlein in einen nahen Wald zurück, wo sie im Verzicht auf alle Freuden dieser schlechten, undankbaren Welt ein stilles Leben der Gottesbetrachtung führten. So wohnten sie zwischen den Einsiedeleien ehrwürdiger weiser Männer, welche mit Freuden den Knaben auferzogen und in sein Gemüth die Saat der guten Sitten und der Gottesfurcht streuten. Er wurde in jeder Beziehung meines Gleichen, und ihn habe ich zu meinem Gatten erkoren. Sein Name ist Satyavana.*

Als er dies vernommen, wandte sich der weißhaarige Rischi Náraba zum König: „O Fürst, ich muß mit Kummer sagen, daß deine Tochter unglücklich in ihrer Wahl gewesen, indem sie in Unbedachtsamkeit den tugendhaften Satyavana zum Gatten erkor." Bewegt forschte der König: „O großer Rischi, besitzt Satyavana die edlen Eigenschaften der Tapferkeit, der Klugheit, des Verzeihens, der Frömmigkeit, der Ehrfurcht, der Freigiebigkeit und der Kindesliebe?" Náraba erwiderte: „Satyavani ist dem Surya** gleich in fleckenloser Ruhmwürdigkeit, ist weise wie Brihaspati*** selbst, muthig und tapfer wie Indra,† voll Duldung wie die Erde."

Weiter fragte der König: „Verehrt der Prinz ernstlich die Götter, wandelnd auf den Pfaden der Rechtschaffenheit? Ist er schön, liebenswerth und hoher Sinnesart?"

„O König", entgegnete Náraba, gleich Ratibeva†† San-

* Der Wahrheitsliebende.
** Sonnengott.
*** Der Regent des Planeten Jupiter, der Lehrer der Götter.
† Der Gott des Himmels.
†† Ein historischer König, dem besondere Freigiebigkeit nachgerühmt wird.

kriti's Sohn, ist der schöne Satyavana freigiebig; gleich Çivi,
dem Sohne Uçinaras liebt er die Götter und die Wahrheit,
hohen Sinnes ist er wie Yayati;* alle die frommen alten
Rischi und andere gute Menschen sind überzeugt, daß Satya=
vana brav, mild, bescheiden, wahrheitsliebend, treu seinen
Freunden, hochherzig, fromm und aufrichtig in Gottesfurcht
ist." „O ehrwürdiger Rischi", sagte der König, „du hast alle
guten Eigenschaften genannt, welche die Menschheit veredeln;
wolle mir denn sagen, was ihm mangelt!" Nárada erwiderte:
„Eines ist es, was ausreicht, alle seine Tugenden aufzuwägen:
sein Leben auf Erden ist kurz; sein Schicksal ist, nur noch ein
Jahr zu leben vom heutigen Tage an."**

Als der König diese schreckvolle Weissagung Náradas ver=
nommen, versuchte er alles, seiner Tochter die verhängnißvolle
Verbindung auszureden, allein alle seine Bemühungen erzeigten
sich als vergeblich. Sabitri blieb fest und standhaft bei ihrem
gegebenen Wort und entgegnete furchtlos, sie könne trotz der
unglückverheißenden Voraussagung, welche der indischen Ehe=
frau die Schrecknisse früher Wittwenschaft drohte, ihr ver=
pfändetes Jawort nicht zurückziehen und ihr Herz einem anderen
Wesen auf Erden schenken.

Da rief Nárada aus: „O König, ich sehe, daß deine
Tochter treu ihrem Versprechen, fest in ihrem Gelöbniß und
standhaft in ihrer Liebe und Anhänglichkeit für Satyavana ist.
Niemand wird vermögen, sie vom Pfade des Rechten abzu=

* Çivi und Yayati beide aus derselben Dynastie wie Ratibeva.
** Nárada ist ein Sohn Brahma's und steht mit den Göttern
des indischen Olymps in steter Beziehung; er erfährt von ihnen öfter
die künftigen Schicksale der Menschen, bringt auch ihre Botschaften
aus dem Paradies auf die Erde. Wegen dieser Beziehung wird
er von Manchen dem Hermes oder Merkur parallel gestellt, auch
der indische Merkur genannt; merkwürdig ist, daß ihm auch die Er=
findung der Laute, wie dem Hermes die der Leier, zugeschrieben wird.

lenken. Laß denn das seines Gleichen nicht habende Paar durch
den heiligen Bund der Ehe vereinigt werden." Der König ant=
wortete: „O großer Rischi, unabänderlich ist dein Wort; was
du eben gesagt hast, ist richtig und recht. Da du mein Guru
bist, so will ich thun, was du mir zu thun anbefohlen." „Des
Himmels reinster Segen sei mit euch allen" sagte Nárada und
ging von bannen.

Nunmehr richtete der König sein Augenmerk darauf, daß
die Hochzeitsfeier seiner geliebten Tochter nach Gebühr mit
Glanz und Pracht vor sich gehen könne.

So wurde denn Aßvapatis schöne Tochter nach dem
Brauche mit Satyavana, dem Sohne des blinden alten Königs
Dyumutsen, vermählt. Für eine Weile erfreute sich das glück=
liche Paar aller Segnungen der ehelichen Gemeinschaft in dem
wonnigen und stillen Landaufenthalt, der dem geschäftlichen
Gedränge der Menschen entrückt und so geeignet war für
fromme Betrachtungen; Sabitri freilich wußte sehr wohl, daß,
wie von Bibhata* vorherbestimmt, diesem kurzen flüchtigen
Glück bald langes und peinvolles Leiden folgen und sie beide
vielleicht vernichten werde.

Woche nach Woche und Mond nach Mond rollten so da=
hin; da rückte der vorher verkündete Tag, an welchem der
schreckliche Spruch über Satyavana gefällt werden sollte, heran;
und als Sabitri nun inne ward, daß nur noch vier Tage
fehlten, das schreckliche Jahr zu vollenden, wohl Satyavanas
letztes Lebensjahr, an dessen Ende Yama's** verhängnißvolle
Fackel vor ihrem geliebten Gatten auflobern würde, krampfte
ihr Herz bei dem Gedanken zusammen. Um den furchtbaren Spruch
abzuwenden, unterging sie nun ein strenges Gelübde, in drei=
tägigem ununterbrochenem Fasten und Beten bestehend, wobei
sie alle Inbrunst eines gottergebenen Herzens zu den Füßen

* Vorsehung.
** Des Todesgottes.

der Allmacht aushauchte. Ihr Schwäher Dhumutsen, über=
wältigt von der sich erhebenden Fluth ihres Kummers, versuchte
sie von einem so anstrengenden Bußgelöbniß abzumahnen,
aber seine Zureden waren gänzlich ohne Erfolg. Mit unbeug=
samer Ausdauer blieb sie bei ihrem Entschluß stehen und ergab
sich ruhig in die Schickungen einer weisen und gnadenreichen
Vorsehung.

Ihre innere Bewegung und das stetige Fasten machte sie
hinfällig und schwach und die prophetischen Worte Náradas
quälten ihren Geist wie ein unheilkündendes Gesicht. Un=
möglich aber ist es, die heftigen Kämpfe zu schildern, welche in
ihr vorgingen, als endlich der Schreckenstag erschien und da=
mit der unvermeidliche Rathschluß des Schicksals, nach welchem
ihr lieber Gatte für immer zu leben aufzuhören habe, erfüllt
werden sollte. Nachdem sie im heiligen Strome gebadet, brachte
sie den Göttern Räucherungsopfer und warf sich zum Zeichen
tiefer Ehrfurcht auf den Boden nieder, zu den Füßen sowohl
der alten Einsiedler, als ihres Schwähers und ihrer Schwieger=
mutter, welche ihrerseits die innigsten Segenswünsche über sie
aussprachen. Als die Stunde des Mahles kam, bat man sie,
einige Erfrischungen zu sich zu nehmen, da sie nun drei Tage in
einem fort gefastet; jedoch sie weigerte sich, erfüllt wie sie
war von inbrünstiger Hingebung, vor Sonnenuntergang irgend
welche Speise zu sich zu nehmen.

Da sah sie, wie ihr Gatte sich bereitete, zum Walde zu
gehen mit Art und Korb, um Früchte und dürres Holz zu
holen. Sabitri bat, ihn begleiten zu dürfen; indessen theils in
Vorahnung einer ihm drohenden Gefahr, theils aus warmer
Zärtlichkeit für sie wollte er sie gerne zu Hause lassen, denn
ihre Füße seien zu zart, in der dornigen Wildniß zu wandern,
zumal sie körperlich jetzt so schwach sei. Aber alle seine Er=
mahnungen nicht achtend rief sie aus: „O mein geliebter Herr,
ich bin nicht im mindesten schwach vom Fasten, deine Gegen=

wart ist meine stärkste Stütze. Ich kann nimmer glücklich sein
ohne dich, darum habe nicht taube Ohren für die dringenden
Bitten deines schon Trost bedürftigen Weibes, dessen Schicksal
mit dem deinigen durch einen Knoten verknüpft ist, den keine
irdische Gewalt zerreißen oder zerschneiden könnte." Satyavana
sah sich endlich genöthigt, ihren Bitten nachzugeben und bat
sie, von seinem Vater und seiner Mutter zu dem Weggange
die Erlaubniß einzuholen. Diese wurde mit dem größten
Widerstreben ertheilt. Nach Empfang ihres Segens und ge=
wappnet mit der himmlischen Gnade verließ das unglückliche
Paar sein liebliches Heim, um in den wilden Forst zu gehen.
Beim Dahinwandern richtete Satyavana, dunkel dessen bewußt,
was ihn befallen sollte, an sein liebendes Weib die folgenden
zärtlichen Worte: „O theure Sabitri, sieh, wie die Natur
lächelt in all ihrer Schönheit, wie die Gefilde sich geschmückt
haben mit duftenden Blumen und schattigen Baumgruppen und
weithin ziehendem lebendigem Grün, wie lieblich und frieblich
das Bächlein dahinfließt mit sanftem Gemurmel, wie die
Wirbler des Waldes ihre süßen Töne furchtlos erschallen lassen,
wie der Pfau lustig hüpft, wie der Hirsch munter dahinspringt,
und über alles dieses, wie die Stille der Schöpfung den Geist
zu frommen Betrachtungen einladet."

Während Sabitri aufmerksam auf ihres Gatten bewundernde
Schilderung der Natur lauschte, schwoll ihr das Herz in die
Kehle, aber ihr Auge ward nicht von einem einzigen Thränen=
tropfen befeuchtet. Sie folgte ihrem Gatten als ein treues,
gehorsames Weib.

Nach einiger Zeit traten sie in den Forst, wo Satyavana,
nachdem er seinen Korb mit Früchten verschiedener Art gefüllt,
anhub, mit der Axt die verdorrten Aeste von den Bäumen zu
hauen. Die Anstrengung übermannte ihn aber bald und er
empfand ein schweres Gefühl in seinem Kopf. Langsam kam er
heran zu seinem theuren Weibe und sagte: „O vielgeliebte

Sabitri, ich fühle einen stechenden Kopfschmerz, der mehr und mehr quälend wird, mich ganz ohnmächtig macht und beinahe mein Herz bricht. Ich vermag ihn nicht länger zu ertragen; doch ich hoffe, durch einen lindernden Schlaf bald Wohlsein und Kraft wieder zu gewinnen."

Als sie ihres Gatten herzerschütternde Worte vernommen, setzte sie sich nieder auf den Boden und legte Satyavanas Haupt in ihren Schoß. Doch wie das Geschick es geordnet, wurde er bald völlig bewußtlos. Als Sabitri dies bemerkte, verlor sie nicht ihre gewohnte Geistesgegenwart; im Verlaß auf die unbegrenzte Gnade einer über alles herrschenden Vor=sehung erwartete sie still und gefaßt die verhängnißvolle Stunde, wo der Schatten des Todes für immer ihren geliebten Satyavana überdecken sollte — ein Geschick, welches sie zu theilen entschlossen war. Mit einem mal, nach einer kleinen Weile, glaubte sie eine schreckliche Gestalt zu erblicken, in rothen Ge=wändern und der Sonne ähnlich lichtfunkelnd, die sich lang=sam näherte, eine Kette in der Hand. Es war keine Täuschung ihrer Sinne. Der leibhaftige Yama stand zur Seite Satya=vanas und blickte starr auf ihn hin.

Nicht sobald hatte Sabitri ihn gesehen, als sie das Haupt ihres Gatten von ihrem Schoß auf die Erde legte und zittern=den Herzens ihn anredete: „Gottähnliches Wesen, deine himm=lische Gestalt und majestätische Erscheinung besagten deutlich, daß du ein Gott unter Göttern bist. Lasse dich herab, dich zu erkennen zu geben und deinen Geist zu mir zu wenden."

Yama gab zur Antwort: „O Sabitri, du bist rein und standhaft in Gottesfurcht und Erbauungsgedanken; darum will ich nicht anstehen, dieser bringenden Frage Genüge zu leisten. Ich bin Yama; ich komme hierher, um deinen todten Gatten hinwegzunehmen, da seine Erdentage erfüllt sind." Auf dieses sagte Sabitri: „O König, ich hörte immer, daß deine Boten die Gestorbenen von der Erde holen; warum kommst du denn selber?"

Yama erwiderte: „O liebliche Sabitri, dein vortrefflicher
Gatte besaß zu seiner Lebenszeit manche guten Eigenschaften
und ragte hervor durch seine Rechtschaffenheit. Es war des=
halb nicht schicklich, meine Boten zu senden, ihn zu holen.
Drum komm ich selbst." Indem er so sprach, zog Yama mit
Gewalt die fingergroße Seele aus Satyavanas Leib. Des
belebenden Geistes beraubt, wurde der todte Körper regungs=
los, blaß und bleich, und Yama schritt fort nach Süden.*
Ihm folgte, um die Früchte ihres Gelöbnisses zu gewinnen, die
keusche Sabitri mit traurigen Blicken und schwerem Herzen.
Als Yama dies bemerkte, verwies er es ihr und befahl ihr
heimzukehren und die Bestattungsfeier für ihren Gatten zu begehen.
Sabitri aber erwiderte, sie wolle dahin gehen, wohin immer ihr
Gatte gebracht werde; ihr Gehen werde wegen ihrer Gebete
zu dem Allmächtigen, wegen ihres festen Glaubens an ihren
geistigen Führer, wegen der feierlichen Erfüllung ihres heiligen
Gelöbnisses und auch wegen Yamas Gnädigkeit frei und
unbehindert sein. „O König der Unterwelt", sagte sie, „neige
in Gnaden dein Ohr dem Gebete einer Flehenden. Der, so
nicht bis zur vollständigen Bemeisterung seiner Sinne gelangt
ist, sollte nicht in den Wald kommen, um dort häusliches oder
eines Forschenden oder eines Büßers Leben zu führen. Nur
die, welche wirklich ihre Leidenschaften bezähmt, können die
Bedingungen der vier Lebensweisen erfüllen. Von diesen vier
ist die des häuslichen Lebens sicherlich die beste, denn sie
begünstigt am meisten die Erwerbung von Wissen und
Weisheit und die Pflege von Frömmigkeit und Tugend.
Meinesgleichen wünschen kein anderes Leben zu führen, als ein
häusliches."

„Nun kehre heim, o schöne Sabitri; ich bin erfreut über
deine weisen Bemerkungen und bin gewillt, dir eine Gnade zu

* Der Eingang der indischen Unterwelt liegt nach Süden, nach
dem heißen Aequator hin.

gewähren, nur nicht das Leben deines Gatten!" rief Yama aus.
Sabitri antwortete: „O König, sei gnädiglich gewogen, meinem
blinden Schwäher sein Augenlicht wiederzugeben und ihn stark
zu machen wie die Sonne oder das Feuer, daß er befähigt
werde, sein Königreich wiederzugewinnen und mit Kraft zu
regieren." Yama gewährte das Gnadengeschenk und ermahnte
sie, heimzukehren nach dem ermüdenden Tage. Sabitri indessen
sagte zur Erwiderung: „O tugendreicher König, ich fühle nicht
Ermüdung noch Beschwer, so lange ich bei meinem Gatten
bin; denn ein Gatte ist die Stärke und Stütze seines Weibes
und das Weib theilt ihres Gatten Wohl und Wehe. Wohin
du auch deßhalb meinen Gatten tragen mögest, werden meine
Schritte dir folgen, dem treuen Hunde gleich. Unsere erste
Begegnung mit den Guten und Rechtschaffenen führt zum
Wachsthum von Vertrauen und Güte, was stets fruchtbar an
segensreichen Folgen ist." Worauf Yama erwiderte: „O
gedankenreiche Frau, deine Worte sind Wohlthat meinem
Herzen, sie sind reich an Urtheil und gutem Sinn. Gern will
ich dir eine andere Gnade gewähren, nur nicht das Leben
deines Gatten." „Gestatte mir denn, o tugendreicher König,
um hundert wackere Söhne für meinen Vater zu bitten, der,
der Söhne nicht hat", sagte Sabitri.

„Ich gewähre die Gabe", sagte Yama, „nun aber, da
alle deine Wünsche erfüllt worden, höre auf, mir länger zu
folgen. Sehr weit bist du von deines Schwähers Behausung
entfernt; kehre schleunigst nun heim."

Sabitri antwortete: „O tugendreicher König, wir sind
geneigt, in die Rechtschaffenen mehr Vertrauen zu setzen, als
in uns selber; ihre Güte vergilt reichlich unsere Liebe und
Achtung". Yama sagte: „Ich bin hoch erfreut durch deine
erbauliche Rede, und bin geneigt, dir nochmals eine Gnade
zu gewähren". Sabitri, die von Dank erfüllt war für die
verschiedenen ihr bereits gewährten Geschenke, erkühnte sich

diesmal, um die Wiedererweckung ihres Gatten sowohl, als
um hundert kraftvolle, weise und tugendhafte Söhne für ihn
zu bitten, die dem Lande zum Ruhm und der Menschheit zur
Zierde gereichen möchten.

„Sei es so", sagte Yama freundlich und verschwand.

Mein gelehrter indischer Gewährsmann, der, seinem
Buche nach zu urtheilen, das christliche Bekenntniß an=
genommen hat, hält die vorstehende Brata für eine Schöpfung
der indischen Erbpriesterschaft, welche dieselbe angesichts der
Schrecknisse der Wittwenverbrennung zu ihrer höheren Glorie
„zusammengebraut" haben möge. Er befindet sich im Irr=
thum. Den Freunden der indischen Literatur ist die Sabitri=
Geschichte aus anderen als der hier gegebenen Quelle bekannt.
Die schöne Erzählung, die wir hier in der Prosa des Volks=
buches vor uns haben, ist eine Episode der Mahabharata, des
großen indischen Volksepos, welches den Literarhistorikern nach
wahrscheinlich im 3. Jahrhundert vor unserer Zeitrechnung auf=
gezeichnet wurde. Wir besitzen Dank der Sorgfalt deutscher
Literärstudien mehrere metrische Uebersetzungen des Urgedichtes,
u. a. eine mäßige von Alb. Höfer (1844) und eine im Vortrag
treffliche von dem leider zu früh dahingegangenen Holtzmann
(1845).* Das Volksbuch ist dem alten Gedicht ungemein treu
geblieben, was einzelne hohe Schönheiten erklärt. Nur geht
das Urgedicht weiter, als das Volksbuch, erzählt z. B. noch
weiter, wie Sabitri mit dem wieder zum Leben erwachten
Satyavana heimkehrt, und wie die Wünsche in Erfüllung gehen.
Die Umdichtung fürs Volk macht sich gleich in den ersten
Worten bemerkbar. In der Mahabharata wird die ganze Er=
zählung (in Versen) dem eingangs genannten König Yudhisch=

----

* Beide Uebersetzungen sind sehr frei. Eine wörtlich möglichst
treue, aber in ungebundener Rede gefaßte ist die französische von
Pauthier (Paris 1841).

tira vorgetragen durch Marhandeya, der also anhebt: „Höre,
o König! die Erzählung von dem vollen Glücke, von der hohen
Gunst, auf welche die klügsten unter den Frauen
rechnen dürfen, wie sie erlangt wurde durch Sabitri die
Königstochter." Das Unterstrichene, gleichsam die praktische Moral
der Geschichte, sieht aus, als habe es die Veranlassung zu der
volksthümlichen Umarbeitung gegeben, wobei kleine Abweichungen
vorkommen mußten.   Auch einzelne feine Züge sind dem Volks=
buch verloren gegangen.   So der, daß die fromme und zugleich
kluge Sabitri gleich zu Anfang den vor ihr her eilenden
Todesgott zu gewinnen weiß mit der Sentenz:

Man sagt, mit wem fünf Schritte man
Zusammengeht, der sei schon Freund!

Das Gedicht hat nicht drei, sondern fünf Gnadenerwei=
sungen mit den voraufgehenden Sprüchen.   Diese letzteren sind
nach den genannten Uebersetzern größtentheils aus dem alten
Gesetzbuch des Manu oder Menu entnommen, was ihre un=
verkennbare Sprödigkeit erklärt; stellenweise sind sie auch den
Uebertragern dunkel geblieben, und mögen auch im Laufe der
Zeiten durch brahminische Zuthat umgestaltet worden sein.
Einige Züge scheinen fast buddhistisch.   Was die Sache inter=
essant macht, ist die Lebendigerhaltung der uralten dichterischen
Schöpfung durch den merkwürdigen Brauch bei der alljährlichen
Feier in jedem Hause.   Während bei uns die Götter= und
Heldengeschichten durch die fortgesetzte Ueberlieferung bis zum
Kinder= und Hausmärchen herabgestimmt worden sind, hat der
heilige Brauch dort wenigstens diese Erzählung in einem merk=
würdigen Grade von Reinheit erhalten durch mehr als zwei
Jahrtausende.   Man darf ihr, wie mir scheint, sicherlich einen
wesentlichen Einfluß auf die Erhaltung guter Sinnesart in der
indischen Familie zuschreiben.

Daß dem indischen gelehrten Proselyten Bose, der die
englische Sprache stellenweise vorzüglich bemeistert und der

zugleich seine Landsleute sehr genau kennt und innig liebt,
der wahre Zusammenhang unbekannt geblieben, die eigene
Literatur also nicht so nahe steht, wie sie verdient, schien mir
sehr bemerkenswerth. Dieser Umstand deutet darauf hin, daß
bei der Erziehung in den englischen Missionsschulen in Indien
das indische Element zu sehr vernachlässigt wird. Schon auf
einer früheren Reise von Ceylon nach Suez hatte ich eine
Probe davon gefunden bei einem Hindu, der als christlicher
Missionär ausgebildet worden war und nach Europa reiste,
um seine „Studien“ zu vervollständigen. Er fiel mir lebhaft
ein, als ich die erwähnte Entdeckung in Bose's Buch machte.
Er mochte am Ende der Zwanziger stehen; hübsch sah das
etwas gequollene braune Gesicht nicht aus ohne Turban über
der schwarzen Halsbinde. Bei einem lebhaften Gespräch über
die indische Kultur mit dem heimwärtsreisenden deutschen
Konsul E. aus Kalkutta kam die Rede auf die vier Elementar=
götter der älteren indischen Religion, die Götter für Luft,
Feuer, Wasser, Erde, mit Namen Indra, Agni, Varuna und
Yama. Im Augenblick war meinem Gedächtniß, wie es einem
ergehen kann, einer der Namen, es war der dritte, ent=
schwunden. Wir befragten deshalb den indischen Theologen
danach, ihm die anderen drei Namen nennend. Er sah uns mit
offenem Munde an. Vier indische Götter? Dritter davon?
Ho, ho, ho, hou! Ich hueiß nicht! Ho, ho, ho, hou! — Ich
hatte mir gedacht, daß der „Guru“, der den Indern ihre alten
Götter auszureden haben werde, dieselben doch wenigstens
dem Namen nach kennen müsse. Er fand sie nur komisch.
Der Irrthum mußte wohl entschieden auf meiner Seite sein.

An Mirzapur, der teppichwebenden, kamen wir vorüber,
als der Abend langsam herabdämmerte. Wir konnten nur
kurze Blicke von der kuppel= und minaretreichen Häusermasse
erhaschen, die eines der bedeutendsten Handelsemporien Central=
indiens ist und während der Baumwollkrisis noch besondere

Bedeutung gewann. Ihr Name bedeutet Fürstenstadt, auch
vielleicht Edelstadt. Noch nicht lange ist es her, daß sie eine
finstere Berühmtheit besaß. Es war die des Wohnsitzes der
berüchtigten Mörderkaste der Thugs oder Thags (wie man auch
hört und geschrieben findet), jener Würger, welche ihre Gottes=
verehrung durch Erwürgen ihrer Mitmenschen zum Ausdruck
brachten. Den Engländern ist es gelungen, den Greuel, der
früher Entsetzen durch ganz Indien verbreitete, auszurotten.
Nahe bei Mirzapur steht der Tempel der Göttin Bindhyabasini
(zu deutsch etwa: Bewohnerin des Bindhya=Gebirges), welcher
die Mörder vor ihren Auszügen Gebete, Räucherungen und
Gelöbnisse darbrachten, Gelöbnisse, ihr so und soviele Menschen=
opfer durch Würgen zu bringen.

　　　Der Zug hielt nur wenige Minuten in Mirzapur, wobei
in der schallenden Bahnhofhalle das Gelärme und Gerufe der
sich noch immer vergrößernden Reisegesellschaft von Eingeborenen
wie zu einer alles beherrschenden Brandung wurde; zwischen den
verschiedenen Rufen hörte man bald das stets wiederkehrende
Khabardar! oder khabardaar! heraus, das wörtlich unserem
„vorgesehen!" entspricht; es ist arabischen Ursprungs und all=
gemein im Gebrauch. Beim Weiterfahren gewährte der Auf=
enthalt auf der Wagenplattform, auf die wir uns Klappsitze
hinaustrugen, erfrischende · Kühlung. Wir fuhren durch eine
anmuthige, wiesen= und felderreiche, auch abwechselnd mit freund=
lichen Waldgruppen besetzte Gegend. Mehrfach bekamen wir
das ergötzliche Schauspiel zu Gesicht, welches die zur Abend=
tränke kommenden Affen gewährten. Meist waren es die lang=
schwänzigen, hundegroßen Gesellen von der Art, die wir in
Benares beim Durgatempel gesehen; doch waren auch kleinere,
dunkelgefärbte dazwischen. Wo sich in angenehmer landschaft=
licher Umgebung ein Wässerlein der Bahn näherte, etwa einen
kleinen Teich oder dergleichen bildend, hielten sie ihre Ver=
sammlungen mit Springen, Fletschen, Klettern, Rennen; ein

überaus possirliches Durcheinander. Merkwürdigerweise waren
sie, die doch nachgerade gewohnt sein mußten, daß ihnen der
vorübersausende Bahnzug trotz seinem Brausen und Stampfen
kein Leid that, vor den Menschen darauf in der alten Furcht.
Der darwinische entfernte Herr Vetter gefiel ihnen nicht. Wenn
man nur den Arm drohend oder scheuchend erhob, geriethen sie,
die sich um den Zug gar nicht gekümmert, in entsetzliche Angst,
rannten auseinander, ließen sich von den Bäumen herunter,
den ellenlangen Wickelschwanz eiligst losringelnd, in der Hast
Blätter und kleine Zweige abreißend, und humpelten eiligst
hinweg, als ob der Feind ihnen im Nacken säße. An diesem
Humpeln des Affen in der Ebene, wozu ihn die Ungleichheit
der Vorder= und Hinterglieder zwingt, wurde einem recht klar,
daß er zu dem halbaufrechten, zu dem Baumleben gebaut ist,
auf der Fläche aber sich beinahe wie der Fisch aus dem Wasser
befindet.

Der Dämmerungsschleier verdichtete sich ziemlich rasch zum
frühen Dunkel, wie es in den Tropen auch bei heiterem Himmel
geschieht, indem die Sonne nicht schräge wie bei uns unter
den Horizont sinkt. Bald nach sieben Uhr erreichten wir
Allahabad*. Hier, wo eine halbe Stunde Aufenthalt war, setzte
der Zug in der riesigen Bahnhofshalle, während ein prasselnder
Augustregen niederströmte, die Hauptmasse der Reisenden ab.
Es fand, wie Dschebby erfahren, ein großes Fest in Allahabad
statt, zu welchem von allen Seiten die frommen Pilger, höchst
munter auf der Eisenbahn fahrend, herbeiströmten. Es ist
merkwürdig genug, daß die Eisenbahnen in Indien, eben wegen
der Erleichterung des Wallfahrens, eine Hebung und Stärkung
der Hindureligion wie des Islams bewirkt haben.

* Abad ist Wohnung, auch Stadt; Hyderabad ist Haidar's
Stadt, Haibarabad bei den Indern auch geschrieben, Moradabad
(jener Ort, woher die interessanten Einlegearbeiten stammen, von
benen wir in Kalkutta bei Kettar Rath gekauft) ist also Morab's Stadt.

Allahabad gehört schon vollständig zu dem Kerngebiete
des einstigen Großmogulreiches, welches dem Islam in Indien
seine Ausbreitung verschaffte. Dennoch ist die Stadt in erster
Linie durch ihre hinduistischen Heiligthümer den Indern werthvoll.
Sie ist eine Confluentia, indem sie auf der Landspitze zwischen
dem Ganges und dem in ihn einströmenden Dschumna oder
Dschamuna liegt. Nach der Ansicht der Hindu ergießt sich an
derselben Stelle noch ein dritter, aber unsichtbarer Fluß, die
Saraswati, welche unmittelbar vom Himmel herabströmt, nach
Anderen unterirdisch zufluthet, das heilige himmlische Wasser
dem Ganges zuführend. Der Ort heißt auch emphatisch
„Prayaga"*, zu deutsch etwa erstes Heiligthum. Die merkwürdige Vorstellung von unsichtbaren Zuflüssen zu Strömen,
die zusammentreten, findet sich mehrfach in Indien; überhaupt
hält der Inder die Confluentien ausnehmend hoch, öfter heilig
und verehrt z. B. noch vier andere derselben (die Deva-
Prayaga, die Rudra-Prayaga, die Karna- und die Nanda-
Prayaga, alle im Himalaya-Gebirge an Flüssen der genannten
Namen) besonders hoch. Am höchsten steht freilich die Prayaga
von Allahabad. Die interessante Verehrung von Flußvereini-
gungen haben wir wohl aus der Zeit der ältesten Religions-
formen der Inder herzuschreiben, der vedischen Zeit, wo
Varuna**, der Gott der Gewässer, neben denen des Lichtes
und des Feuers hohe Verehrung fand. Was heute abergläubisch, dann noch symbolisch ist, war damals Ergriffensein
und flehende Demuth vor der furchtbaren Naturgewalt. Die
Pilger vollziehen, wie gesagt wird, hier eine sonderbare Art von
Opfer. Sie lassen sich nämlich, dicht am Stromesufer sitzend,
ihre Häupter vollständig scheeren und sind sorgfältig bedacht,
jedes Härlein der abgekratzten Scheitelzierde in den Strom
gelangen zu lassen. Heilige Bücher versprechen ihnen dafür

* Das zweite a betont.
** Var ist Wasser.

angeblich, daß für jedes in das Wasser gefallene Haupthaar
dem Opfernden für eine Million Jahre Sitz im Paradiese ge=
währt sei, was einen Aufenthalt von recht erheblicher Dauer,
die selbst einem Geologen genügen könnte, bedeutet. Bäder
im heiligen Strome und gottesdienstliche Handlungen im Tem=
pel folgen auf das Scheergeschäft. Das letztere mag für den
leidenden Theil nicht ganz leicht auszuhalten sein, da der
indische Barbier, ähnlich wie der früher erwähnte chinesische,
wenig oder gar keine Seife, je nachdem, benutzt, wenn er mit
seinem kleinen Messerchen seines Amtes waltet.

Wir stärkten uns in dem großen, recht europäisch aus=
sehenden Wartesaal, in welchem neben dem großen Büffet auch
die Glaskasten mit feil gehaltenen Reiseandenken nicht fehlten.
Es waren Benares= und Morababadwaaren von ziemlich ge=
ringer Qualität. Dschebby hatte nach seiner Berichterstattung
auch Urlaub erbeten, um sich sein Nachtmahl bereiten zu können.
Für die reisenden Inder, deren wir nie einen im Wartesaal
antrafen, sind auch in dieser Beziehung Vorkehrungen getroffen,
die ganz gut zu sein scheinen. Unser Diener kochte sich, wie
er mittheilte, zu Mittag und Abend seinen Reis und Fisch
immer selbst. Rechtzeitig erschien er vor der Abfahrt mit einem
von Sattigkeit wohlig glänzenden Gesichte. Bevor er uns er=
reichte, wurde er noch von einem Landsmann angeredet, und
da wir ihn erwarteten, sahen und hörten wir hin. Auf ein=
mal klang es aus Dschebby's schwatzendem Munde: „Nanu!"
mit einem so heimathlich klingenden Ausdruck des fragenden
Staunens, daß wir alle drei unwillkürlich in ein gemeinsames
Nanu? ausbrachen. Dschebby, sagte ich zu ihm, als er gleich
darauf herankam, Ihr sprecht ja das schönste Deutsch! Er sah
mich mit offenem Munde zweifelnd an, den Witz zu verstehen
suchend. Wie wäre es, Dschebby, wenn wir euch mitnähmen
nach Berlin? Herr Sp. gibt euch gleich eine hübsche Stelle.
Ich auch, rief Herr St. Ach nein, Sahib, antwortete er, nicht

aus Indien fort!! Warum denn nicht, Dschebby, entgegnete
ich, ernst zu bleiben strebend. O, es ist zu kalt in Berlin im
Winter; ich würde bald sterben! und er zog sein weißes dünnes
Gewand in der Vorstellung von der tödtenden Kälte vor der
Brust zusammen. Lächelnd stiegen wir ein; der Kleine sah
noch schnell zum Rechten in unserem Wagen und entschlüpfte
dann zu seinem Platz im nächsten. Bald fuhren wir in die
durch den Regen angenehm gekühlte Nacht hinaus.

Dies kleine Impromptu hatte ich fast ganz vergessen, als
ich daheim beim Suchen nach Anderem zu meinem Erstaunen
ausfand, daß wir uns damals in Allahabad und auch
einigemal später gar nicht verhört, sondern daß „nanu" wirk=
lich ein indisches, obendrein ein Sanskritwort ist. Und was
es bedeutet? Der drolligste Zufall von der Welt will, daß es
ganz und gar dieselbe Bedeutung hat wie bei uns! Frage
nach Ursache, Anrufung, Zustimmung, Tröstung, Zweifel, Vor=
wurf, Bitte, Bestätigung, kurz alles, was der Berliner je nach
Betonung, Achselbewegung, Miene in das ausbrucksreichste
seiner Wörter hineinlegt, bringt auch der Inder, und unter
denselben mimischen Formen damit zum Ausbruck. Der Ber=
liner kann viel; daß er aber auch Sanskrit kann, das haben
seine Neider noch nicht gewußt.

Den kommenden Morgen gegen acht Uhr zeigte sich in
der Ferne Agra mit Thürmen, Minareten, Kuppeln. Auf
einer wahrhaft imposanten Gitterbrücke überrollte unser Zug
den sich zu mächtiger Breite ausbuchtenden Dschumna; der
Bahnhof war erreicht und bald kutschirten wir in einer Gari
mit dem Handgepäck und der Menagerie dem mitten in der
Stadt gelegenen Hotel zu.

Der Komfort, den dasselbe bot, war nicht groß, aber
ausreichend. Gleich neben dem auf den Eigangsraum folgen=
den Speisezimmer lagen die Schlafzimmer, statt durch Thüren
nur durch Portièren, ziemlich schadhafte alte Teppiche, vom

Mittelraum abgetrennt. Die Betten, wie immer mit eisernem
Gestell ausgerüstet, welches dem Ungeziefer keine Lockung
gibt, sich einzunisten, waren sauber und gut gehalten. Nach
Erfrischung durch Gußbad und Frühstück wurde die in dem
Vorraum aufgestellte Arche gesäubert und aufgefrischt, ihre
Bewohnerschaft geliebkost und gefüttert und wir konnten dann
dazu übergehen, eine Exkursion in das berühmte Fort, den
dereinst so hoch gehaltenen Wohnsitz des Großmoguls, in Szene
zu setzen.

Wir haben bei uns so ziemlich vergessen, daß bis 1857
die Großmoguldynastie noch eine Art von Herrschaft, ein
Scheinregiment, ausübte. Erst nach Niederschlagung des Auf=
standes wurde Akbar II., dem die Aufständischen die Kaiser=
würde wieder zuerkannt hatten, vollständig pensionirt. Er
residirte damals in Delhi und soll noch heute dort von sehr
bescheidenen Landeinkünften und einer kleinen Pension leben.
Vor hundert Jahren betrugen die Einkünfte der Großmogul=
krone zwischen 70 und 80 Millionen — nicht etwa Mark,
sondern Pfund Sterling.* Ein bedeutender Theil der Ein=
künfte wurde auf Bauten verwendet, von denen die im Fort
zu Agra zu den vorzüglichsten und reichsten gehören.

Da erhoben sie sich vor uns, als wir in einer Gari dahin=
rollten, die etwa 70 Fuß hohen Mauern des einst so gewal=
tigen Forts, rings mit Zinnen gekrönt, aus braunrothem
Sandstein, mit jener das festgestemmte Stehen so gut aus=
drückenden kleinen Neigung nach rückwärts, das Ganze auf
einer sich vom Boden noch abhebenden Felserhebung stehend.
Der Grundriß ein Halbkreis, etwa wie der von Köln, nur
kleiner (der Umfang soll ungefähr ½ deutsche Meile betragen)
den Durchmesser oder die gerade Kehlseite nach dem Flusse zu

* Von einer größeren Bevölkerung, die auf größerem Ter=
ritorium wohnt, erhebt England jetzt jährlich 35 bis 40 Millionen
Pfund.

Fort von Yshern. Delhi-Thor.

gekehrt, auf der Halbkreisseite mit vielen halbrund vorspringenden Thürmen oder vielmehr Bastionen versehen. Für nicht lange vergangene Zeiten war das Fort überaus fest, hat auch den Engländern während des Aufstandes als sicherer Standplatz gedient. Wir fuhren durch das in finsterer Festigkeit prächtige Delhithor ein, dessen Wache uns als Touristen unbehelligt einließ. Nach der Durchfahrt durch die inneren massiven Thor=befestigungen ging es einen in den Fels gehauenen Fahrweg hinauf, zuerst zu der ziemlich im Mittelpunkte des Forts liegenden Moschee, die den Namen der Moti=Muschid, d. i. Perl=Moschee, der Perle der islamitischen Tempel führt, den sich übrigens auch noch andere Moscheen angeeignet haben. Der Tempel scheint ganz außer Gebrauch, ist aber vollständig erhalten. Es ist eine überraschende Merkwürdigkeit so mancher indischer Prachtbauten, daß sie so vollständig oder nahe vollständig in ganzer Schönheit erhalten sind. Wenn wir in Aegypten, Syrien oder Spanien die alten Bauten der Moslim bewundern und sie schön, erhaben, großartig finden, so spielt unsere Phantasie dabei vielfach die Rolle des ausschmückenden Künstlers, des Leib= und Hoftapeziers unserer architektonischen Schaulust. Sie ersetzt den herabgefallenen Marmorputz, sie vergoldet das Verblaßte und verhüllt den Verfall; sie glättet die blasig blatterigen Quader, welche die rissigen Wände bedecken, sie breitet Teppiche über den knüppeldammartigen Boden — und ach, in der Erinnerung, da nimmt sie ihres Amtes erst recht wahr und steigert die Effekte bis zu dichterischem Schwung, der den Lebensodem hineinzaubert in das längst Gestorbene. Nichts von alledem, oder doch nur sehr wenig, wollen wir sagen, fällt dieser hülfreichen Reisebegleiterin zu in Agra, wo wenigstens an zahlreichen Stellen die erst so kurz vergangene Wirklichkeit noch zu pulsiren scheint, ja uns so nahe tritt, daß auch selbst ihre Mängel uns nicht entgehen.

Ein schwerbeschlagenes rasselndes Thor wird von dem

eiligst durch Dschebby geholten Pförtner der Perl=Moschee ge=
öffnet; wir treten durch die tiefe Thorwölbung in den Hof und
befinden uns gegenüber der mit drei Kuppeln überdachten
marmornen Moschee. Vor ihr breitet sich der Hof aus, der
140 Fuß oder so ins Geviert mißt, mitten darin ein viereckiges
Wasserbecken, welches Dame Phantasie gern füllen möchte, aber
auch könnte, denn die Wasserleitung ist vorhanden, nur durch
Hähne abgestellt. Der ganze Hof ist mit quadratischen Marmor=
platten belegt. Der Fußboden der Moschee selbst liegt um
einige Stufen höher als der Hof. Sie ist eine vorn offene
Halle, deren persische Spitzbogen mit wiederum durch kleine
Bogen eingefaßtem Profil auf reich bekrönten Pfeilern ruhen.
Letztere theilen der Quere nach die Halle in drei Schiffe,
während dieselbe in der anderen Richtung wiederum in drei
ungefähr gleiche Theile zerfällt. Der mittlere, von der größten
der drei Zwiebelkuppeln überdeckte Raum hat an der Rückwand
eine tiefe weite Nische, in welcher die schlichte Kanzel für den
Gebetvorleser steht. Eine gewisse Künstlichkeit macht sich darin
geltend, daß die Kanzeltreppe, die meines Erinnerns sechs
Stufen hoch ist, aus einem Block Marmor gearbeitet, aber so
gestaltet ist, als sei sie aus hölzernen Stufen und Auftritten
zusammen gezimmert. Der Boden der Halle ist eigenthümlich
mit buntem Marmor eingelegt, in der Weise, daß für jeden
Beter ein Gebetteppich in Marmormosaik in den Boden ein=
gelegt ist. So sind 600 Beterplätze abgetheilt, jeder mit der
in eine Spitze auslaufenden Dekoration, der sogenannten Kibla,
versehen, die nach Mekka weist. Die drei inneren Kuppeln,
welche unterhalb der äußeren den Raum überdecken, zeigen an
den Bogenansätzen Pflanzenornamente. Ein eigenthümliches
Motiv des letzteren fiel mir besonders auf; es besteht darin,
daß in den Zwickeln in flacher Reliefdarstellung Urnen oder
schlanke Vasen angebracht sind, aus welchen das bekorirende
Rankenwerk emporwächst. Augenscheinlich ein persischer Stil=

Agra, Perl-Moschee.

gebanke, in welchem trotz der hohen Durchbildung die Natu=
ralistik noch deutlich nachklingt. An den beiden schmalen Enden
der Halle sind für die Frauen Räume angebracht, durch
marmorne, äußerst ziervolle Gitter wie durch Marmorschleier
von dem Hauptraume geschieden. Die blendende Schönheit
des wundervollen weißen Marmors erzielt bei der einfachen
Großheit der Raumanlage einen überaus edlen Eindruck des
Ganzen. Zögernden Fußes verließen wir den stillen Moschee=
hof, dessen Thor sich knarrend wieder hinter uns schloß.

Bald aber wurden wir beim Weiterschreiten durch neue
Schönheiten aus unserem Nachhängen · gerissen. Vor uns in
der Halbtiefe breitete sich der Lustgarten und große Hof vor
den ehemaligen Staatsgebäuden des Forts aus, und zugleich
zeigten und gestikulirten unsere lebhaften Führer hinaus nach
Osten mit dem Rufe voll Entzücken und Stolz: „die Tabsch!
die Tabsch!", als ob sie dieselbe nach langem Sehnen zum
ersten mal wieder erblickten. Dort sah man ja auch über die
Marmorbauten des Vordergrundes hinweg, eine Viertelmeile
stromabwärts ganz außerhalb der Stadt die schimmernden
Marmorkuppeln und Minarete des Tabsch=Palastes sich aus
dem dunklen Grün seiner Gartenumgebung abheben, ein Wunder=
bau, einem Traumgebilde gleich, von dem man fürchtete, es
möchte jeden Augenblick in der Luft zerrinnen wie Nebel.
Doch wir werden es ja später in der Nähe besichtigen. Vor=
erst nun hinab nach dem Marmorhof. Eine Abbildung dieses
letzteren, rechts im Hintergrund die Tabsch, ist diesem Buch
am Schlusse angefügt.

Wir betraten, in den großen Hof gelangt, zuerst die an
der östlichen Seite belegene mächtige Pfeilerhalle, den ehemaligen
Diwan=i=amm, d. i. öffentliche Gerichtshalle der Großmogul=
dynasten. Die Pfeiler und Wände waren mit leichtem Relief
dekorirt, übrigens wenig Wand übrig gelassen, denn die Rück=
wand hatte drei tiefe kabinetartige Nischen mit marmorver=

gitterten Fenstern nach der Stromseite zu. In diesen Nischen sollen drei marmorne Prachtsessel gestanden haben, die jetzt in einem Museum sein sollen. Hier hielt der berühmteste der Großmoguln, Akbar, öffentliche Gerichtssitzung. So sagt man. Indessen war die jetzige Halle damals noch nicht erbaut, oder eine ältere stand wohl genau an derselben Stelle. Die 180 Fuß breite und 60 Fuß tiefe jetzige Halle ist unter dem schon genannten Aurangzeyb im 17. Jahrhundert erbaut, während Akbar's glänzende Regierung fast ganz ins 16. Jahrhundert fällt (1556—1605). Von Akbar* haben die Inder des Nordwestens eine sehr rege und verehrungsvolle Erinnerung auf die heutige Zeit übertragen. Er war duldsam und unterrichtet, hatte mehrere Europäer ins Land gerufen, darunter auch den Missionär Franziskus Xaverius.

Interessant war die vor der Halle sich ausbreitende Mar=morterrasse mit ihrem gegen 100 Fuß langen und etwa halb so breiten Wasserbecken, dessen Marmoreinfassung mir besonders auffiel. Dieselbe zeigte sich nämlich senkrecht profilirt, und zwar mit einem Wellenornament, welches dem griechischen, der sogenannten lesbischen Welle, sehr nahe kommt. Eine Marmor=schranke von hübscher durchbrochener Arbeit schloß die Terrasse gegen den Blumengarten hin ab, welcher sich weit vor ihr aus=breitete (der ganze Hof hat 570 auf 300 Fuß). In vergangenen Zeiten war der Blumenhof Turnierplatz, auf welchem sich die moslemitischen, indischen und tartarischen Kämpen im „Gestech" tummelten; ringsum waren zellenartige Bauten, in welchen sie lampirten. Der jetzige, herrlich in Blüthenpracht vor uns liegende Garten soll Aurangzeyb's Schöpfung sein. Streng geometrische Eintheilung, welche dem architektonischen Stil des Platzes entspricht, zeigte sich festgehalten, sogar bis auf die

---

* Das Wort bedeutet „der Große"; der eigentliche Name des Fürsten war Dschelal Eddin Mahmud.

Rabatteneintheilung, welche durch hochgerundete Marmorbänder bewirkt war. In der Mitte des Blumenhofs war wieder ein strahlend weißer Marmorplatz frei gelassen mit einem Wasser= becken als Mittelpunkt, auch an diesem wieder in den Ecken das Wellenornament. Ein kühlender Regen hatte den Garten wunderbar erfrischt und die Becken fast ganz mit Wasser ge= füllt; alles sah so jugendfrisch aus, daß nur mit halber Gewalt die hundertfünfzig Jahre Geschichte des Ganzen mit dem Anblick zu verschmelzen waren.

Man führte uns nun weiter nach der Flußseite hin zu einer zweiten Gerichtshalle, Diwan-i-khass, Privat=Diwan, ge= nannt.* In diesem wurden Gerichtssitzungen von mehr privatem Charakter, die Familie des Herrschers, den Hof, die Großen des Reichs betreffend, abgehalten. Die Stelle ist kleiner als die vorige, aber ebenfalls reich ausgeführt. Statt der Pfeiler sind Säulen als Stützen angewandt, an der Front doppelte, im Innern einfache; persische ausgebogte Gurtbogen in weißem Marmor schwingen sich leicht von Stütze zu Stütze, als ob die Schwere kaum existirte. Die Säulen sind in sofern sehr merk=

* Amm (arabisch) heißt öffentlich, populär, auch plebejisch, gemein, im Gegensatz zu khass (khass), was edel, nobel, hoch, ausgezeichnet, rein, ungemischt, dann auch privat, eigen, gesondert bezeichnet. Khass-o-'amm z. B. ist „hoch und niedrig", khass-adschir ein Haus= diener, khass-navis ein Privatsekretär u. s. w. Es ist auffallend zu sehen, wie Reisebeschreibungen die beiden Ausdrücke durcheinander= werfen, khass für amm und amm für khass setzen, gelegentlich sogar eine Stelle wie die besprochene amm-khass nennen, was völlig widersinnig ist. Den unbefangenen Reisenden verwirrt solches natürlich sehr. So viel Achtung, scheint mir, dürften doch die schnellfertigen Beschreiber vor dem großartigen Besitz haben, den das Geschick, oder ihr Geschick der englischen Nation in den Schoß hat fallen lassen, daß sie, den ernsten englischen Forschern folgend, doch den Dingen ihren richtigen, so bedeutungsvollen Namen ließen. Ein richtig ver= standener Name schildert doch oft mehr, als eine Beschreibung.

würdig, als sie den Holzstil nur leicht verschleiert in sich tragen.
Sie sind nämlich zwölfkantig und von unten bis oben gleich
dick gehalten, die zwölf Flächen zugleich an den Kanten mit
Rundstäbchen aus schwarzem Marmor besäumt. Schwarze
Marmorbänder und Leisten bilden überhaupt ein wesentliches
Verzierungselement im Diwan-i-khaß. In der Rückwand der
Halle befindet sich in etwa Mannshöhe über dem Boden eine
tiefe dreibogige Nische, in welcher, entrückt von der Bodenfläche,
wieder drei reiche Marmorsessel ihre Aufstellung haben. Gerade
vor der Nische aber, auf dem Boden stehend, befindet sich eine
einfache niedrige Steinbank, deren breite Platte, wie es scheint,
aus schwarzem Marmor besteht. Ein Riß zieht sich schief
hindurch. Er sei entstanden, erzählt der Führer, als bei der
Eroberung Agra's durch die Mahratten der Radscha von
Bhurtpur den Sitz durch Niederlassen darauf profanirt habe.
Die Platte sei da gerissen und an zwei Stellen sei Blut daraus
hervorgeschossen. Dieses Blutwunder sei ein zweitesmal noch
eingetreten, nämlich als Lord Ellenborough, der General-
gouverneur von Indien, den Thron eingenommen. Der Führer
zeigte uns zwei rothe, nierenförmige Einsprengungen in dem
Stein als die unverlöschlichen Blutflecke.

Auf diesem, von den Führern mit zurückweichendem Respekt
behandelten Stein soll Akbar seinen Sitz genommen haben,
wenn er seine Schiedssprüche zu ertheilen, seinem Staatsrath
vorzusitzen, Gesandte zu empfangen hatte. Auf Teppichen am
Boden, nahe bei dem Steinsitz, wohl auch auf Pfühlen, mögen
die versammelten Geladenen, nach Rang und Würden geordnet,
gesessen haben, den Worten des aufgeklärten Despoten zu lauschen,
welcher bestrebt war, indische Religion und Islam zu verschmelzen, auch christlichen Ideen sein Herz unverschlossen zu
halten. Sein kühner Geist ließ sich durch die Imams nicht
einschüchtern, wurde aber in seinen letzten Jahren durch Kummer,
den Söhne und Enkel bereiteten, erschüttert; auf seinem Sterbe-

lager war er wieder „treu dem Glauben" und schied so dahin. Anderwärts kommt Aehnliches ja auch vor — —

Gleich außerhalb vor dem Diwan-i-khaß ist ein weiß und schwarz gewürfelter oder richtiger „geschachter" Steinboden in den Hof gelegt. Breite Sitzplätze laufen an drei Seiten ent= lang. Man nennt das ganze das Patschifi=Brett, und be= hauptet, die Sultane hätten dort Patschifi mit lebenden Figuren gespielt, wie ja auch noch heute einzelne Große in Indien Lebend=Schach spielen. Patschifi heißt Fünfundzwanzig. Das Spiel soll unserem Puff oder Triktak ähnlich sein. Die schwarz und weißen Platten schienen viel zu klein, als daß eine Person gut darauf stehen könne; auch eine für das Spiel geeignete Feldereintheilung war zu vermissen. Ich gewann den Eindruck, als handele es sich einfach um einen gepflasterten hübschen Spielplatz, aus dem die Sucht nach Sonderbarem ein „Spiel= brett" gemacht.

Höfe und Pavillons verschiedener Zeitalter reihten sich an. Ein prächtiger Hof, 235 auf 170' messend, heißt der Anguri= Bagh, d. i. Trauben=Garten oder Reben=Garten. Jetzt sind keine Rebenlaubgänge mehr darin. An drei Seiten sind Zimmerfluchten, für die Harembamen bestimmt gewesen, die vierte, nach dem Fluß zu, gewährt von einem Belvedere aus einen Blick auf die schöne Landschaft. Die Großmoguln sahen von dort den Wettfahrten ihrer Yachten auf dem Dschumna oder den Elephantenkämpfen auf einem Platz am jenseitigen Ufer zu. Die Rebengänge des Anguri = Bagh scheinen die Phantasie übrigens beschäftigt zu haben; denn der Sohn von Akbars Nachfolger Dschuhangir, Schah Dschahan, wollte seiner Prachtliebe dadurch Genüge thun, daß er auf einer Gallerie an der Stromseite an einem goldenen Gitter Trauben in Edel= steinen nachahmen lassen wollte; Rubinen sollten die reifen, Smaragde die noch grünen Beeren vorstellen. Der Kosten= anschlag, den ihm sein Hofkünstler, der unter seinen Schutz ge=

flohene Austin von Bordeaux, vorlegte, schien ihm indessen doch zu hoch, so daß der Plan vertagt wurde.

Ein besonderes Zugstück versprach man uns jetzt noch zu zeigen. Wir hatten hinabzusteigen zu dem halbunterirdischen Schisch=Mahal, zu deutsch Spiegel=Palast. Es ist ein in den kühlen Unterbauten angelegtes Bad von luxuriöser Ausstattung. Ungefähr in der Mitte ist ein Badebassin mit Springstrahl angebracht; wiederum das Wellenprofil in der Einfassung zeigend. An drei Wänden befindet sich der Spiegelschmuck. Derselbe ist höchst eigenthümlich, indem nämlich in die Marmor= wände in regelmäßiger Vertheilung kleine Nischen eingebaut sind, deren Rückwände von Glasspiegeln gebildet werden. Die Nischen sind etwa fußhoch und zwei Drittel so breit, mit kleinen persischen Bogen überspannt. Ueber den Nischen sind Wasserkanäle angebracht, aus welchen in der großmogulischen Zeit kleine Wasserfälle, Wasserschleier, in anmuthig variirten Formen niederflossen, wenn das Bad gebraucht wurde. In die Spiegelnischen seien, wie man mittheilte, bunte Laternen gesetzt worden, deren Schein und Widerschein durch die nieder= rauschenden Schleier strahlte. Die Wasserfällchen selber fielen in eigenthümlich gestaltete Becken und Behälter, so gestaltet, daß kleine Wirbelströme entstehen mußten, welche die kühle Fluth belebten. Die Wirkung des Ganzen muß eine magische gewesen sein.

Weiter schreitend hinauf zu den Frauengemächern und Belvederen bot sich uns zunehmende Pracht in der Architektur, hie und da zerstört, an einer Stelle durch eine Bombe zer= schmettert, aber reich mit jener nach der Stadt Agra benannten herrlichen Steinmosaik dekorirt. In die weiße Marmorfläche sind prächtige Ornamente, wesentlich der Pflanzenwelt entnommen, ein= gelassen. Blumenranken steigen in feiner Stilisirung an den Steinpannelen empor, gebildet aus eingelegten Halbedelsteinen, als Achaten, Karneolen, Jaspiden, Lapis Lazuli, Blutstein,

hin und wieder auch Bergkrystall innerhalb farbiger Umgebung
aus den genannten Steinarten. Die zwölfkantigen Säulen=
pfeiler des Diwan-i-khaß fanden sich hier auch, aber ganz mit
Steinmosaik bedeckt, welches die schmalen Leisten hinaufläuft,
die Sockel und Kapitäle belebt, die darüber liegenden Konsolen
und Architrave prächtig schmückt. Die Umsetzung des Holzstils
in Marmor ist überall, je leichter das Bauwerk wirken soll,
um so mehr, der Grundtypus. Sie bezeichnet gleichsam das
Begrenzte des pathanisch = persischen Stils. Dennoch ist das
Ganze so reizvoll, daß man diese Station des Baustilgedankens,
der gleichzeitig bis zur edelsten Dekoration, edler als die obige
barbarische mit den Trauben aus Rubinen, vorgedrungen ist,
um keinen Preis entbehren möchte.

Vorüber noch ging es jetzt an einem der ältesten Ge=
bäude des Forts, in rothem Sandstein ganz ohne Bogen
ausgeführt, aber reich ornamentirt, auf welchen oben man
uns die Cisternen zeigen wollte, durch die die springenden
Wasserkünste gespeist wurden. Das Wasser wurde aus dem
Dschumna mittelst Hebewerken emporgeschafft. Ein steil zum
Fluß hinabführender gewölbter Gang, an welchem wir vor=
überkamen, hatte wahrscheinlich zur Aufnahme eines der Hebe=
werke gedient.

Nicht wenig ermüdet gelangten wir spät am Nachmittag
in unser Hotel zurück.

Die große, nicht uninteressante Moschee von Agra mußten
wir wegen Zeitmangels unbesichtigt lassen, mit wahrem Leid=
wesen aber die zwei Meilen von der Stadt entfernte herrliche
Nekropole Futtihpur Sikri, von der das Reisebuch noch Wunder
versprach, um die Muße zu behalten, Agra's berühmtestes
Bauwerk, die „Tadsch"*, besuchen zu können. Dieses Bau=
werk, in der Kürze Tadsch, etwas ausführlicher Tadsch=Mahal

---

* Das a lang, das dsch weich gesprochen.

genannt, ist die von dem Großmogul Schah Dschahan seiner Lieblingsfrau errichtete Grabkirche, begonnen 1630 und beendigt nach den Einen 17, nach Anderen 22 Jahre später. Die von ihrem Gemahl schwärmerisch geliebte Sultanin, welche von wunderbarer Schönheit gewesen sein soll und bei der Geburt ihres siebenten Kindes starb, hieß eigentlich die Begum (Königin) Ardschmand Banu, zu deutsch etwa die gesegnete oder geliebte Dame. Als Frau wurde sie dann Mumtadsch=i= Mahal, d. i. die Hochberühmte, Auserwählte, Erhöhte des Palastes, auch Mumtadsch Bibi, d. i. die hochberühmte Frau, genannt. Aus Mumtadsch=Mahal, dem Namen ihres Mau= soleums, sei dann allmählich durch Abkürzung Tabsch=Mahal und endlich Tabsch geworden. So wird auf geschichtlichen und Chronikunterlagen kombinirt und gedeutet. Vielleicht hat man auch in Betracht zu ziehen, daß das Wort Tabsch an sich auch einen Sinn hat, nämlich Krone, Diadem bedeutet, so daß Tabsch Mahal auch die Krone der Paläste heißen kann; der Name muß somit in diesem oder jenem Sinne dem phantasiereichen indischen Volke zusagen. In der That ist das Gebäude so edel in der Anlage und so hochvollendet in der Ausführung, daß es einen gewissen Anspruch auf den letzten Namen geltend machen kann.

Hoch wird die Tabsch in Agra geehrt. Die Engländer wissen es zu rühmen, wie die Eingeborenen, wenn sie an Feiertagen die Tabsch in Zügen besuchen, keinen Schritt von den Wegen abgehen, keine Blume aus dem schön gepflegten, herrlichen Garten brechen, ohne daß irgendwie Warnungs= tafeln oder Wächter erforderlich wären.

Also zur Tabsch fuhren wir am andern Tage hin. Wir rollten eine schöne gut gehaltene Straße entlang, die sich aus der Stadt herauswand. An einem größeren dreieckigen Platz geriethen wir in Meinungsverschiedenheit wegen der Ein= fassung des Platzes, den eine Balustrade aus braunem Sand=

stein mit Füllungen mit fein durchbrochenem Gitterwerk
umschloß. Die Motive des sauber und scharf ausgeführten
Netzwerks waren orientalisch mit Hinneigung nach dem
Gothischen, verriethen also ein neueres Datum. Ich hielt die
Füllungen für aus Gußeisen hergestellt. Behufs Lösung der
Streitfrage stiegen wir aus. Meine Begleiter behielten Recht:
das Ganze war aus braunem feinkörnigem Sandstein in außerordentlich geschickter Technik gearbeitet, Erzeugnisse einer
besonderen Agraer Industrie. Wie die meisten größeren Städte
Indiens eine oder mehrere besonders gepflegte Industrien
haben, so besitzt auch Agra zwei Kunstindustrien, in denen es
unerreicht dasteht. Die eine ist die des Steinfiligrans, um
nur für den Augenblick es so zu nennen, die Dschali-gari, auf
deutsch Netzwerkkunst, deren Erzeugnisse wir auch schon in der Perl-
Moschee bewundert hatten. Man begreift darunter diese seltsam
einseitige Steintechnik, fein durchbrochene Gitterwerke in Marmor
und Sandstein herzustellen; unter der englischen Herrschaft war
das vorhin erwähnte, viele Hunderte von Fußen lange Stein-
gitter den Netzwerksteinhauern bestellt worden, die ein wahres
Meisterwerk so an die offene Straße gestellt haben. Die zweite
der erwähnten Kunstindustrien ist die schon früher genannte
Agra-Mosaik, die man in Agra Munabbat-gari oder -kari
nennt und die wir uns später noch genauer ansahen.

Die Straße zog sich außerhalb der Stadt zwischen Ruinen
von Landhäusern hin, in denen einst die Großen Akbars
königliche Pracht entfaltet hatten; die Chaussee war im Jahre
1838 zur Zeit einer großen Hungersnoth gebaut worden, um
den Nothleidenden Beschäftigung zu geben. Das erwähnte
Netzwerkgitter mochte wohl auch damals entstanden sein. Bald
erreichten wir die Eingangshalle der Tadsch-Anlage, ein mächtiges
Thorgebäude, in der Mitte einen weiten persischen Spitzbogen
von gegen 80 Fuß lichter Höhe, der in ein großes Rechteck
eingeschnitten war, darbietend, oben darüber eine offene Gallerie

auf Zwergsäulchen, mit weißen Marmorkuppelchen überdeckt. Die Hauptmasse des von vier Eckthürmen flankirten Thorbaues war in rothem Sandstein ausgeführt, große Füllungen aber mit weißem Marmor getäfelt und dieser aufs reichste mit der vorhin genannten Steinmosaik ausgelegt. Man lernte ver= stehen, woher die (nicht ganz bestimmt erklärte) Bezeichnung Munabbat=gari herkommt. Das arabische Wort läßt sich etwa verdeutschen als wachsendes Werk, sprießendes Werk; es könnte den Motiven der musivischen Arbeit entnommen sein, indem diese überall Rankenwerk, aufsteigende Pflanzenornamente, reich in Nebenranken und Blüthen ausschwingend, darstellen. Im Innern zeigte sich die Thornische zweistöckig und theilte sich in drei wiederum mit persischen Spitzbogen überspannte Durch= gänge, die ebenfalls mit Munabbat=Werk ziervoll überrankt waren.

Ehe wir eintraten, wurden wir noch aufgefordert, den Blick zurückzuwenden auf ein mächtiges Gebäude, welches dem Thorbau gegenüberlag, in der That aber zur Tadsch=Anlage gehört. Es ist eine große Karavanserai, Säulenhallen, die einen viereckigen Hof einschließen, das Ganze so breit wie der Tadsch=Garten, nämlich nahe 1000 Fuß, und 400 Fuß tief. Wir wandten uns dann zum Mausoleum und durchwanderten die Eingangshalle, blieben aber, wie von Zauber gebannt, stehen, indem sich vor uns, am Ende eines langen geraden Weges, der im edelsten weißen Marmor errichtete Kuppelbau dem Anblicke darbot. Die Photographienhändler, die unter der kühlen Thorhalle ihre Stände hatten, offenbar die frappirende Wirkung dieses Anblickes kennend, kamen heran, die Bilder der sich bietenden Perspektive anzubieten. Jetzt schon die Er= innerung? Sollten wir doch erst den Eindruck selbst auf= nehmen! Wir vertrösteten sie auf später. Die Bilder machten uns keinen Eindruck; es ist ja auch merkwürdig, wie kalt uns Bilder ungesehener Bauwerke oder Gegenden lassen, während

sie diejenigen erwärmen und entzücken können, denen sie die
Erinnerung an gesehenes Schöne wachrufen.

Fast wortlos, beherrscht von der unbeschreiblichen Feier=
lichkeit, die über dem Ganzen zu schweben schien, schritten wir
die Stufen, die von der Thorhalle zu dem Marmorwege
leiteten, hinab. Dieser letztere ist in zwei, etwa 7½ Fuß breite
ebene Pfade getheilt, die zwischen sich ein etwa 25 Fuß in
der Breite messendes Wasser mit Marmorgrund fassen, aus
dem in langer Linie Springstrahlen aus bronzenen Mund=
stücken emporsteigen können. Leider spielten heute die Wasser
nicht, doch war der Behälter mit krystallklarem Naß gefüllt.
Zu beiden Seiten des Doppelweges stiegen die dunkeln Bäume
eines herrlichen Parkes empor. Schlanke Cypressen erhoben
sich wie Spitzsäulen zwischen den Kuppen der Banyanen und
anderen Kinder des Tropenwaldes; Schlinggewächse verdeckten
wie mit Vorhängen die Parktiefe, aus deren geheimnißvollem
Dickicht sich hie und da Wege, mit feinem weißen Kies bestreut,
dem Marmorpfade näherten und sich wieder hinwegzogen;
einzelne Baumkuppen ragten hier und dort hoch hervor mit
goldgelben oder tiefrothen Blüthen; schlanke Palmen erhoben
sich über sie hinaus; Bambusbüsche stiegen wie Giranbolen
mit ihren vor dem leichten Windhauch spielenden grünen
Schößen, hier über breitblättrigem, dort über krausem ver=
schlungenem Untergebüsch empor. Vogelschlag erklang hinüber
und herüber; es mochte wohl der Gesang des Kokilas, Indiens
Nachtigall,* sein; köstlicher Blumenduft wehte über dem von

---

* Poetisch gemeint. Der Kokila ist der indische Kukuk, gehört
aber, wenn ich nicht irre, einer ganz anderen Spezies an, hat auch
nicht den Ruf des unserigen, sondern singt der Amsel ähnlich.
In anderer Beziehung ist sein Ruf, sein Leumund nämlich, in
merkwürdiger Uebereinstimmung mit dem des unserigen. Auch ihm
wird nachgesagt, er lege seine Eier in anderer Vögel Nester. Sollte
nicht in beiden Fällen bloße Volkssage vorliegen? Die indische ist

einem erfriſchenden Auguſtregen noch feuchten Marmorſtieg, den
wir dahinſchritten zum Grabmal der ſchönen Königin. Genau
in der Mitte der Längserſtreckung des Marmorweges hob ſich
aus demſelben mit Stufen ein bie gegen 1300 Fuß lange Linie
unterbrechender Aufbau mit Treppen empor, alles in weißem
Marmor, ein Waſſerbecken mit Springſtrahlen umſchließend.
Jenſeits zog der Weg wieder weiter bis nahe zum Dom hin.

Der verſtorbene Semper hat einmal in einem weniger
gekannten kleinen Werkchen dargelegt, daß das reine Bauwerk
als Ganzes, um zur vollen Wirkung gebracht werden zu können,
vier weſentliche Theile beſitzen müſſe. Er nennt ſie in ſeiner,
die Begriffe verdichtenden Ausdrucksweiſe die vier Elemente
der Baukunſt. Sie ſeien: der Erbaufwurf, der Unterbau oder
Sockel, das eigentliche raumumſchließende Gebilde und bie
Ueberdeckung. Wer die Tadſch beſucht, vor dem tritt Sempers
Programm ins Leben. Der tiefe Garten mit ſeiner reich durch=
gebildeten, mit Galerien bekrönten, mit Eckthürmen abge=
ſchloſſenen Umfaſſungsmauer iſt nur der Vorplatz zu dem Bau=
werk, an deſſen erſtem Elemente, dem Erbaufwurf Sempers,
wir nun angekommen ſinb; es iſt die das Ganze tragende
Tſchabutra oder Tſchabutara, eine flache Terraſſe aus rothem
Sandſtein, die ſich vom Gartenwege um 4½ Fuß erhebt, nicht
weniger als 960 Fuß breit unb 329 Fuß tief. Mitten auf
ihr erhebt ſich der Sockel 18 Fuß hoch, in blendenb weißem
Marmor aufgeführt, 313 Fuß ins Geviert meſſend, an jeder
Ecke von einem ſchlanken dreiſtöckigen Minar flankirt, der oben
einen Säulenpavillon trägt. Auf dieſem Sockel erhebt ſich
ſobann der eigentliche Dom, ein Oktogon, ober richtiger ein
Geviertbau mit abgeſtumpften Ecken, 186 Fuß im Durchmeſſer
haltend. Bedeckt iſt er von einer Mittelkuppel unb vier über

jedenfalls ſehr alt, indem ſie u. a. in bem ſchon berührten Schau=
ſpiel von Kaliſaſa, Urvaſi, (Akt IV) auch in ber Sakuntala unb
noch anberwärts Erwähnung findet.

Eck stehenden Seitenkuppeln; 243½ Fuß über dem Gartenwege blitzte die goldschimmernde Spitze der Mittelkuppel in den Strahlen der die Wolken durchbrechenden Sonne.

Die Terrasse stößt an den Dschumna. Die hier beige= fügte Abbildung gibt eine Ansicht der Tabsch vom Flusse her. Nur schwach freilich vermag der Stichel wiederzugeben, was in diesem Falle das Lichtbild aufzufassen vermocht hat. Links trägt die Terrasse eine breitkuppelige Moschee (im Bilde zur Rechten) deren Hallen nach dem Dom hin geöffnet sind; ihr gegenüber auf dem rechten Flügel der Terrasse liegt eine offene Halle, die Dschawab, d. i. Antwort, genannt, offenbar nur der Symmetrie wegen hingestellt, ein Versammlungsort für die Besucher, von den Engländern mit Vorliebe als — Picknickplatz benutzt. Zwischen den Seitenhallen und der Domterrasse ist wieder jedesmal ein Springbrunnenbecken für fünf plätschernde Strahlen angebracht.

Wir stiegen die breite, zweiflügelige Treppe zu dem Sockel hinan. Der Grabdom ist sehr einfach und nach den vier Himmelsgegenden symmetrisch angelegt. In der Mitte immer ein hoher Eingang, mit persischem Bogen überspannt, daneben und auf den Ecken ist der Bau zweistöckig, mit tiefen, von persischen Bogen überdeckten Nischen mit Netzwerkfenstern im Hintergrunde. Reicher Mosaikschmuck ist in den Flächen, namentlich in den Zwickeln der Bogen angewandt, ein kost= bares Rankenwerk, welches die Bogen umwebt und dem Ganzen eine wunderbare Leichtigkeit giebt, heute so farbenfrisch wie vor drittehalb Jahrhundert, wo kunstgeübte Hände es einlegten.

Wir traten ein, alsbald von den Wächtern empfangen, welche die ziemlich hohe Besuchstaxe in Empfang nahmen und uns ins Innere führten, zunächst bis in den Mittelraum, ein prächtig gegliedertes Oktogon, dem an acht Seiten durch das Marmornetzwerk der Thüren und Fenster ein mildes Licht zu= geführt wird. In der Mitte des 70 Fuß weiten und 120

Agra, Tadsch-Mahal

Fuß hohen Kuppelraumes zeigte sich eine wiederum in köst-
lichem Marmornetzwerk ausgeführte achtseitige Schranke, aus
dem glänzenden weißen Marmor geschnitten, als ob es der
mit dem Messer bearbeitbare Alabaster wäre. Man führte uns
hinein. Da standen zwei Sarkophage, einer genau in der
Mitte; es war der der Königin, daneben ein etwas größerer,
der ihres Gemahls, des Erbauers des Mausoleums, Schah
Dschahan. Beide waren sehr einfach gestaltete Grabkisten auf
reichen, fein gegliederten Sockeln stehend, aber alle Flächen und
Bauglieder reich ornamentirt mit der herrlichsten Mosaik aus
den Halbedelsteinen, die ich schon öfter genannt. Hier hatte
man nun Gelegenheit, sie ganz genau sehen zu können, auch
in mangelhaften Stellen, da besonders, wo moderne Er-
gänzungen stattgefunden hatten. Zur Zeit des Aufstandes
waren nämlich Sipahis eingedrungen und hatten mit ihren
Bayonetten, da sie die Bergkrystalle für Diamanten hielten,
mehrere der prächtigsten Blumengebilde ausgestochert. Auf
Anordnung des Prinzen von Wales, dem Agra für Vieles an
schätzbaren Restaurationen großen Dank schuldet, sind die von
Grabfrevlern beschädigten Ornamente wieder hergestellt worden.
Es war auffallend genug, daß die Restaurationen, obwohl die
Munabbat-Technik noch heute in Agra blüht, ganz bedeutend
schlechter ausgefallen sind, als die alten Theile. Manche
Mängel schienen übrigens darin zu liegen, daß die Verwüster
den Marmorgrund, in welchen die Steine eingelassen waren,
stark beschädigt hatten, so daß die Konturen nicht mehr fein
herzustellen waren.

Am Schluß des Buches ist ein (verkleinertes) Faksimile
einer farbigen indischen Handzeichnung, einen der Sarkophage
darstellend, angefügt. Die Ornamentik ist sehr viel reicher,
als der kunstfertige Hindu uns glauben machen könnte; seine
Naivität ist aber an sich schon interessant. Auch seine Ver-
stöße gegen die Perspektive sind belassen worden.

Ueber die Agra-Moſaik geht eine archäologiſche oder kunſt-
gewerbliche Sage, diejenige nämlich, daß die Großmoguln
Italiäner nach Indien gerufen, und daß dieſe die Florentiner
Pietradura-Moſaik bei der Ornamentirung der Tadſch angewandt und ſie auf dieſe Weiſe in Indien eingeführt hätten.
Ich kam ebenfalls mit einem Stück dieſer vorgefaßten Meinung
nach Agra, gewann aber bald die Ueberzeugung, daß hier ein
Irrthum vorliegt. Zunächſt iſt nicht die Spur über die Her-
anziehung von Italiänern nachgewieſen, und man kennt die
Baugeſchichte der Tadſch jetzt recht gut. Die einzige An-
knüpfung liegt bei dem oben erwähnten Auſtin von Bordeaux,
in deſſen Heimath aber die Technik nie geblüht, und von dem
auch Niemand nachgewieſen, daß er es geweſen. der die Kunſt
eingeführt habe. Obendrein aber iſt die Agra-Moſaik von der
florentiniſchen grundverſchieden in Form und Ausführungs-
weiſe.* Die Pietradura-Moſaik von Florenz wird bekanntlich
ſo hergeſtellt, daß die harten Steine von der Rückſeite der
Grundplatte in dieſe eingeſetzt und darauf die letztere mit einer
anderen Platte, meiſtens Schiefer, hinterlegt und zwar verkittet
wird.** Die Einlegeſteine ſind unten in der Tiefe beträchtlich
breiter als da, wo ſie an die Oberfläche treten. In Agra dagegen wird in den vollen maſſiven Steinblock von der Oberfläche her die Vertiefung eingeſchnitten, in welche die dünne,
aus dem Halbedelſtein geſägte Platte eingepaßt und ſchließlich
eingekittet wird. Das Einlegeplättchen muß deshalb in ganz
anderer Art ſorgfältig profilirt werden, um genau in die
Vertiefung zu paſſen. Die ſagenhaften herübergekommenen

* Muſter ſind in unſerem Kunſtgewerbemuſeum zu finden.
** Die italiäniſche Ausſtellung im Centralhotel in Berlin gab
Gelegenheit, dies an Tiſchplatten ſehen zu können; auch die ſo ſehr
verbreiteten Schmuckſachen in Pietradura-Moſaik zeigen deutlich die
Schieferplatte auf der Unterſeite der mit den hübſchen Blumenorna-
menten verzierten Tafel.

Italiäner hätten somit nicht ihre eigene Mosaik herübergebracht, sondern an Ort und Stelle eine neue erfunden und sie auf Zeichnungen, die ebenfalls ihnen fremd waren, angewandt, ein Aufbau von Voraussetzungen, der zu gebrechlich ist, um aufrecht erhalten werden zu können. Daß die Technik an sich altindisch ist, ersieht man auch aus der Sakuntala, wo eine mit Edelsteinen besetzte marmorne Gartenbank vorkommt, auch aus der „Ratnavali", wo eine Bank aus Smaragd — offenbar mit Smaragd besetzt — zu der Ausstattung einer Szene im königlichen Garten gehört. Man wird also die italiänische Sage gänzlich streichen müssen.*

* Aus einem persischen Manuskript hat man die folgenden interessanten Einzelheiten über den Bau entnommen. „Das glanzvolle Grabmal von Ardschmand Banu Begum, dessen Name Mumtabsch=Mahal war, wurde aufgerichtet im Jahre 1040 der Hedschra (1630—31 n. Chr.)   Von den Werkleuten, welche aus verschiedenen Ländern herangezogen waren, um bei dem Bau zu helfen, war oberster Meister Isa Muhammed; sein Gehalt betrug 1000 Rupien den Monat; der Illuminator (Farbenkünstler?) Amarnund Khan, ein Einwohner von Schiras, bezog ebenfalls 1000 Rupien monatlich, der Meister der Maurer, Mohammed Hanif aus Bagdad, desgleichen monatlich 1000 Rupien. (Auch hier kein Wort von einem Italiäner oder Franzosen.)

Eine große Menge Werkleute waren angestellt, einige aus der Türkei, Persien, Delhi, Kuttal und aus dem Pendschab, und empfiengen Löhnungen von 500 bis 1000 Rupien den Monat.

Der weiße Marmor kam von Dschaipur in der Radschputana, der gelbe von den Ufern des Nerbudda, ein Geviertyard davon kostete 40 Rupien.

Der schwarze Marmor kam von einem Platz, genannt Tscharkoh (vier Hügel); ein Geviertyard davon kostete 90 Rupien. Krystall aus China, das Geviertyard 570 Rupien. Jaspis aus dem Pendschab. Karneol aus Bagdad. Türkise aus Thibet. Achate aus Yemen. Lapis lazuli aus Ceylon; das Geviertyard kostete 1156 Rupien.

Schah Dſchahan hatte keineswegs beabſichtigt, daß auch
ſein ſterbliches Theil in dem Prachtbau der Tadſch beigeſetzt
werden ſollte, hatte vielmehr ſchon begonnen, auf dem anderen
Dſchumna=Ufer, der Tadſch gegenüber, für ſich ein zweites
Mauſoleum zu errichten. Gefangenſchaft und Tod hatten ihn
aber ereilt, ehe er ſeine neuen Baupläne hatte ausführen können
und ſo wurden denn ſeine Reſte neben denen ſeiner angebeteten
Arbſchmand gebettet, daher denn auch die unſymmetriſche Auf=
ſtellung der Sarkophage. Die beiden, die wir betrachtet, waren
nun aber nicht die eigentlichen, ſondern nur Scheinſärge, Nach=
bildungen der wahren. Die letzteren befänden ſich, ſo ſagte
man uns, genau ſenkrecht unter den betrachteten in der Krypta
des Baues. Auf einer Marmortreppe, einer von vieren, die
in den unterirdiſchen Raum führten, ſtiegen wir (nach Ent=
richtung einer neuen Taxe) die faſt bis zur Politur glänzend
bearbeiteten breiten Stufen hinab und fanden dann unten die
Urbilder der oberen Schauſärge. Man ſagte uns, daß Punkt
für Punkt Maße und Ornamente dieſelben ſeien wie oben,

Korallen aus Arabien und dem rothen Meer. Granaten von Bandel=
land. Diamanten aus Pannah in Bandelkand." (Es hat den An=
ſchein, daß nur wenige Diamanten angewandt ſind, obwohl, da
manche edle Steine durch die Dſchats und durch Europäer, welche
wiederholt Agra einnahmen, herausgebrochen worden ſein ſollen, in
einzelnen Blumen deren verwendet geweſen ſein mögen.) „Der
Pudbingſtein kam von Dſchaſilmir, Feldſpath von Nerbubba, Magnet=
ſtein von Gwalior, der Onyx aus Perſien, Chalcedone aus Billait,
Amethyſte aus Perſien, Saphire aus Lanka (Ceylon), und der rothe
Sandſtein, von welchem 114 000 Wagenladungen verwendet wurden,
von Futtihpur Sikri; zu den eingelegten Blumen wurden noch
manche andere Geſteine verwendet, für welche es in unſerer Sprache
keine Namen giebt. Die meiſten derſelben waren in der Form von
Tribut von verſchiedenen Nationen beſchafft worden, die unter des
Kaiſers Oberhoheit ſtanden, freiwillig und auf andere Art, von ver=
ſchiedenen Radſchas und Nabobs."

eine Trockenheit in der Anlage, die etwas verstimmend wirkte. Man hat aber hier wohl eine orthodoxe Anschauung zur Er= klärung vorauszusetzen. Nehmen doch auch die Moslim an, daß genau senkrecht über der Kaaba von Mekka ein ihr gleiches Bauwerk im Himmel stehe. Das Gemach war über= haupt anders angelegt und verziert als oben. An den Sarko= phagen hatten die Grabschänder genau an derselben Stelle wie oben den Blumen die krystallenen Augensterne ausgestoßen. Um die Plinthe des Steinsarges des Großmoguls lief in den ornamental so wirksamen kufischen Zeichen eine lange Inschrift. Gemäß dem vorhin erwähnten persischen Manuskript aus jener Zeit soll sie Folgendes besagen:

„Das prachtvolle Grab des Königs, Bewohners der zwei Paradiese Rizwan und Khuld*, sitzend höchst erhaben auf dem Throne der Illeeyn**, Bewohner von Firdos***, Schah Dscha= han Padischah=i=Ghazi †, Friede seinen Gebeinen, der Himmel ist für ihn; sein Tod fand statt den 26. Tag des Radschab in dem Jahre 1076 der Hedschra ††. Aus dieser vergänglichen Welt hat die Ewigkeit ihn abgerufen zur nächsten."

Der ganze Ornamentenschmuck glänzte und schimmerte, als sei er eben aus der Hand der Künstler hervorgegangen.

Wieder nach oben gelangt folgten wir der Aufforderung, auch noch zum Kuppeldach hinaufzusteigen. Die in die Mauer= masse versteckte Treppe ersteigend fanden wir Gelegenheit, auch an den Fenstern des oberen Geschosses das Marmornetzwerk zu bewundern und es erklärlich zu finden, wie aus einer Zeit von so großartiger und mannigfacher Verwendung dieser Technik dieselbe sich als Kunstgewerbe bis auf den heutigen Tag her=

---

* Etwa Wonne und Ewigkeit.
** Der gestirnte Himmel.
*** Paradies.
† Ghazi ist ein Besieger der Ungläubigen.
†† 1665 n. Chr.

überretten konnte. Von dem flachen Dache genoß man eine
herrliche Aussicht über die weite Dschumnaebene, Agra mit
seinem Fort im Mittelgrund, verfallene Prachtbauten im Osten,
dabei auch in tiefer Ferne ein Mausoleum des Akbar, wie denn
überhaupt die Moguldynasten in der Erbauung von Grab=
mälern einander zu übertreffen suchten, wobei die Tadsch freilich
an Großartigkeit der Anlage und Durchbildung in der Aus=
führung alle übrigen hinter sich ließ. „Die Pathanen (ein
Name für den Stamm der Großmoguln) entwarfen wie
Giganten und führten aus wie Goldschmiede." Diesen Aus=
spruch des Bischofs Heber führt Bayard Taylor, der ehemalige
amerikanische Gesandte in Berlin von Begeisterung für Agra's
Bauwerke und die Tadsch im Besonderen erfüllt, mit Recht als
zutreffend an.

Die vier halbkugelförmigen kleinen Kuppeln vor den ab=
gestumpften Ecken des Baues überdecken offene Säulenpavillons,
welche Licht nach unten in das Gebäude fallen lassen. Die
Hauptkuppel ist etwas über halbkugelig. Sie überspannt den
Raum oberhalb der das Gewölbe abschließenden Kuppel als
zweite stilistische Ausbildung des Daches. Die feine Aus=
führung und architektonische Durchbildung zeigte sich auch hier
bis ins Einzelne getrieben, die Mosaik vereinfacht, nämlich auf
Einlagen von schwarzem in weißem Marmor beschränkt, so daß
der Reichthum des Innenbaues harmonisch ausklang bis zum
leisen Verwehen, wie vorhin im Oktogon der gesungene Akkord,
der wiederkehrend, wallend und verhallend in leisem Entzittern
harmonisch dahinstarb.

Zögernd gingen wir zurück, die Wendelstiege hinunter,
von der Terrasse herab, den Parkweg entlang, immer wieder
stehen bleibend, um nochmals die stille Pracht und Großheit
des Bauwerkes auf uns wirken zu lassen, das seines Gleichen
nirgends hat.

Auf der Rückfahrt hießen wir den Rosselenker seinen Weg

zu den heutigen Werkstätten für die Munabbat=Technik nehmen. Um einen weiten Hof herum standen die von der Regierung den Arbeitern überwiesenen Werkstätten. Die Leute zeigten bereitwilligst ihre Kunstweise. Die vorbereiteten Marmortafeln waren mit Röthel überstrichen oder übermalt und auf die rothe Fläche die Zeichnung mit Bleistift aufgetragen. Das Eintiefen geschah mittelst kleiner schmaler Meißelchen aus Stahl mit leichten Hämmern. Die rothe Farbe diente nur dazu, die ein= gemeißelten Züge deutlich wegen ihrer Marmorweiße hervor= treten zu lassen. An Schleifsteinen und Schleifscheiben wurden die Halbedelsteine in Plättchen geschliffen und mit Draht im Fibelbogen ausgeschnitten unter Zuführung von Schmirgel bei weicherem und Diamantstaub bei härterem Gestein. Gerne belohnten wir die Erklärer mit einem Backschisch.

Am späteren Abend saßen wir, ehe die Vorbereitungen zur Abreise ganz beendigt waren, in unserm Hotel, umringt von den am Boden sitzenden Handwerkern und Händlern aus Agra, die uns ihre Steinschnitzereien, Elfenbeinbilder der Tadsch, Agra=Mosaikarbeiten, Waffen aus Afghanistan und anderes anboten und manches auch absetzten. Abends gegen neun mußten wir wieder zur Bahn, um die Reise nach dem nördlichsten Punkt unserer Fahrt, Delhi, anzutreten.

V.

Delhi.

Zum erstenmal auf der ganzen Reise machte Dschebby auf der Fahrt nach Delhi ein Versehen, indem .er auf der letzten Hauptstation, Ghaziabad, uns unserem Schicksal im Eisenbahnwagen überließ, welcher letztere auf eine Neben=linie geschoben wurde und dort weiter fuhr, dieweil wir noch in tiefen Schlaf befangen lagen. In Morabnagar, einer Station weiter nach Norden, wurden wir den Irrthum gewahr, ziemlich genau zu derselben Zeit, als unser herrenlos gewordener Diener in Delhi eingetroffen sein mußte. Schleunigst packten wir aus und hatten nun einen nach Delhi bestimmten Lokal=zug abzuwarten, der uns wieder mitnehmen sollte. Nach einem Spaziergang in die unbedeutende bäuerliche Ansiedlung, die sich an den Bahnhof angeschlossen, und nachdem wir die Gleisanlage und die große weite Bahnhofhalle durch=besichtigt uud den bestellten Kaffee eingenommen, hatten wir immer noch zu warten. Was blieb zu thun? Wir studirten in der großen kühlen Halle, welche sechs Gleise mit ihrem mächtigen Dach überspannte, die Fahrpläne an der Mauer, wenn man das mühsame Buchstabiren einzelner Namen,

Wörter und Zahlen Studiren nennen darf. Interessant war
es aber dennoch. Denn die Fahrpläne waren gar nicht in
Englisch, sondern nur in Hinduſtani oder Urdu abgefaßt und
in drei Schriftarten wiedergegeben: Guzerati, Sanskrit und
Perſiſch, dieſelben drei Schriftarten, in welchen ſeit Mogul=
Sarai neben der engliſchen die Stations=Namen auf den
großen weißen Tafeln mit ſchwarzen Buchſtaben angegeben
waren. Auf dem Fahrplan konnte man allerlei Unterhaltendes
finden. So die Art und Weiſe, wie die Engländer in der
Schrift des alten heiligen Sanskrit die nicht überſetzbaren
oder vielleicht ungern überſetzten Wörter wiedergeben. Für
East Indian Railway war als Hauptüberſchrift rein
klangnachahmend geſetzt: „Ischt(a) indiyan(a) relve“. Die
beiden eingeklammerten a hätten durch das früher bereits
erwähnte „Ruhezeichen“ ſtumm gemacht ſein ſollen, waren es aber
nicht, eine Unterlaſſung, an die ich mich ſchon einigermaßen
gewöhnt hatte, und welche der Gebrauch als verzeihlich
erſcheinen läßt. Das scht ſtatt st war aber falſch und hätte
leicht vermieden werden können; oder ſollte die Lokalmundart
der Gegend ein wenig ſchwäbeln? Auf die Ueberſchrift folgte
ein kurzer Text in Hinduſtani, dann wieder in Sanskritſchrift
„Main line“, wiedergegeben durch „men(a) lain(a)“.

Die Stationsnamen auf dem Plan durfte man andere=
ſeits als ſtreng richtig angegeben annehmen, da ſie als ein=
heimiſche Wörter unmittelbar durch die landeseigene Schrift
wiederzugeben waren. Bei ihnen liegt der dem vorigen ent=
gegengeſetzte Fall vor, daß nämlich die europäiſch=engliſche
Schreibweiſe die klangnachahmende, ſklaviſche iſt. Fehler ſind
alſo bei dieſer europäiſchen Schreibweiſe vielfach zu gewärtigen.
Gleich der oberſte Stationsname einer Kolumne lautete
„Dibli“. Unſere Schreibweiſe Delhi iſt alſo ganz unrichtig.
An anderen Stellen fand ich ſpäter noch „Dilli“; die Ein=
wohner der Stadt werden Dilwali genannt. Dieſe beiden

Formen Dilli und Dihli sind die in Indien gebräuchlichen
und als richtig anerkannten. Dihli bedeutet die Schwelle,
Thürschwelle, und in der That ist die Stadt seit Jahrtausenden
die Schwelle gewesen, über welche die Afghanen und Mongolen
in Indien eindrangen und die noch heute England zu ver=
theidigen hat gegen die nördlichen Feinde und Eindringer.
Weiter auf dem Plan unten kam „Kanpur" für das englische
Cawnpore; eigentlich heißt es „Khanpur", d. i. Stadt der
Khane. Für Allahabad fand sich die in Indien vorgezogene
Form „Jlahabad", von Akbar insbesondere eingeführt, der für
die indischen Moslim eine gewisse versöhnende Schattirung
des Islam, den Jlahismus zu verbreiten gesucht hatte. (In
diesem war den Jlahi, göttlichen Wesen, die Allah umgeben,
eine mehr dominirende Stellung eingeräumt. Die Sache ist
verschwunden, der Name allein noch als Schatten hier und da
übrig geblieben.) Ganz zuletzt stand unter dem studiösen
Fahrplan: „1. Dschulai 1881", somit war der englische
Monatsname und unsere Zeitrechnung durchgesetzt. Die Ueber=
schrift der Spalte für die Stationsnamen war wieder
schwäbelnd; sie lautete Schtessaneangka nama. Angka ist
Ort, Platz; schtessan stand für englisch station. Das
Ganze hieß also: Namen der Stationsplätze. Für das sich
hinziehende Erwarten des erlösenden Zuges war diese Analyse
unterhaltend genug; auf meine Bitte überließ mir der
Stationsvorsteher — der „Manadscher" (manager) wie auf
einem anderen Plane stand — freundlichst einen noch vor=
handenen überzähligen Abdruck der in Zungen redenden
Tabelle.

Von Ghaziabad hatten wir nur noch etwa 2½ deutsche
Meilen bis Delhi zurückzulegen. Abermals ging es auf einer
großartigen Brücke über den Dschumna — zwölf Oeffnungen
von 205 Fuß Spannweite jede — und wir liefen in den
Bahnhof der altberühmten Stadt ein. Dschebby stand mit

verzweifelter Miene auf dem Perron und suchte, als er uns
entdeckt, durch freudigen Eifer sein im Schlafe begangenes Ver=
sehen gut zu machen. Der Bahnhofsrestaurateur bot uns
Unterkommen im Bahnhofsgebäude selbst an. Wir fanden vor=
zügliche Zimmer und entschieden uns sofort, dieselben zu nehmen.
Bald wehten zwei mächtige Punkhas in dem Schlaffaal,
den wir bekommen, und wir erfrischten uns durch Bad und
Speise und Trank, um dann unsere Wanderung in die Stadt
anzutreten.

Delhi zerfällt in die jetzige oder sogenannte neue Stadt
und ein verlassenes ruinenhaftes Stadtgebiet, meist als Alt=
Delhi zusammengefaßt. Thatsächlich hat die Stadt ihre Lage
wiederholt geändert; das Hauptstadtbauen wurde gleichsam als
„Gewerbe im Umherziehen" auf einem Gebiet von etwa 45
englischen oder 2¹/₄ deutschen Quadratmeilen betrieben. Ein=
mal war es, weil Eroberer die Stadt zerstört, und die neue
auf einem anderen Fleck aufgebaut wurde; ein anderesmal,
weil neue Regenten ihre Residenz in erhöhter Pracht errichtet
wissen wollten, dann auch wieder, daß zum reinen Zeitvertreib
der Residenzplatz erneuert wurde. Dem Herrscher zogen seine
Großen, darauf die Kaufleute und endlich die Handwerker
jedesmal nach. So bedecken diese Ruinen, die von einstiger
großer architektonischer Herrlichkeit zeugen und zum Theil noch
sehr gut erhalten sind, weite Strecken außerhalb des jetzigen
Delhi, welches letztere mehr nach dem Nordende des Stadt=
felbes zu liegt. Neu = Delhi wurde von und unter dem öfter
genannten Schah Dschahan gebaut, etwa in der Mitte des
17. Jahrhunderts, und auch Schah = Dschahanabad benannt.
In sehr alten Zeiten, denjenigen, in welchen die Dichter der
Mahabharata blühten, hieß Alt=Delhi noch anders; es war
nämlich Hastinapura, d. i. Elephantenstadt, die Residenz Du=
schanta's, des Gemahls der lieblichen Sakuntala. Neu=Delhi
ist befestigt, hat seine Citadelle, auch der Palast genannt, und

eine im Ganzen großartige Anlage. Eine mächtige gerade
Hauptstraße durchzieht die eigentliche Stadt. Sie heißt Tschandni
Tschauf, zu deutsch Mondstrahl = Markt oder vom Mond be=
schienener Markt, nahe ¼ deutsche Meile lang, also etwas
mehr als halb so lang als unsere Friedrichstraße, und 120 Fuß
breit. Ihr Eindruck ist nicht so groß, als ich erwartet, eines=
theils, weil viele moderne, öfter gothische Gebäude die indische
Eigenthümlichkeit verwischt haben, anderntheils, weil die Häuser
der indischen Kaufleute und Gewerbtreibenden vielfach sehr un=
scheinbar hinter den Baumreihen hervorschauen.

Delhis berühmte Industrien sind die der Wollen= und
dekorirten Gewebe und die gravirter Silber= und Goldarbeiten.
Wir suchten sogleich den uns von früheren Reisegefährten als
den ersten bezeichneten Webereienhändler auf. Der Empfang
war ungleich kühler und zurückhaltender als an allen anderen
Orten, die wir besucht, die Eigenthümlichkeit des Magazines
aber die frühere. Große Packe von Stoffen, Decken, Tüchern,
Gewändern, in weiße Zeuge mehrfach eingeschlagen und ver=
knotet, wurden herangeschleppt und geöffnet, die Stoffe auf
dem Boden des übrigens fast leeren Zimmers gebreitet und
unter der wehenden Punkha von uns geprüft. Meine Be=
gleiter erwarben einige schöne Stücke; im Allgemeinen waren
uns die Sachen aber nicht neu, indem wir bereits in Kal=
kutta von einem Hausirer, der zu dem Hause gehörte, aufge=
sucht worden waren. So stellte sich bald bei den Erkundigungen
heraus.

Von da ging es zu den Gold= und Silberschmieden.
Ihre kleinen Häuser waren durchschnittlich zweistöckig. Die
schmale steinerne Treppe hinauf wurden wir bei einem beson=
ders geschätzten Gold= und Silberschmied in die kleinen Zimmer
geführt. Vortrefflich gearbeitete Silberketten wurden aus den
Tüchelchen gewickelt und vor uns ausgebreitet, immer auf dem
Boden, den ein schlichter Teppich bedeckte. Für uns waren

Strohstühle geholt worden. Hinter und neben uns standen
stumm die braunen, ganz in Weiß angethanen Diener, Dschebby
dabei, stumm wie die anderen, aber nichts als Auge und Ohr
— hatte er doch seinen kleinen Bakschisch von den Einkäufen,
in so und so viel Kupfer=Anas bestehend, zu berechnen. Vor
uns saß auf dem Boden, auf indisch natürlich, der Gold=
schmied, ein gewandter, aber ruhiger, nicht zudringlicher Mann,
die Herrlichkeiten ausbreitend; es war ein Bild, zwar nicht
Genrisch, da der Farbenreichthum fehlte, aber doch höchst
eigenartig orientalisch.

Ueber das möbelersparende Sitzen der Inder, vermöge
dessen sie ihrem Körper, ohne zu liegen, eine ausruhende Lage
zu geben verstehen, möchte ich ein Wort einschieben. Die
orientalische Sitzweise setzt eine eigenthümliche, vielleicht sogar
beneidenswerthe Geschicklichkeit, vor allem Uebung voraus.
Diese fehlt uns völlig, wie wir wahrnehmen, wenn wir im
Wald oder auf der Wiese uns setzen wollen: wir fallen als=
bald ins Liegen oder Halbliegen, wobei wir den einen Ellen=
bogen als Stütze brauchen, den Arm also nicht frei haben, im
Grunde genommen unsere Gliedmaßen nicht behaglich unter=
zubringen wissen. Die Maler stellen es freilich oft sehr reizend
dar, wie eine Gesellschaft im Grase sitzt; den Modellsitzenden
mag die Sache aber oft recht sauer werden. Anders beim
Inder, beim Orientalen überhaupt. Er findet auf dem ebenen
Boden, im Zimmer, vor seiner Hausthür, im Freien, wo es
sei, stets den Sitz bereit, auf dem er ruhen kann, und doch
dabei die Arme frei behält. Unser Mann, den ich über seine
Geschmeide hin in Bezug auf diesen Punkt wieder beobachtete,
saß nicht gemäß der am meisten üblichen Weise mit unter=
geschlagenen Beinen, sondern übte eine andere Sitzweise aus,
deren es nämlich drei „klassische" Arten gibt. Er setzte sich
nach der Weise des do-zanu-ho-baithna, „auf zwei Knien Sitzens",
flink vor mich hin. Dasselbe besteht darin, daß man mit ge=

schlossenen Schenkeln auf den Boden kniet und sich auf die
Absätze der Schuhe, bei deren Abwesenheit also auf die Fersen
setzt. Unsere dicken Stiefelsohlen machen das Umbiegen des
Fußes an den Zehgelenken sehr schwer; die vorne stark herauf=
gebogenen und zugespitzten indisch=persischen Schuhe dagegen
erleichtern das Verfahren; sollte nicht die Sitzweise sogar für
die Schuhsohlenform verantwortlich sein? Mir schien — Irr=
thum durchaus vorbehalten — der persische Theil der Bevölke=
rung das Zweikniesitzen am häufigsten auszuüben. Für uns
ist bei demselben wegen der mangelnden Streckfähigkeit der
Oberschenkelmuskeln (auch im Badekostüm) eine ruhende Lage
der Glieder schwer herauszubringen.

Die gewöhnliche uns als die orientalische bekannte Sitz=
weise führt den Namen „auf vier Knien sitzen", tschar zanu-
baithna auf hinbustanisch. Man läßt sich auf den Boden
nieder, kreuzt die Unterschenkel und zieht die Füße unter sich.
Für unsereins ist es nicht gerade leicht, sich angenehm so zu
setzen, aber es läßt sich doch lernen, siehe unsere Schneider.

Die dritte Weise ist spaßhaft anzusehen. Ich fand sie
schon früher und beobachtete sie mit Erstaunen in Honolulu,
wo übrigens auch das Vierkniesitzen gebräuchlich ist; ebenso auf
Neuseeland und häufig auf Java. Sie heißt kot-bandh-
baithna auf hinbustanisch, zu deutsch etwa „fest gebunden sitzen"
oder „fest geschlossen sitzen." Zufällig erfuhr ich später noch
von einer anderen anerkannten Bezeichnung: „muschtmar kar
baithna", auf deutsch etwa: „wie ein Spitzbube sitzen." Der
dies thun will, hockt bei geschlossenen Schenkeln und Füßen
nieder und umfaßt mit den Armen die Unterschenkel nahe unter
den Knien. Auch so scheint eine völlig ausruhende Stellung er=
zielt zu werden. Man sieht häufig die Leute Abends so vor
ihren Hausthüren hocken, manchmal auch an die Wand gelehnt,
doch weit seltener als frei; auch Bettler, Kulis, Bauern sieht
man so der Ruhe pflegen. Auf der Darstellung des indischen

Dörfchens bei Kalkutta, S. 26, sieht man am Wasserrande einen Hindu „koth=band" sitzen. Unser Dschebby, der alle drei Sitzweisen ausübte, je nachdem es ihm paßte, schien das Hocken ebenfalls ganz zweckmäßig zu finden. Wie es gekommen ist, daß die zweite der geschilderten Sitzweisen, das Vierkniesitzen, welches im Orient in zahllosen Fällen auch bei gewerblicher Arbeit ausgeübt wird, bei uns in einem einzigen Gewerbe, dem der Schneider, üblich (geblieben oder geworden?) ist, dünkt mich auffallend und räthselhaft; eine Zurückforschung nach dem Ursprung oder dem Herkommen der eigenthümlichen Handwerks= gewohnheit wäre wohl interessant.

Nach längerem Wählen und noch längerem Handeln er= stand ich eine silberne Halskette, aus sehr geschmackvoll georb= neten länglichen Kölbchen zusammengesetzt, die äußerst fein mit sogenannten Röschen, aus mattem Silberdraht gewunden, besetzt waren*. Eine andere wundervolle Schmuckgattung legte der Mann noch vor, die ganz besonders Delhi eigenthümlich ist. Es waren Halsketten, Armbänder, Broschen, und dergl., die aus Schildchen von härtester grauer Jade bestanden. Diese Schildchen, in goldene Rähmchen gespannt und durch ziervolle goldene Kettchenpaare verbunden, waren gravirt, meist mit fein stilisirten Blümchen, in deren gravirten Vertiefungen dann aber wieder mit Gold und feinen Edelsteinen ausgelegt, eine Arbeit von hoher Schönheit, die ich bis dahin nicht gesehen. Die Preise waren sehr hoch, 1500, 2000, 3000 Mark eine Hals= kette, je nach dem Reichthum der Zusammensetzung. Mit schwerem Herzen wegen zu leichten Geldbeutels legte ich die schönen Arbeiten aus der Hand.

Es war noch früh am Vormittag, so daß uns noch Zeit

---

* Hofjuwelier Werner hat die Kette sehr hübsch nachgeahmt, dabei aber ganz unerwartete Herstellungsschwierigkeiten gefunden, die für unsere Edelmetallarbeiter außer jedem Verhältniß zu dem billigen indischen Preise stehen.

blieb, die Cittadelle oder den Palast zu besuchen. Derselbe ist
wie das Agraer Fort dicht an den Fluß geschlossen und
in ähnlichem Stil mit hohen Mauern und Bastionen versehen.
Durch das aus rothem Sandstein erbaute Thor von Lahore
traten wir ein. Zunächst hatten wir einen festen Weg, mit
persischen Bogen überwölbt, zu durchschreiten und gelangten
dann auf einen größeren schönen Hof. Uns gegenüber zeigte
man uns ein zweistöckiges Gebäude aus rothem Sandstein
als die Musik = Halle der Großmoguln, Naubutkhana; eine
weite Galerie im oberen Stockwerk war für die Musikanten
bestimmt. Weiterhin führte man uns zu dem Diwan = i = amm,
der öffentlichen Gerichtshalle, und dann zu dem geheimen oder
privaten Rathszimmer oder vielmehr Saal, dem Diwan=i=khas,
also Gebäuden ganz derselben Bestimmung und Bezeichnung,
wie die in Agra gesehenen. In der That war der Hof der
Mogul=Despoten unter Aurangzehb gegen Mitte des 17. Jahr=
hunderts vollständig von Agra nach Delhi verlegt worden.
Agra verlor dadurch seine politische Bedeutung. Die Dynastie
gewann aber auf die Dauer nicht durch den Tausch, indem sie
von da ab schwerer als jemals zuvor von den aus dem Norden
kommenden feindlichen Angriffen zu leiden hatte.

Die Baupracht Agras suchten die Herrscher in Delhi wo
möglich zu übertreffen. Was man in Agra gelernt, wollte
man hier in völlig neuen Aufgaben verwerthen. Der Diwan=
i=khas hat mächtige Marmorpfeiler in weißem Marmor, herr=
lich ausgelegt mit Agra=Mosaik; die folgende Abbildung zeigt
einen interessanten Durchblick durch die Halle und gibt eine
schwache Vorstellung von dem reichfarbigen Steinmosaik=Schmuck
der Pfeiler und Wände. An der Decke sieht man kleine
Kassetten, die aber ihres einstigen Schmuckes beraubt stehen.
Sie waren früher ganz mit herrlichem Silber= und Goldfiligran=
werk reich geschmückt gewesen. Schah Dschahan, der Erbauer
der Tabsch, hatte die Halle errichten lassen zu der Zeit als

Deutſchland unter den Wunden darniedergeſunken war, die ihm
der dreißigjährige Krieg geſchlagen. Sie enthielt u. a. den
weltberühmten Thron der Großmoguln, das größte Prachtſtück
dieſer Art, welches je beſtanden hat und welches die Sprich=
wörtlichkeit der „Schätze Indiens“ erklären kann; es iſt von
Zeitgenoſſen mehrfach beſchrieben worden. Der Thron führte
den Namen des Pfauenthrones von den beiden goldenen Pfauen,

Der Diwan-i-Khaß in Delhi.

welche hinter dem Thronſitz angebracht waren und auf ihren
ausgeſpannten Schweifen die Wunderpracht der herrlichſten
Juwelen trugen. Zwiſchen ihnen war ein in Lebensgröße
dargeſtellter aus Smaragden gebildeter Papagai angebracht;
nach der Volksſage war das Gebilde aus einem einzigen
Smaragd geſchnitten; wir haben uns wohl Inkruſtirung auf
Gold zu denken. Der Thron ſelbſt war ein breiter Sitz, 6 Fuß

auf 4 Fuß messend, auf welchen Sißkissen gelegt wurden. Er soll, ebenso wie seine sechs Stützen, aus purem Golde bestanden haben; Platte und Füße seien wiederum mit Rubinen, Sma= ragden und Diamanten ausgelegt gewesen. Ein goldener Baldachin überspannte den Thron, getragen von zwölf Säulen, welche reich mit kostbaren Steinen geschmückt waren; die Franzen des Baldachins bestanden aus Perlen. Zu jeder Seite des Thrones stand einen Sonnenschirm, das uralte indische Herrscher=Emblem*. Die Schirme waren aus karmesinfarbenem Sammet hergestellt, reich überstickt und mit Perlen befranzt. Acht Fuß hoch waren ihre aus massivem Gold gebildeten, mit Diamanten beringten Stäbe. Nach dem Entwurf des schon genannten Austin von Bordeaux und auch unter dessen Aufsicht war das überschwängliche Prachtwerk ausgeführt worden, dessen Herstellungskosten der zeitgenössische Besucher Tavernier, der Ju= welier war, auf 200 Millionen Livres schätzte. Andere Schätzungen schwankten zwischen 1 und 6 Millionen Pfund Sterling. An den beiden Enden der Halle befindet sich je eine Nische mit halb= verloschener persischer Inschrift, des Inhaltes:

Wenn es ein Paradies auf Erden gibt,
Ist es hier, ist es hier, ist es hier.

Aus dem Jahre 1663 liegt ein in Delhi verfaßter Brief eines französischen Besuchers des Pfauenthronsaales, de la Mothe le Vayer, vor, welcher uns eine große Staats=Sißung, welcher er daselbst beiwohnte, beschreibt. „Der König“, sagt er u. a., erschien, auf seinem Throne sißend, aufs prächtigste bekleidet. Sein Gewand war aus geblümtem weißen Seide= stoff, verziert mit sehr schöner Stickerei aus Gold und Seide.

* Schon in der Ramayana (I. Gesang) sagt König Dasarath:
Nun aber ist im Schatten mir
des gelben Sonnenschirms der Leib
in Sorge für der ganzen Welt
Gedeihn gealtert und gewelkt.

Sein Turban war aus Goldstoff; auf ihm war ein Vogel, einem Reiher ähnlich, befestigt, dessen Füße mit Diamanten von außerordentlicher Größe und mit Türkisen besetzt waren, dabei ein orientalischer Topas, den man fleckenlos nennen kann; er strahlte einer kleinen Sonne gleich. Eine Schnur von dicken Perlen trug der König um den Hals; sie hing ihm herab bis auf den Leib, nach der Weise, wie einige Heiden hier ihre großen Perlen tragen. .... .. Schah Dschahan, der Vater von Aurangzeyb, ist es, der den Thron hat errichten lassen, um die allmählich in der Schatzkammer angehäuften Edelsteine zeigen zu können, welche einestheils von alten Pathanen und Radschas erbeutet worden, anderentheils Geschenke waren, welche alljährlich die Omrahs an gewissen festlichen Tagen dar= zubringen genöthigt waren .... . Vor dem Thron erschienen alle die Omrahs in prachtvollen Anzügen auf einem etwas erhöhten Boden, der mit einem großen goldgestickten Teppich mit goldenen Franzen überdeckt und mit einer silbernen Balustrade umstellt war. Die Pfeiler der Halle waren mit goldgestickten Teppichen behängt, Stickerei auf Goldgrund; und, was die Decke der Halle betrifft, so waren da nichts als große Baldachine von blumiger Seide, befestigt mit rothen Seidenkordeln, von welchen dicke Quasten aus Seide und Goldfäden gewirkt herabhingen* . ... In dem Hof war, etwas abgerückt, ein gewisses Zelt errichtet, welches sie den Aspex nannten, so lang und so breit wie die Halle und mehr. Oberwärts war es mit der Halle verbunden und

---

* Es ist bemerkenswerth, wie zum Feste die überreiche pracht= volle Stein= und Metallarchitektur nochmals behängt und überdeckt wurde mit Stoffen von besonderer Pracht; die letzte Wand= und Deckenschmückung ist also immer noch, nachdem alle anderen Mittel bereits erschöpft sind, diejenige mit Stoff, mit Textilien, woraus dann die Dekorationsweise im Gewebemusterstil sich schließlich wieder ausscheidet.

reichte faſt bis in die Mitte des Hofes; zugleich wurde es
ſeitwärts durch eine Baluſtrade abgeſchloſſen, die mit Silber=
platten überzogen war. Getragen wurde es von drei Stützen,
ſo dick und ſo hoch wie Barkmaſte, und von mehreren
kleineren, alle aber überzogen mit Silberplatten. Es war
roth von außen, und innen gefüttert mit jenen feinen
„Tſchitten" oder Tüchern aus Maſulipatnam, die mit dem
Pinſel gemalt werden(!); ſie waren für den Zweck beſonders
beſchafft und mit ſo lebhaften Farben gemalt, und die Blumen
in Hunderten von Arten ſo natürlich gezeichnet, daß man hätte
ſagen mögen, es ſei ein hängender Blumengarten. So
war die große Halle des Diwan=i=khaß verziert und aus=
geſchmückt."

Der Pfauenthron ſtand als bewundertes und angeſtauntes
Werk bis 1738, wo der wilde Eroberer Nadir Schah Delhi
einnahm und dann den Thron als gute Beute wegführte.
Der ſilbern=goldne Deckenſchmuck wurde erſt 21 Jahre ſpäter
von den einbrechenden Mahratten heruntergeriſſen und einge=
ſchmolzen. Sein Werth ward zu 170 000 Pfund Sterl. oder
nahe 3½ Millionen Mark geſchätzt. So zerrten die Ueber=
winder den ſinkenden Moguldynaſten ihren Schmuck und ihre
Pracht ſetzenweiſe herunter. Von Nadir Schah hat die Be=
völkerung Delhis bis heute die ſchrecklichſte Erinnerung be=
wahrt. In ſeinem Despotengrimm hatte er nach der Ein=
nahme der mit nicht geringen Opfern erſtürmten Stadt den
Befehl erlaſſen, daß in jeder Straße, in welcher die Leiche
eines getödteten Perſers gefunden werde, alle Bewohner aus=
nahmlos getödtet werden ſollten. In einer Moſchee am Mond=
ſtrahlmarkt ſitzend, ließ er die fürchterliche Maſſakrirung vor=
nehmen. Nach Einigen ſollen dabei 200 000, nach Anderen
100 000, nach der allergeringſten Angabe* 8 000 Opfer ge=

* Von Hunter in dem in Kalkutta gekauften kleinen Werkchen
„England's Work in India", Smith Elder u. Cie., 1881.

fallen sein. „Von Sonnenaufgang bis Mittag wüthete der Säbel", heißt es. Durch achtundfünfzig Tage wurde darauf geplündert und dann verließen die Wüthriche die Stadt, welche ausgeleert, verbrannt und veröbet war, mit ihrer ungeheuren Beute.

Auch eine „Perl=Moschee" birgt der Palast gleich dem=jenigen von Agra; sie ist ebenfalls in weißem Marmor er=richtet und war prachtvoll ausgestattet, wie sich noch trotz dem ziemlich verkommenen Zustande, den sie jetzt zeigt, erkennen läßt. Eine ganze Reihe der ehemaligen Palastgebäude haben die Engländer nach Niederwerfung des Aufstandes vor fünf=undzwanzig Jahren weggeräumt und durch Militärbauten ersetzt, andere unmittelbar für die Garnison in Benutzung genommen. Eine prächtige, an drei Seiten offene Halle, der Rang=Mahal, ist als Militärkasino eingerichtet. Es war gerade stark von Offizieren besucht, wohl eines der großartigsten und imposan=testen Institute dieser Art, das irgend zu finden sein möchte. Ueberhaupt bekommt man in Delhi sowohl als in Agra vor und in den Bauten der ehemaligen Herrscher den geradezu überwältigenden Eindruck von der Macht und Größe Englands, die es in seinen indischen Besitzungen erlangt hat. Die in edlen Metallen und Steinen bestehenden Besitzthümer der einstigen Despoten sind zwar verschwunden, aber reicher als je zuvor ist das Land, dem die abendländischen Eroberer Gesetze, Ordnung, Verkehr und Frieden verliehen haben, und dieser großartigen Macht entsprechen die zum Theil gar nicht, zum anderen nur wenig zerstörten Werke einer Baukunst, die ein gewaltvoller aber nicht geistloser Despotismus als Andenken hinterlassen hat.

Nachdem wir den Palast durchwandert, in seinen theilweise öben aber wohlerhaltenen Prachtzimmern die reichen Spuren einstiger Größe der Moguldynastie an uns vorüberziehen ge=lassen, kehrten wir zur Stadt zurück, dieselbe in bequemem offenen Wagen durchfahrend. Delhi bietet in seinen heutigen bewohnten Theilen wenig Anziehendes. Eine gewisse Dürftig= keit schimmert durch, wenigstens ist der Ausdruck blühenden Vorwärtskommens nicht vorhanden wie anderwärts; Handel und Industrie scheinen nicht besonders lebhaft zu gehen. Dschebby, der Schlingel, wußte einen kleinen Spottvers, den man den Bewohnern von Delhi angehängt hat. Derselbe zeigt, daß auch in Indien die Städte=Eifersucht und =Neckerei nicht verschmäht wird. Der interessanter Weise gereimte Vers lautete:

Dilli ke dilwali
Mungh tschikna, pet kbali,

zu deutsch fast buchstäblich getreu:

Die von Delhi sind Gäuche,
Fette Mäuler, leere Bäuche.

Bei dem sich fortsetzenden Gespräch über die Vorzüge und Mängel der alten Elephantenstadt kamen wir auch darauf, daß uns auf der ganzen Reise kein Elephant zu Gesicht gekommen. Dschebby gab die Auskunft, daß wohl überall welche gehalten würden, aber nur von reichen Radschas und daß wir, um einen Elephantenritt zu machen, nur an einen solchen zu schrei= ben brauchten; die Erlaubniß werde gern ertheilt werden, er wolle eine Adresse angeben. Leider fehlte uns die Zeit, auf dieses Geschäft wegen des „Hasti" einzugehen. „Hathi", korri= girte Dschebby, nicht „Hasti"; das alte Wort sei Hasti, das neue Hibustani=Wort aber Hathi oder auch wohl Hath. Aber, entgegnete ich, Hath ist ja Hand. Gewiß, sagte er, aber auch Elephant. Späteres Nachsehen bestätigte das Zusammentreffen oder richtiger den Zusammenhang, der mir damals sehr zweifel= haft blieb. Schon A. W. v. Schlegel hat darauf hingewiesen, wie der Elephant nach seinem als Hand, Hasta, gebrauchten Rüssel der Hasti genannt worden; heißt doch auch die von uns „der Finger" genannte Verlängerung des Elephantenrüssels bei

den Indern ebenso wie die Handfläche Hastatala, und ist viel=
leicht auch die Lanze, hasta, der Römer nichts anderes als
eine verlängerte Hand! — So verhalf uns denn der Ilf (wie
Holtzmann so nachahmungswerth für Elephant sagt) nur zu
einem Phantasieritt in das alte etymologische Land, welches
übrigens in Indien überaus beliebt ist. Die Wörterbücher sind
in der Regel mit etymologischen Angaben reich versehen, für
welche die Inder seit den alten Zeiten ihrer großen Gramma=
tiker eine Passion behalten haben.

Am nächsten Vormittag besuchten wir die weltberühmte
Dschama=Moschee, die in Abbildungen uns öfter vorgeführt
wird als ein Muster von den großartigen Kultbauten des
Orients. Dschama möchte hier „große Versammlung" oder
„Versammlung Aller" bedeuten. Jedenfalls ist die Anlage des
Bauwerkes grandios, und angethan, einer großen Menschen=
menge Zulaß zu gestatten. Gegen vierzig Stufen oder mehr
hatten wir zu ersteigen, um auf die Ebene des Moscheehofes,
ein Geviert von 450 englischen Fuß, zu gelangen. Derselbe
ist an drei Seiten von luftigen Arkaden, nach außen wie nach
innen sich öffnend, eingefaßt, an der vierten Seite liegt die
eigentliche Moschee. Diese ist wieder breitheilig angeordnet,
jeder Theil mit einer weißen Marmorkuppel überdeckt. Die
mittlere Halle, welche die höchste Kuppel hat, öffnet sich mit
einem mächtig hohen persischen Bogen gegen den Hof, die
Seitenhallen mit niedrigeren Bogen. Links wie rechts erhebt
sich, im Anschluß an die Seitenhallen und die Kolonnade ein
schlanker Minar, senkrecht gestreift aus rothem Sandstein und
weißem Marmor. Die Höhe jedes derselben beträgt 130 Fuß
bis zur Spitze des bekuppelten Säulenpavillons, Kulsa, welcher
den Abschluß bildet. Vermöge der weitgeöffneten drei Hallen
tritt hier das islamitische Gotteshaus seinen Gläubigen mit
einer Freiheit und Offenheit entgegen, welche höchst bestimmt
absticht von dem in Formalismus fast erstickenden indischen

Kultus, der sich bis in fensterlose Sanktuarien, ja in Höhlen=
tempel zurückzieht, aber auch von dem unsrigen, der selbst noch
in der protestantischen Kirche des Mystischen so vieles behalten
hat aus der Zeit, die seine Vorbilder geschaffen. Eine gottesdienst=
liche Handlung fand nicht statt, wir konnten deshalb alle Räume
durchwandeln. Heller Tagesschein spielte durch die Bethallen,
die wir nun betraten. Der Boden zeigte sich durchweg mit
rechteckigen weißen, schwarz eingefaßten Marmorplatten belegt,
jede drei Fuß lang und halb so breit, alles so eben wie ein
Spiegel. Die Mittelhalle hatte an der Rückwand eine besondere
tiefe Nische, als nach Mekka gerichtete Kibla, die Wände
prächtig und wie neu mit Marmor ausgelegt. Rechts neben
der Kibla=Nische stand wieder die auf Marmorstufen ersteigbare,
ganz in Marmor gearbeitete Kanzel. Das Hauptmaterial des
Baues ist im Uebrigen rother Sandstein.

In der Mitte des durchweg mit Sandstein=Platten ge=
pflasterten Hofes befand sich ein weites viereckiges Wasserbecken,
prächtig mit weißem Marmor eingefaßt und gepflastert, auch
mit krystallklarem Wasser gefüllt. An jeder der drei freien
Hofseiten erhob sich aus der Mitte der Kolonnade ein gewaltiger
dreistöckiger Thorbau, durch dessen mit Kuppelchen gedeckte Be=
krönungsgallerie der blaue Himmel hindurchschimmerte und ihre
Masse dadurch auflöste. Wie bei uns die Säule, so ist
nämlich in der islamitischen Architektur die Kuppel in ihrer
vielfachen Verwendung auch bis zum Dekorationsmotiv herab=
gestimmt worden; die perlenartig aneinandergereihten Kuppelchen
des Galleriedaches glänzten, wie die zahlreichen übrigen, in
dem edlen Ton des weißen Marmors. Von außen waren die
drei Thorbauten durch pyramidal ansteigende Treppen, wahre
Stufenhügel, zugänglich. Beim Heraufsteigen in der prallen
Sonnenhitze hatte man doch förmlich den Vorsatz fassen müssen,
wirklich nach oben gelangen zu wollen. Erbauer der Moschee
ist der Begründer von Neu=Delhi, Schah Dschahan. Eine

Inschrift in schwarz in weiß eingelegtem Marmor, die als Fries die Tempelhallen entlang zieht, soll das Erbauungsjahr zu 1620 unserer Zeitrechnung angeben.

Beim Durchschreiten der Kolonnaden stießen wir an dem südöstlichen Eckbau auf eine abgetrennte Abtheilung, die durch eine reich in Marmornetzwerk hergestellte Schranke von den anstoßenden Gängen abgeschlossen war. Dahinter sollten ver= schiedene große Heiligthümer aufbewahrt sein, unter diesen ein völlig echtes Barthaar des Propheten. Leider konnten wir als Ungläubige den Zugang nicht erlangen. Gern hätte ich, wenn auch gerade nicht die Reliquie, so doch deren Behältniß gesehen, welches besonders schön sein soll, ähnlich wie bei uns in manchen katholischen Kirchen Finger und andere Knöchlein, welche fromme Einfalt aus wundergläubiger Zeit uns vererbt hat, durch ihre Behältnisse uns ausgezeichnete Leistungen ver= gangener Kunstepochen treulich erhalten haben.

Delhi hat noch eine andere große Moschee aufzuweisen, die Kalan=Muschid, oder alte, auch große Moschee, im 14. Jahr= hundert in schwerem Stil erbaut. Rother Sandstein ist das Hauptmaterial. Wir warfen von der Treppe aus nur einen Blick in den Hof, zu welchem zahlreich die Gläubigen hinauf= wallten. Unsere Fahrt durch die Häusermasse führte uns in die meist engen, aber noch immer befahrbaren Straßen der gewerb= und handelsreichen Stadt. Das eigentliche Markt= oder Handelsviertel wird auch Urdu genannt, mit demselben Namen also, den die Hindustani=Mundart, die größte Haupt= sprachform Indiens, führt.* Es ergab sich durch Besprechen

---

* Urdu bedeutet auch Lager, Feldlager. In solchem, als es stehend wurde, bildete sich auch nothwendig bald ein Markt, der naturgemäß den Namen des Lagers an= und später mitnahm. Andererseits haben die pathanischen Bauten, auch da, wo sie später mit den kostbarsten Materialien hergestellt wurden, den Charakter des Lagers („Hoflager") nie völlig verloren, vergl. den Hof in Agra.

und Nachschlagen, daß bei allmählicher Befestigung der Herr=
schaft der nördlichen Eroberer, welche Persisch und Arabisch
mitgebracht, sich auf dem Markt, beim Handel die so merk=
würdig zusammengesetzte Mundart, ungefähr zu gleichen Theilen
aus indischen und persisch=arabischen Wörtern bestehend, ge=
bildet hat. Urdu ist also die „Marktsprache", die „Handels=
sprache". Die Entstehung ist somit nicht unähnlich derjenigen
des früher erwähnten Pigeon=Englisch, d. i. Business=Englisch.
Die Sprache ist beim friedlichen Austausch und Verkehr zu=
sammenkommender Völker unter Zusammenschmelzung der sich
mischenden Elemente geworden.

Die uns noch bleibende größere Tageshälfte wurde zu
einem Besuch von Alt=Delhi bestimmt, um wenigstens einige
Hauptpunkte desselben besichtigen zu können. Hinaus rollte
unser Wagen zum Abschmi=Thor, worauf wir alsbald ins freie
Feld gelangten. Landleute kamen und gingen, ihre kleinen
Ochsenkarren von eigenthümlicher Bauart führend, Körbe mit
Früchten tragend, theilweise interessant in bunte Farben ge=
kleidet. Zu beiden Seiten der vielfach mit Baumreihen ein=
gefaßten Straße boten sich dem Blick weit hinaus zerstreute
verlassene Bauten, theilweise in stark ruinenhaftem Zustande
dar. Das Ganze hatte eine gewisse Aehnlichkeit mit der Via
Appia und der Campagna vor Rom, wo auch zwischen den
Resten großer Bauwerke die Felder und Weiden die Spuren
der Stadt hinweggeebnet haben. Die Aehnlichkeit ist berechtigt.
Ist doch Delhi älter sogar als das historische Rom, nämlich
im 15. Jahrhundert vor unserer Zeitrechnung gegründet, da=
mals Indaprastha (etwa Indra's Hochplatz) genannt. Aelteres
bis Uraltes ist demgemäß gemischt auf diesem vielleicht größten
Ruinenplatz der Welt.

Dort drüben jenseits der Flaggenstange auf dem Hügel
— eine typische Eigenheit jeder englischen Stadt draußen in
der Welt ist die auf einen hohen Punkt aufgestellte Flaggen=

stange, der „Flaggenstab" — steht eine uralte Steinsäule, ge=
nannt der Stab des Feroz Schah. Leider fehlte uns die Zeit
zum Besuche dieses merkwürdigen Monumentes. Es ist einer
der „Steine" des Königs Aßoka (sieben oder acht derselben
sind bekannt), auf welche in Pali=Sprache der fromme König
einen Theil von Buddha's Gesetzen eingraben ließ, was etwa
300 vor unserer Zeitrechnung geschah. Die Frömmigkeit war
über diesen guten König erst nach der Thronbesteigung ge=
kommen; um zu der letzteren zu gelangen, soll er nicht weniger
als neunzig unbequeme Prätendenten durch Mord aus dem
Wege geräumt haben. Seiner Zerknirschung verdankt die religiöse
Geschichtsforschung Großes.

Linker Hand zeigten sich nach halbstündiger Fahrt zwei
merkwürdige Gebäude nicht weit von einander, beides Stern=
warten, oder wohl zusammen eine Veranstaltung zu Himmels=
beobachtungen bildend. Zunächst sind sie Gnomone, ganz
ähnlich gebaut, wie das früher geschilderte Man Mandir zu
Benares. Sie rühren auch von demselben Erbauer wie jenes
her, von Dschai Singh, jenem den Wissenschaften holden Radscha
von Dschaipur, welche Stadt seinen Namen verewigt hat.
Das vor uns liegende große Observatorium, gegen 1730 er=
baut, führt den Namen Dschantr=mantr. Dschantr ist Instru=
ment, auch Kalender.* An dem größeren der beiden Gnomone
ist die parallel der Erdachse gerichtete mächtige Mittelmauer
118 Fuß 5 Zoll lang, Basis 104, Höhe 56 Fuß; die mächtigen
Quadranten, welches das letztere Maß zum Halbmesser haben,
sind eben so wie die Mittelmauer mit Treppen versehen. Die
Beobachter konnten also, auf den Stufen stehend, das Auf=
tauchen oder Versinken eines Gestirnes hinter der Kante der
Mittelmauer verhältnißmäßig genau beobachten, indem die

* Ich vermuthe, daß mantr nur eine Entstellung von manbir
= Haus ist, also „Instrumentenhaus". Dschantr-mantr bedeutet
heute außerdem Taschenspielerei.

Meridiantheilung an den Quadranten weit auseinander liegende
Theilstriche besaß.* Die Grabtheilung ist die 360er, mit
Unterabtheilungen in Minuten. Man vermuthet, daß die Zwei=
zahl der Rieseninstrumente den Zweck hatte, die Beobachtungen
stets doppelt, also einander kontrolirend, ausführen zu können.

Nach längerer Weiterfahrt kamen wir zu einem ganz er=
haltenen Mausoleum. Es war das des Safdar Dschang,
1748 Vezier des Schah's in Delhi, zugleich Vizekönig von
Audh. Der Bau ist in der zweiten Hälfte des vorigen Jahr=
hunderts errichtet. Es ist ein Quadergebäude von quadratischer
Grundfläche mit Dreiviertelsthürmen an den Ecken und einer
weißen Marmorkuppel über der Mitte, das Baumaterial rother
Sandstein mit weißen Marmoreinlagen, alles wesentlich im
persischen Charakter. Inmitten prächtiger Baumgruppen des
umgebenden Gartens erhebt sich der edle Bau auf einer pfeiler=
getragenen Terrasse. Auch hier ist wieder im Tempel selbst
der Scheinsarg aufgestellt, reich in Marmor skulpirt, während
sich unten, tief in der Krypta, das wirkliche Grab befindet,
dieses aber nur einfach mit Erde zugedeckt. Darüber ist
ein Tuch gebreitet, welches noch jetzt, dem Führer nach, all=
täglich mit frischen Blumen, die wohl dem den Bau umgeben=
den Garten entnommen werden, bestreut wird — mehr als
130 Jahre nach dem Tode des dort Gebetteten!! Die ihrem
Ahnen so treue Familie war übrigens von der ostindischen
Kompagnie sehr ausgezeichnet, ja ihr gestattet worden, den
Königstitel von Audh erblich zu führen. Nach dem 57er Auf=
stande wurde die Vicekönigswürde aufgehoben.

Grabmäler, Moscheen und andere Bauten in mehr oder
weniger ruinenhaftem Zustande boten sich beim Weiterfahren
rechts und links dem Blicke dar, bis am Ende der dreistündigen
Fahrt der Thurm des Kutub (Kutub minar), von der Be=
völkerung einfach der oder die Kutub genannt, als das End=

* 1 Grab nahezu = 1 Fuß.

ziel unserer Ausfahrt erreicht wurde. Dieser merkwürdige
Thurm, von welchem hier eine Abbildung beigefügt ist, wird
seiner großen Höhe halber (etwa 240 Fuß) schon in großer
Entfernung sichtbar und ist der Stolz der Bevölkerung. Die
Hindu behaupten, er gehöre ihrer Baukunst an und sei von
Prithi Radscha (wörtlich König der Welt) erbaut worden, da=
mit seine Tochter von der Kulsa=Höhe herab den Ganges
sehen könne. Der Baustil ist aber nicht hinduistisch, sondern
mohammedanisch; auch sind in die Ornamente arabische In=
schriften eingewoben. Nachweislich ist der Thurm gegen Ende
des 12. Jahrhunderts von dem ersten mohammedanischen
Beherrscher Delhis, Kutub = ut = bin* Aibak, erbaut und zwar
als Muazina (Gebetruferthurm) zu der großartigen Moschee,
deren bedeutende Reste neben dem Minar noch vor=
handen sind. Der Thurm hat jetzt fünf Stockwerke,
trug aber früher noch ein sechstes in der Form einer
Säulenkulsa, die einst der Blitz herunterschleuderte. Dieselbe ist
nahebei auf einem Hügel wieder aufgerichtet worden. Auf
unserer Abbildung ist rechts der kleine Bau sichtbar. Links
in der Ferne sieht man das Kuppeldach des Grabmals des
Safdar=Dschang. Eine Merkwürdigkeit des Effektes des hoch=
ragenden Thurmes ist die, daß vermöge der Auflösung seiner
äußeren Mauerfläche in Halbsäulen und Halbpfeiler, sowie
seiner sehr starken Verjüngung nach oben die Höhe, perspektivisch
täuschend, für die Hinaufsehenden noch weit größer erscheint,
als sie ist. Das Hinaufblicken ist fast schwindelerregend. Das
Erdgeschoß hat 50 Fuß Durchmesser und nur einen Zoll weniger
als 95 Fuß Höhe. Es ist wie jedes folgende durch eine rund=
umlaufende Galerie abgeschlossen, und wir dürfen wohl an=
nehmen, daß der Muezzin sich das Ersteigen eines höheren
Sockels meistens geschenkt haben wird. Nicht so wir, die wir
die sämmtlichen 375 Steinstufen der inneren Wendeltreppe bis

* Kutub=ut=bin ist Polarstern des Glaubens.

Delhi, der Thurm des Kutub.

zum oberften Umgang erftiegen, unfere Mühe allerdings auch
durch eine herrliche Rundficht belohnt fanden. In der That
erblickten wir in blauer Ferne im Nordoften den Silberftreifen
des Dfchumna, wegen welches Anblickes das Volk die Sage
von Prithi Rabfcha's zweifellos „wunderfchöner" Tochter er=
fand. Das oberfte Gefchoß hat 30 Fuß Durchmeffer auf der
gefchloffenen Brüftungsmauer.

Ermüdet vom Hinabfteigen, langten wir unten wieder an
und fchritten dann zur Befichtigung der Refte der großen
Mofchee. Diefe öffnet fich mit fieben Bogen, deren mittlerer
53 Fuß hoch ift, während die feitlichen drei und drei nur
24 Fuß Höhe aufweifen. Die hinter den Bogenthoren liegende
Bethalle ift nicht fehr tief, 31 Fuß nämlich, und 135 Fuß
breit. Ihr Dach war von fünf Reihen reich fkulpirter Säulen
getragen, welche der despotifche Erbauer ganz einfach hin=
duiftifchen Tempeln, die er niederriß (man fagt, es feien 27 an
der Zahl gewefen), entnahm. Daraus erklärt fich die Kürze
der auf nur drei Jahre angegebenen Bauzeit. Vor der
Mofchee breitet fich ein mäßig großer Vorhof aus, an welchen
merkwürdige Klofterhallen anftoßen, welche einen faft ver=
wirrenden Reichthum an Säulenformen darbieten. Manche
der Säulen find übrigens unfertig; auch ftört die wechfelnde
Dicke und Dekorationsform. Manches über die Beftimmung
wie Gefchichte diefer Bauten ift meines Wiffens noch ftreitig.

In der Mitte des Mofcheehofes hatten wir nun noch das
Extrawunder der Kutub=Anlage, die „Eifenfäule", Loha
Khamba, den Jron Pillar, wie die Engländer fagen, in
Augenfchein zu nehmen, zu welchem der eifrige Dfchebby uns
gleich anfangs hatte hinbereden wollen. Diefes hierneben
abgebildete, vom technifchen Standpunkt höchft erftaunliche
Erzeugniß indifcher Schmiedekunft ift ein maffiver, fich nach
oben verjüngender runder Schmiedeifenftab oder =Schaft, der
fich frei von einer einfachen Steinterraffe nicht weniger als

Delhi, die Eisensäule.

22 Fuß hoch erhebt. Er steigt glatt, ohne Fuß, aus dem
Boden empor und hat daselbst, wie ich genau nachmaß,
16 englische Zoll Durchmesser. Nach oben verjüngt er sich
auf etwa 11 Zoll und endigt daselbst in ein aus dem Vollen
geschnittenes Kapitäl von hinduistischer Stilform. Angeblich
soll der Stab noch mehr, als seine Höhe beträgt, in den
Boden hinabreichen, was ich dahin gestellt sein ließ. Eine
Quelle gibt 50 Fuß als Gesammt-Höhenmaß an. Das
Reisebuch hatte sogar eine Bemerkung, wonach eine „neuerliche"
Ausgrabung bei 62 Fuß Tiefe das untere Ende nicht erreicht hätte.

Nach einer mir neuerdings zugänglich gewordenen Quelle
hat einer der Adjutanten des Generals Cunningham im
Jahre 1872 eine Nachgrabung veranstaltet und gefunden, daß
die Säule nur 3 Fuß tief in die Erde hinab geht. Sie
endigt unten in einen Knauf, welcher auf acht pyramidal
auseinandergehenden Eisenstangen „ruht", welche ihrerseits in
Steinblöcke eingelassen sind. Immerhin hat man in der
Säule, wie sie da steht, ein Schmiedestück von der höchsten
Merkwürdigkeit vor sich. Unten herum bis auf Kopfhöhe und
darüber war es ziemlich glatt bearbeitet und durch die
betastenden Menschenhände geglättet; Feilstriche waren indeß
mehrfach noch sichtbar, weiter oben war dagegen die Oberfläche
rauh und ließ erkennen, daß der Block aus kleinen Eisenstücken
zusammengeschweißt war. Dies setzt einen maßlosen Mühe-
aufwand, daneben aber auch eine ganz ungewöhnliche Geschicklichkeit und Uebung in der Behandlung des mächtigen Blockes
im Feuer voraus, Handwerkstüchtigkeiten, die selbst da, „wo
der Märker Eisen reckt", in Erstaunen setzen möchten. Ueber
die Bestimmung und Entstehung des eigenthümlichen handwerk-
lichen Kunsterzeugnisses hat das Volk folgendermaßen gedichtet.

Der indische Radscha Pithora habe den Fall seiner Dynastie besorgt, auf Befragen der Brahminen aber von diesen
den Rath empfangen, einen eisernen Schaft dort in die Erde

zu treiben, um zu suchen, mit demselben den Kopf des Schlangen-
gottes Lischap, welcher die Welt stützt, zu durchbohren. Ge-
länge ihm dies, so würde sein Reich ewig dauern. Er habe
dann die Eisensäule anfertigen und einsenken lassen, ganz den
Vorschriften der Brahminen gemäß. Eine Zeit nachher habe
er, in Neugier, ob das Schlangenhaupt auch wirklich durch-
bohrt worden, den Abmahnungen der Brahminen zum Trotz,
die Säule einmal emporziehen lassen, diese aber am unteren
Ende blutüberströmt gefunden. Schnell sei die Säule wieder
eingesenkt, aber der Zauberbruch doch verhängnißvoll geworden.
Denn bald nachher habe Schihab-ut-din (der „Stern des
Glaubens") dem Pithora Thron und Leben geraubt und seitdem habe niemals mehr ein Hindukönig in Delhi geherrscht.
Eine Inschrift von sechs Sanskritzeilen auf dem Schaft ist
einigermaßen entziffert worden. Danach ist die Säule zum
Andenken an einen Radscha Namens Dhava oder Bhava errichtet, von welchem angenommen wird, daß er im dritten oder
vierten Jahrhundert unserer Zeitrechnung gelebt habe. Somit
wäre denn die Säule etwa 1500 Jahre alt.

Ein rein äußerlicher Nebenumstand fiel mir noch bei der
Sache auf, den ich hervorheben möchte. K h a m b a heißt Säule,
Pfeiler, l o h a und l o h Eisen, auch Stahl. Nun aber heißt
Bronze und Messing (wie schon oben bei Benares angeführt)
pitloh, wörtlich übersetzt „gelbes Eisen". Hierzu ist zu bemerken, daß loh und loha sowie pit dem Sanskrit entstammen,
also nicht von außen später eingeführt sind. Kupfer führt
einen besonderen, ebenfalls sanskritischen Namen, nämlich t a m b a
(woran sich das malayische t a m b a k = unserem Tomback an-
schließt). Die Mischung von Kupfer mit Zinn oder Kupfer mit
Zink haben die Inder nun nicht nach dem Hauptstoff Kupfer,
sondern nach dem Eisen benannt, welches demgemäß durch die
Legirung gelegentlich ersetzt worden sein muß. Der indische
Name des Messings würde somit besagen, daß in Indien das

Eisen früher im Gebrauch gewesen, als das Messing
oder die Bronze. Bekannt ist, daß die Bronze in Indien
sehr alt ist. Für die noch nicht endgültig entschiedene archäo=
logische Frage wegen der Eisen= und der Bronzezeit Europas
ist das Erwähnte vielleicht von einigem Werth.

Nachdem wir noch eine Reihe der Nebenbauten, kleineren
zierlichen Grabmäler und Anderes in der Umgebung besichtigt,
folgten wir Dschebby's Aufforderung, jenseits der naheliegenden
Hügel die Ruinen zu besuchen, dabei auch ein merkwürdiges
Baoli, d. i. heiliges Wasserbecken, das ehemals zu religiösen
Bädern benutzt worden, zu besichtigen. Solcher Baoli gibt
es viele in Indien. Sie vertreten gleichsam den heiligen Strom.
Zwischen interessanten Ruinen hindurch gelangten wir an Ort
und Stelle. Am Fuße eines Hügels lag das den Teich um=
gebende dreistöckige Gebäude, dessen Arkaden und Hallen viel=
fach zerstört waren. Sie umschlossen an drei Seiten das Baoli;
an der vierten stieg eine bis ins Wasser führende, etwa 12 Fuß
breite Treppe daraus hervor, die sich auf der Höhe des zweiten
Stockes aufs Doppelte verbreiterte und herauf führte bis nahe
zu der Stelle, wo wir auf Aufforderung unserer Führer hin
Platz nahmen, um einem kleinen Schauspiel beizuwohnen.
Gegen ein Dutzend braune Knaben und ein erwachsener statt=
licher Mann mit schönem schwarzem Vollbart standen unten
innerhalb der Ruine auf dem Bankett des Wasserbeckens. Es
sei gegen 40 Fuß tief, hieß es. Alle waren bis auf ein
Lendentuch entkleidet und forderten mit Geschrei unsere Auf=
merksamkeit. Dann plumps, plumps sprangen sie alle ins
Wasser. Herauskommend erkletterten sie wie die Katzen die
Ruine und nun sprang die ganze Gesellschaft aus den Fenstern
über dem Erdgeschoß hinab. Wieder heraus und wieder hin=
auf gings zu der Halle über dem zweiten Stock, wo sie sich
auf Pfeilern, in den Fensteröffnungen und wo es ging auf=
stellten und den Sprung zum drittenmal machten. Es waren

ihrer aber weit weniger, die Kleineren waren unten geblieben. Einige wenige stiegen dann noch einen Stock höher, der Erwachsene, der die Befehle gab, immer mit. Vierter Sprung; es sah grausig aus, indem man bei der großen Höhe fürchtete, einer würde zu weit und dann gegen die Steine springen. Unsere Besorgnisse waren unnöthig gewesen. Nun kam zuletzt der Mann allein herauf, kletterte höher und höher, und zuletzt, die vorspringenden Steine als Stufen benutzend, auf den Rest einer Bogenstellung hinauf, welche sich noch über dem dritten Stock erhob. Er wird doch nicht da hinunter springen wollen? Gewiß will er, hieß es. Oben stand er nun, die Arme vor der Brust gekreuzt, so daß die Hände beinahe die Schultern berührten. Wie messend und erwägend schaute er hinab, mehrmals sich langsam vor und rückwärts wiegend; alsdann — wir schrieen unwillkürlich Alle auf — bog er sich stark zurück und sprang dann vorwärts, in parabolischer Bahn kaum über Fußbreite an der Mauerkante des nächstunteren Stockwerkes vorüber, streckte sich kerzengerade und schoß mit dumpfem Fall genau mitten in die Piscina hinein. Die Höhe konnte nicht weniger als 40 Fuß betragen, da man die Stockwerke nicht unter 10 Fuß hoch anzunehmen hatte. Die ganze nackte Gesellschaft kam darauf eiligst die Treppe heraufgekrabbelt zu uns, klappernd vor Kälte, indem das Wasser ungemein kalt war, um den mit so dramatischer Steigerung erwirkten Bakschisch in die nassen Hände ausgezahlt zu bekommen.

Bald darauf, nachdem wir noch das großartige, schöne Grabdenkmal des Humayun besucht, das verlassen und verstaubt, aber doch ganz erhalten ist, und außer den Resten des Humayun, Vaters von Akbar, noch die zweier seiner Frauen und zweier Verwandten birgt, fuhren wir wieder Delhi zu. Wir kamen etwas vor Sonnenuntergang an. Auf den nächsten Frühmorgen war die Abreise nach Bombay angesetzt.

VI.

Bombay.

Kurz vor sieben Uhr in der Frühe verließ unser Postzug
die uralte Delhi, von der wir, ach so ungern, Abschied
nahmen. Wir hatten uns in einem Wagen von beschränkterer
Weite als bisher einzurichten, denn die große Radschputana=
linie, die wir nun entlang fuhren, erst 1880 dem vollen Be=
trieb übergeben, ist schmalspurig, nur 1 Meter Spurmaß bietend.
Sir John Stracken und sein Bruder General Richard Stracken
waren mit ihren eifrigen Bestrebungen für die kleine Spur=
weite durchgedrungen. Der Kostenpunkt soll schließlich ent=
scheidend dafür gewesen sein, die große bequeme Spurweite
von 66 Zoll durch die Meterweite (39¼ Zoll) zu ersetzen. Der
Spurenkampf muß lange und zähe geführt worden sein, indem
das beträchtliche Stück Bahn zwischen Ahmedabad und Palanpur
hinsichtlich der Dammanlage, der Brücken, Kurven u. s. w.
für die große Spurweite hergestellt worden war, nun aber mit
dem schmalen Gleis belegt ist. Ich erfuhr auf verschiedenes
Befragen, daß die vorliegenden allgemeinen Erfahrungen nicht
zu Gunsten der kleinen Gleisweite sprächen. Zwar sind die
Baukosten ungemein viel geringer, da daß kleine Spurmaß
schärfere Kurven gestattet, also die Führung der Bahnlinie sehr

erleichtert, auch die Brückenbauten billiger macht; allein die
Unterhaltungskosten für Bahn und Fuhrpark sollen, so ver=
sicherte man mich, den Unterschied mehr als ausgleichen. Beim
Fahren selbst fiel uns die starke Systemänderung nicht wesent=
lich auf, nachdem wir uns mit der Kleinräumigkeit der Wagen
abgefunden. Daß die ganze, von Delhi bis Bombay 888 eng=
lische Meilen* messende Bahn mit besonderer Sparsamkeit ge=
baut worden, fiel in allen Stellen auf. Die Stationsbauten
waren von einer beinahe beklemmenden Einfachheit. Der Archi=
tekt hatte dabei, wie es scheint, geglaubt, dem indischen oder
mohammedanischen Baustil doch einigermaßen Rechnung tragen
zu müssen, und deshalb so zu sagen alle Gebäude als Kuppel=
bauten hergestellt. Dies klingt nicht so übel. Allein diese
ewige Wiederholung der drei großen Bienenkörbe, ein höherer
und zwei kleinere zu beiden Seiten, außen einfach cementirt,
innen meistens die rauhen Ziegel zeigend, erschien auf die
Dauer recht erfindungsarm. Mörtel und Ziegel waren längs
der Bahnlinie gewonnen und hergestellt worden, das Zer=
malmen des Rohstoffs auf altindische Art geschehen. In einem
kreisförmig laufenden Graben wurde ein stehender Kollerstein
von Mühlsteingröße gerollt. Seine Achse bildete ein nach
dem Kreismittelpunkt gehender Baumstamm, an dessen äußerer
Verlängerung ein Joch für den Büffel angebracht war, der
„verbundenen Augs" außen herum zu wandeln hatte. Ver=
einzelte dieser Kollergänge waren noch im Betrieb; die meisten,
nicht zu zählenden an Menge, standen verlassen; Mahlstein
und Baum hatte man herauszunehmen nicht der Mühe werth
gehalten.

Landschaftlich bot die Gegend, durch die wir dahin fuhren,
auffallend wenig von tropischem Charakter. Wiesenflächen
von nicht besonderer Ueppigkeit, Hügelreihen, auch vereinzelte
Erhebungen, etwas bewaldet, für eine mittelalterliche Burg

* Etwa 197 deutsche Meilen.

paſſend, dann auch kahle Felsrücken hie und da geſtatteten
öfter der Phantaſie, die Fahrt in irgend ein europäiſches Land
zu verlegen. Dorfſchaften waren ſelten. Man hatte indeſſen
auch zu bedenken, daß die Bahnlinie ſich nicht weit von dem
Rande der großen „heiligen" Wüſte hinzog, welche ſich nach
Weſten faſt bis zum Meer erſtreckt und wohl beinahe die
Hälfte der Rabſchputana (wörtlich Land der Königsſöhne) ein=
nimmt. Zu dem verhältnißmäßig rauhen Charakter der Land=
ſchaft ſtimmen die kriegeriſchen Neigungen, welche die Bevölke=
rung, zu der auch die ſtreitfrohen Mahratten rechnen, bis heute
noch beſitzt.

Wo das Land höhere Fruchtbarkeit, fettere Wieſen, tiefere
Wälder darbot, blieb es indeſſen die Gemahnung an die Tropen
nicht ſchuldig, indem dort namentlich die Pfauen Staffage
machten und mit ihrem herrlichen Federkleid nicht wenig prunk=
ten. Sie ſchienen faſt ausnahmslos wild zu ſein, fürchteten
aber offenbar die Menſchen nicht. Zahlreiche Buntſpechte in
prächtigen Farben ſchoſſen häufig von Buch zu Buſch oder
ſchwänzelten auf den Telegraphenſteinen. Nicht ſelten ſah man
auch Viehherden, den kargen Wohlſtand der Landbevölkerung
des Diſtriktes. Recht eigenthümlich, man muß ſagen traurig
iſt es mit dem Viehſtand beſtellt dort oder ſogar durch den
größten Theil des Landes der Sonne. Wir allerdings ſahen
die Herden in ungefähr der günſtigſten, nämlich der Regen=
zeit; das Vieh ſchien kräftig und hatte auch Futter und Waſſer
vollauf. Ganz anders aber in der dürren Jahreszeit. Heiße
Winde dörren dann Gras und Kräuter hinweg, gering iſt der
Baumſchutz; die Bewäſſerung muß künſtlich geſchehen, wozu
die Zugochſen an den „Mothen" und „perſiſchen Rädern"
(Schöpfrädern) tagaus tagein im Gange gehalten werden.
Unter der Bewäſſerung gedeiht freilich Alles gut, allein dieſe
iſt, auch diejenige hinzugenommen, welche aus dem großartigen
künſtlichen Sammelbecken kommt, nicht ausreichend. In der

Regel herrscht durch etwa sechs Wochen des Jahres Hungers=
noth für das Vieh; mit knapper Noth wird einiges in den
Dörfern auf den Beinen erhalten, vor Allem die Zugthiere an
den Schöpfmaschinen. Im Uebrigen geht massenhaft in der
trockenen Zeit das Vieh zu Grunde. Nach dem amtlichen Be=
richt des Sekretärs der landwirthschaftlichen Abtheilung für
Indien beträgt der jährliche Verlust an verschmachtendem Vieh
durchschnittlich 10 Millionen Häupter, deren Werth zu
7¹/₂ Millionen Pfd. Sterl. geschätzt wird.* Von den zu Grunde
gehenden Thieren wird wenig mehr gerettet als die Häute.
Der europäische Markt, auch der deutsche Theil desselben, nimmt
alljährlich die Masse der leicht gegerbten Häute auf, welche auf
diese Weise „gewonnen" (!) werden. Aufs ernstlichste ist man
bemüht, die Bauern zu veranlassen, um die Dörfer herum
Baumanpflanzungen anzulegen, welche durch ihren Schatten
die Vegetation erhalten. Die Schwierigkeiten sollen aber maß=
los sein wegen des Eigensinnes und wegen der Schwierigkeit,
die ersten Kosten aufzubringen, in welchen beiden Punkten der
indische Bauer manchem andern nichts nachgeben soll.

Die Herden hält der Inder, insbesondere der Hindu,
wesentlich wegen Milch und Butter (denen von Alters her
Gebete und Hymnen gelten), nicht wegen des Fleisches. Denn
seine religiösen Vorschriften verbieten ihm, angeblich weil bei
der Seelenwanderung Menschenseelen in die Thierleiber ge=.
kommen sein können, den Fleischgenuß, und fester als alle
Landesgesetze ist ihm die Religion. Dieses kulturhistorische
Räthsel der Fleischenthaltung steht in seiner ganzen Besonder=
heit und tiefgreifenden Wirkung vor uns in Indien. Vielleicht
100 oder 120 Millionen Hindu — wenn die Zahl nicht noch
viel zu klein ist — folgen streng diesem Regime, trotz Hunger
und Leiden. Ein Beweis der Macht, welche die Phantasie, der

* So die angeführte Schrift Hunter's: England s Work in
India.

idealistische Zug auf den Menschen auszuüben vermag!! Eine Art von Unwillkürlichkeit muß übrigens heute dieser Enthaltung mit zu Grunde liegen, herbeigeführt durch Gewöhnung in ur= alten Zeiten. Denken wir doch nur an die Pferdefleischfrage bei uns, die wir Vernunftgründe für unsere Abneigung, ja Schauder vor dem Genuß desselben auch nicht zu finden ver= mögen, die wir überdies wissen, daß die vorgeschichtlichen Be= wohner unserer Länder Pferdefleisch genossen haben. Den Ge= nuß von Fisch gestattet dagegen die indische Regel ohne weiteres, wer weiß, aus welchem sonderbaren Grunde, weshalb denn das Fischereigewerbe aufs höchste blüht in ganz Hindostan. Ja die Dinge haben sich neuerdings so gestaltet, daß Indien deswegen vor einer Kalamität oder vielmehr schon mitten darin steht. Die Flüsse sind zu einem großen Theil bereits aus= gefischt! Schonzeit hat nicht bestanden und so haben denn die Fischer bei dem wachsenden Bedarf zu immer engeren Netzen gegriffen, zu immer mehr raffinirten Kunstgriffen ihren Witz geschärft, um den armen stummen Bewohnern von Varuna's Elemente nachzustellen. Die indische Regierung sieht sich vor einem überaus schwierigen und ernsten Problem wegen der daraus erwachsenen Verarmung der Gewässer.

Sollte nicht übrigens in uns auch noch ein Rest stecken von einer dereinstigen religiös vorgeschriebenen Fischdiät? Sonderbar ist jedenfalls, daß die „fastenden" Katholiken sich an Fisch, der „Fastenspeise", so satt essen, als es ihnen beliebt. Und wenn die Beschränkung auf Fisch als Speise eine Reli= gionsregel befolgen heißt, so muß doch eigentlich das Genießen anderen Fleisches eine Gebotsüberschreitung in sich schließen, Sünde sein.

Der Enthaltung vom Fleischgenuß, welche der Hindu das ganze Jahr hindurch übt, steht nun aber eine ganz merkwür= dige Durchbrechung des Verbotes gegenüber, in welcher er sich bei gewissen großen Götterfesten ein oder zwei mal des

Jahres ergeht. Bei diesen Götterfesten, Pudscha geheißen, werden der gefeierten Gottheit Thiere in Menge geschlachtet, Schafe, Ziegen, Rinder, Ochsen, Hühner, und deren Fleisch von Allen ohne jeden Skrupel gegessen. In Kalkutta bei der großen Durga=Pudscha, von welcher Bose sehr Ausführliches mittheilt, werden Tausende und aber Tausende von Opfer= thieren geschlachtet und verzehrt. Er erzählt von einem fanatischen und zugleich pedantischen Nabob, welcher die vom Schachspiel her bekannte geometrische Zahlensteigerung bei seinem Opfer vor Kurzem zur Ausführung gebracht. Am ersten Tage des Festes lieferte er nämlich ein Schaf als Opferthier, am zweiten Tage deren zwei, am dritten Tage vier, am vierten acht, und so fort jeden Tag die Zahl verdoppelnd, so daß er am 15. Tage, dem Schlusse des Festes, gegen 32,000 Schafe an die Schlachtbank geliefert hatte. War dieses Wahn= sinn, hatt' es doch Methode! Dem zu schlachtenden Thier wird von dem Opferbrahminen mit einem einzigen wuchtigen Hiebe der Kopf abgeschlagen; hierzu bedient er sich eines besonderen schweren Haumessers, dem Hakenschwert des Perseus einigermaßen vergleichbar.* Augenzeugen versicherten mich, daß auch bei Ochsen dieser Enthauptungshieb ausgeführt wird; Bose bestätigt das Kraftstück, das nach ihm ein überaus ekles Schau= spiel darbietet. Die Opferplätze der finsteren Göttin sollen im Blute förmlich schwimmen. Die bei solchen Gelegenheiten dem Volke übergebenen Massen von Thierfleisch werden in manchmal zu abscheulicher Wildheit ausartenden Orgien verzehrt, wenn nicht, wie es auch wohl geschehen soll, des sinnlosen Ueber=

---

* Auf der vorjährigen indischen Ausstellung im Kunstgewerbe= museum war ein solches rituales Opfermesser, Talwar (von sanskrit taravari, der Durchhauer), deren ich auch in Indien wiederholt sah, es hat eine handbreite, zwei starke Spannen lange wuchtige Klinge, die vorne sichelförmig eingebogen ist, und wird zweihändig an einem fußlangen Griffe regiert.

maßes so viel ist, daß die Thierkadaver massenhaft in den Fluß geworfen werden und, ans Ufer geschwemmt, in Fäulniß über= gehen und die Luft weithin verpesten.

Der Sinn dieser bis zum Rasen gesteigerten Opfer ist, wenn man den Vorgang als Ganzes durch die Zeiten hinburch als volkspsychisch betrachtet, wohl schwer zu verstehen. Daß ein enger Zusammenhang zwischen dem heutigen indischen Brauch und dem Thieropfer der Alten besteht, scheint nicht bezweifel= bar. Sollte hier nicht die Ansicht einzelner neuerer Forscher eine Bestätigung finden, wonach im Allgemeinen in der ganzen indo=arischen Völkerfamilie das Töbten der Fleischthiere als sündhaft erachtet gewesen, die Götter aber vermöge Annahme der ihnen geweihten Theile in Mitschuld gezogen erschienen? Nach dieser Ansicht ginge das Thieropfer, das wir bei den Alten so überaus regelmäßig dem Genuß des Fleisches der geschlachteten Thiere vorangehen sehen, nicht daraus hervor, daß den Göttern Mit=Genuß gewährt werden solle, sondern daß sie mit in die Verschuldung an der Verletzung des Thier= schutzgebotes hineingezogen würden, worauf sie dann den Menschen wegen der Uebertretung nicht strafen könnten. Die Thieropfer wären auf diesem Wege allmählich die regelmäßige Versorgung der Städtebewohner mit Fleisch geworden, woraus sich die gewaltige Größe der Opferaltäre erklären ließe. Der kolossale pergamenische Altar ist uns ja nunmehr so genau bekannt. Daß das Opferfleisch daselbst regelmäßig abgegeben, doch wohl verkauft wurde, geht ja aus der bekannten Stelle (Kap. II) der Offenbarung Johannis hervor, wo der jungen Gemeinde von Pergamon empfohlen wird, nicht von dem Opferfleisch zu essen.

Wenn man angesichts der geschilderten indischen Gebräuche der vorstehenden Anschauung nachgehen dürfte, so stände Hindostan noch bei der ältesten Form, wo den Göttern nur bei seltenen Festen zugemuthet wird oder sie kaptivirt werden,

die Uebertretung zu gestatten; nach Westen hin wäre dann die
Uebertretung in die Regel übergegangen und der letzte Schatten
des Verbots wäre endlich, einem leisen Drohen mit dem Finger
vergleichbar, der oben erwähnte wöchentliche Fischtag der Ka=
tholiken. Wie dem nun sein, wie die Archäologie die Frage
auch entscheiden möge, jedenfalls verdient wohl der indische
Thierschutz und die indische Thierfleischenthaltung volle Berück=
sichtigung im Entwicklungsproblem.

Die Landschaftsbilder flogen an uns vorüber, als wir, auf
der Fahrt von Delhi nach Bombay, den Postzug der Radsch=
putana=Linie benutzten; der Zug machte nur kurze Halte an
den Stationen. Am Nachmittag indessen, gegen halb drei Uhr,
erreichten wir eine Erfrischungsstation, eine jener willkommenen,
welche auf der Eisenbahnkarte mit einem R ("Refreshment")
ausgezeichnet waren. Es war Bandhikui, wo wir in dem
Bienenkorbbau zu Mittag speisten und wo leider das Eis für
das Sodawasser ausgegangen war. Uns stand aber noch ein
Ereigniß bevor. Nach rasch abgethaner Mahlzeit begaben wir
uns in corpore zu unserer Menagerie, wo Dschebby bereits
beschäftigt war, das Thiervolk zu besorgen. Die Vögel waren
etwas still, aber gesund, die beiden Affen saßen vor ihrem
Kasten, durch ihre Ketten, die sich stark verwickelt hatten, ver=
bunden. Zuschauer in Menge umstanden den offenen Packwagen.
Da setzte eine hastige Bewegung eines der Umstehenden den
scheuen "Gula" in Schrecken, so daß er einen plötzlichen Ruck
an der Kette that und — diese sprengte. Anfangs merkte er
nicht, daß er frei war. Allein auf einmal wurde er sich dessen
bewußt, als er nämlich Dschebby's nach dem Kettenstumpf
greifender Hand ausweichen wollte. Sein Sprung brachte ihn
aufs Trittbrett, ein neuer angstvoller unter den Wagen. Nun
entstand allgemeines Rennen, Bücken, Treiben, Verfolgung.
Eine förmliche Jagd der weißen Turbanmänner den Zug ent=
lang ging aber los, als Herr Sp. fünf Rupien dem ehrlichen

Wiederbringer bot. Gula hopste aber unterdessen unter der Wagenreihe dahin, dann auf einmal zur Seite heraus, hinter ihm her die Jagd. Jetzt setzte er quer über die Gleise, vor= über am Stationshause, wo ausgebreitete Hände ihm nur eine andere Richtung gaben, nicht aber ihn aufhielten, und jetzt — da rannte er hin zwischen die Felder, und weiter und weiter. Noch einige angsterfüllte Blicke warf er zurück und dann ging's in vollem Lauf hinein in die Büsche und von da in den Wald. Mit hängenden Flügeln kehrten die letzten Verfolger zurück. Fünf Rupien nicht verdient, Gula fort! Vielleicht lebt dieser noch dort im schönen sonnenwarmen Wald, den gut an= geschnallten Lebergurt um die Taille, daran den klirrenden Kettenstumpf. Daß ihn die dortigen Vettern mit den langen Ringelschwänzen wegen der Gürtelzierde besonders freund= schaftlich empfangen haben, bezweifle ich, wenn er sie auch vielleicht für einen Orden ausgegeben hat. Aber seine wohl nicht ganz prügellose Freiheit möchte ihm schließlich doch noch lieber sein, als alle Schätze Berlins, deren sich seine Gefährtin, die kleine gute Susu, heute noch auf ihre possirliche Manier erfreut.

Gula war aufgegeben, was Herr Sp. mit Fassung trug; weiter rollte unser Bahnzug. Gegen Abend erreichten wir Dschaipur, den einstigen Sitz des himmelskundigen Radscha, auf dessen Bauwerke wir schon zweimal gestoßen. Auch Dschaipur besitzt ein von ihm erbautes Observatorium inner= halb seiner schweren Festungsmauern, die nämlich 20 Fuß hoch und 9 Fuß dick sind. Leider lag auch hier der Bahn= hof, wie allermeist auf der ganzen Linie, ziemlich fern von der Stadt, so daß wir nur deren blaue Umrisse zu sehen be= kamen. Der Palast des wißbegierigen, die arabische Tradition fortführenden Fürsten soll ein ganzes Siebentel der Stadt einnehmen. Allerlei interessante Auskunft gab ein munterer junger Engländer, der zu uns eingestiegen war, u. a. auch

über die recht blühende, an dem Plaße betriebene Kunſt=
induſtrie der indiſchen Tauſchirarbeit, d. i. Gold= und Silber=
einſchlagung in Stahl. In Agra hatte ich zu bereits früher
erworbenen Stücken noch einen ſehr ſchönen kleinen Schild,
der in dieſer Manier dekorirt war, erſtanden; dieſer wurde
jeßt hervorgeholt und an ihm die eigenartige Technik be=
ſprochen. Die Induſtrie ſoll ſehr viele kleine Leute beſchäftigen,
deren Geſchick in der Aufbringung der feinen Goldbrähte und
=Plättchen auf die Stahlfläche geradezu bewunderungswürdig
iſt. Nicht gar lange nach Dſchaipur erreichten wir Phalera*,
wo eine Zweigbahn nach einem merkwürdigen See, dem von
Sambhar abging. Es iſt ein Salzſee, diesmal ohne Mormonen,
der gegen 12 deutſche Meilen im Umfang mißt. Bei einfacher
Verdunſtung an der Sonne ſeßt ſein Waſſer vortreffliches Salz
ab, welches der Verwaltung ganz bedeutende Einkünfte liefert.
Der See führt den Beweis, daß die heilige Wüſte Thurr einſt
Meeresboden geweſen. Meines Wiſſens iſt ſie bei uns geologiſch
noch nicht vollauf gewürdigt. Nach Profeſſor Oxenius' inter=
eſſanter Theorie hätte man vielleicht auch Petroleum dort zu
gewärtigen.

Gegen Mitternacht halbſtündiger Aufenthalt bei Abſchmir,
der jeßigen Hauptſtadt und dem Stolz der Radſchputana. Sie
wird für die maleriſchſte Stadt von ganz Vorderindien ge=
halten. Ihre Marmorbauten, deren Grundmauern ein ſchöner
tiefklarer See beſpült, ſollen von hoher Zierlichkeit ſein. Einige
Meilen weſtlich von Abſchmir befindet ſich noch eine beſondere
Merkwürdigkeit Indiens, von der wir durch ihre Nähe geſtreift
und dadurch für ſie intereſſirt wurden. Es iſt der heilige See
von Poſchkur am Rande der großen Wüſte, der wiederum ein
Beiſpiel von der Weiſe der Hindu abgibt, in welcher ſie gleich=
ſam die ganze Natur ihrer phantaſtiſchen Religion unterwerfen.
Waren ihre alten inbrünſtig angerufenen Vedengötter die Natur=

* P und h getrennt, nicht wie f zu ſprechen.

mächte selbst, so hat der Brahmanismus es verstanden, nach und nach die Ideen so zu wenden, daß die Natur aus den Händen und Launen der bis zu Millionen an Zahl ange= wachsenen Götter, die jetzt das indische Gehirn beherrschen, hervorgeht. Brahma selbst hat, wie behauptet wird, den See besonders geschaffen und darum ist letzterer absolut heilig und seit vielen Jahrhunderten das Ziel frommer Pilgerschaft. Statt Poschkur wird, wohl genauer, auch Pauschkur gesagt; pauscha ist ein bestimmter Monat, kuri ein heiliger Ort. Ein Augenzeuge hat mir später erzählt, wie fanatisch in ihrer Verehrung für den See die Pilger oft seien. Sie kommen heran auf ihrer Wanderung, die letzten hundert Schritte in vollem wildem Lauf und stürzen sich mit vorgestreckten Armen, heiser brüllend, in das lehmige Wasser, von dem sie in sich schlingen, bis sie nicht mehr können.

Priesterschaft hat sich natürlich angesiedelt. Außerdem erachteten die fürstlichen Familien von ganz Indien, obwohl Brahma lange nicht so leidenschaftlich in den Kult hinein= gezogen ist, wie Wischnu und Çiva, es für religiöse Pflicht, an dem Seeufer Tempel zu errichten, ihn gleichsam in heilige Architektur einzuschließen. So ist denn der innerhalb eines Kessels zwischen hohen Sandbünen gelegene See nach und nach mit nicht weniger als drei dichten Gürteln von Tempelbauten umschlossen worden. Der innerste Gürtel liegt jetzt, einer säkularen Niveau=Aenderung des Sees wegen, fast ganz unter dem Wasserspiegel, aus dem nur einzelne Thürme und Kuppelbekrönungen herausragen. Der Anblick soll unseren Reisegefährten nach im höchsten Grade merkwürdig sein. Die Inder widerstreben dem von den Engländern ausgesprochenen Gedanken, den Seespiegel wieder zu vertiefen. Sie sehen vielmehr die Umarmung der Tempel durch Brahma's See als eine Göttergunst an. Etwas vom See entfernt am Dünen= abhange liegen auch noch Tempel, ein großer, ganz in weißem

Marmor aufgeführter, Brahma geweiht, der allergrößte aber
dem ruhmvollen Helden der Mahabarata, Rama, der — als
Fleischwerdung Wischnus — göttlich verehrt wird. Erst vor
wenig Jahren ist der letztere Bau vollendet worden, was für
ein intensives Fortleben der Dichtung spricht. Als Reflexion
äußerer Ereignisse hat sie durch zwei Jahrtausende hindurch
in fortwährender seelischer Einwirkung auf eine ungeheure Bevölkerung deren Thun und Fühlen bis zur Beherrschung der
Gemüther beeinflußt.* Abbildungen vom Tempelsee erlangten
wir leider nicht.

Den nächstfolgenden Tag und noch eine Nacht dauerte
unsere Fahrt durch die in Städten und Bergen noch mannig-
fach interessante Gegend, die für sich allein eine große Ausbeute an Sehenswürdigkeiten für eine indische Reise bieten
würde. Erwähnt sei noch Ahmedabad, das wir am Abend
des zweiten Tages erreichten, eine um 1412 gegründete Stadt,
die früher nahezu eine Million Einwohner gezählt haben soll;
1872 ergab die Zählung rund 117,000. Die Straßen sollen
weit und schön sein und sich dadurch auszeichnen, daß die
einzelnen Blöcke oder Häuserinseln so ungewöhnlich groß sind;
einzelne sollen bis 10,000 Bewohner zählen. Als hervorragende Kunstindustrie gilt jetzt die Töpferei daselbst. Nicht
weit von der Stadt liegt eine herrliche Moschee, in welcher
außer dem Sultan Ahmed, dem Gründer der Residenz, auch
der Erbauer des großen Thurms in Alt-Delhi, Kutub-ub-din,

---

* In Benares findet alljährlich eine Mela (Fest) zu Ehren
Rama's statt, die Ram-Lila oder das Ramaspiel. An einem der
ersten Festtage wird die ganze Ramayana von Anfang bis zu Ende
öffentlich vorgelesen, an manchen Stellen der Stadt werden mit
enormem Pomp Episoden daraus aufgeführt; bei der letzten, wo
Rama (jetzt „Ram") mit Ravana dem Beherrscher von Lanka (Ceylon)
kämpft und diesen tödtet, soll die Zuschauermenge sich meist auf mehr
als 80,000 Köpfe belaufen.

seine Ruheſtätte in einem wundervollen Marmor-Grabbenkmal
gefunden hat. In Ahmedabab gingen wir auf eine andere
Bahn, die „Bombay-Baroba= mb centralinbiſche Linie" über.
In der Frühe des dritten Tages erblickten wir nach
Weſten das Meer und überſchritten bei Surat auf einer enbloß
langen eiſernen Brücke ben Tagli. Dies war der erſte von
uns paſſirte Brückenbau, der nicht imponirte. Das eiſerne
Gitterwerk war auf runde, wahrſcheinlich eingeſchraubte Eiſen-
pfeiler gegründet: das Ganze aber ſchien ſchwach und wenig
zuverläſſig. Die Gitterſtäbe und Nieten klapperten, die Pfeiler-
ſäulen tremulirten, obwohl der Zug nur im Schritt-Tempo
vorſichtig hinübergelootſt wurde. Faſt dicht am glitzernden
Meer ging darauf die Fahrt hin, bis wir gegen halb eilf Uhr
am „Kirchenthor" Church gate — mit Sanskritſchrift ſtand mit
vier Zeichen angeſchrieben: Tschartsch get — fahrmüde bem
Wagen entſtiegen; die Bahnreiſe hatte doch ganz nahe
52 Stunden gebauert.

Bombay liegt an der Spitze einer ſich norbſüblich er-
ſtreckenden ſchmal auslaufenden Inſel, auf deren äußerſtem
Südkap Abends der Leuchtthurm ſein drehendes Licht aus-
ſtrahlt. Der ſchmale Meeresarm, welcher im Norden und
Norboſten die Bombay-Inſel — Mumbee ſagt der Inder —
vom Feſtlande trennt, wird an zwei Stellen von Eiſenbahn-
brücken überſchritten. In dem ungeheuren Hafen, richtiger
geſprochen der Meeresbucht zwiſchen Bombay und dem Feſtlande,* liegen noch mehrere kleinere Inſeln, darunter auch die
berühmte Elephanta, von der Stadt aus in blauer Ferne,
aber doch noch deutlich ſichtbar. Unſer Quartier nahmen wir
in dem großen Esplanabenhotel, welches, ringsum freigelegen,
an das Südende eines prächtigen grünen, von Baumalleen
eingefaßten Platzes ſtößt. Folgende Abbildung gibt eine gute

* Die Hafenbucht hat eine Fläche von etwa $2\frac{1}{2}$ beutſchen
Quabratmeilen.

Vorstellung von demselben. Von den Balkongallerien unserer
auf dem dritten Stock nach Norden liegenden Zimmer aus
hatte man einen ausgezeichneten Ueberblick über die Stadt.
Vor uns die Esplanade, links hinauf stattliche neue Häuser,
weiterhin eine Reihe oder Gruppe großartiger öffentlicher
Bauten in englischer Gothik, rechts die älteren niedrigeren
Häuser des das Fort genannten Stadttheils, dessen Befesti=

Bombay, Esplanaden = Hotel.

gungen vor 11—12 Jahren beseitigt worden sind. Im Mittel=
grunde jenseits der Esplanade beginne, so zeigte man uns,
das eigentliche indische Viertel; im Hintergrunde links und
rechts sah man die Erhebungen des Malabarhügels und des
Byculla genannten Stadttheiles, wo die Privatwohnungen der
Europäer auf die kühleren Höhen hingebaut sind.

Der Seewind bringt dem Hotel angenehme Kühlung aus

erster Hand von Westen her; zum erstenmal auf der ganzen
Fahrt fanden wir daher keine Punkha über der Mittagstafel.
Europa nahte sich wieder. Standen doch auch auf dem Speise=
tisch wieder die Minton'schen Majoliken, immer dieselben blaß=
gelben Putten, welche mühsam eine Blumenschale tragen, die
stereotyp lächelnden Faunmasken und die grünglasirten Blätter,
als ob wir im Grosvenor=Hotel in London wären. Wo
England herrscht, bringt es sich selbst mit. Auch der Kellner
im Frack war wieder der Bedienende; nur die Träger, welche
die Speisen hereinbrachten und die Teller wegräumten, waren
noch braune Söhne des Sonnenlandes.

Unser erster Ausgang am Nachmittag war der zum
deutschen Konsulat, welches im Kaufmannsviertel, dem Fort,
liegt. Ich sollte dort eine Sendung indischer Metallwaaren
finden, die der thätige und erfolgreich wirkende Industrie=
Inspektor Buck von Khanpur mir dahin zu senden versprochen
hatte. Herr Buck hat es verstanden, überall in seinem Bezirk
(in den Nordwestprovinzen) die flau und unsicher gewordene
indische Arbeiterhand durch das erdenklich beste Mittel wieder
zu erhöhter Thätigkeit zu bringen, dadurch nämlich, daß er
statt auf europäische, auf indische gute Muster zurückverwies, sie
in Schule und Werkstatt als Vorbilder hinstellte und ganz
innerhalb des Stilgefühls des Landes weiter zu bilden Ver=
anlassung gab; überall sind gute Erfolge rasch eingetreten und
versprechen noch sehr viel Gutes für nahe Zukunft. Alte halb=
vergessene Muster wie Geschicklichkeiten wurden wieder aufge=
funden und neubelebt, aber auch bemerkt, daß es hohe Zeit
gewesen war, sollte nicht manches völlig in Vergessenheit ver=
sinken. Auf dem Wege durch das Fort fesselten uns Läden
und Schaufenster links und rechts. Hier waren es die ranken=
werkbedeckten Silbergefäße von Kaschmir, dort reiche Arbeiten
in Bombaymosaik, dann wieder emaillirte, tauschirte, getriebene
Kupfer= und Bronzewaaren und vieles andere, was den rasch

angesetzten Gang immer wieder unterbrach. Von dem mit dem mannigfachsten Kunstwerk erfüllten Laden des wohlgenährten, mit seinem weißen indischen Anzug gleichsam bespannten Puhu= mull in der Hammamstraße konnten wir uns kaum trennen, indem er uns ein schönes Stück nach dem anderen vorlegte und namentlich neben die Metallwaaren die prachtvollsten Stoffe und Decken legte. Wir bereiteten unsere Ankäufe bei ihm nur in vorläufiger Musterung vor.

Den Konsul trafen wir nicht zu Hause, er war nämlich ein wenig nach Europa gereist; sein Vertreter, Herr Müller, empfing uns aber mit liebenswürdiger und munterer Zuvor= kommenheit. Meine Kiste von Khanpur war richtig einge= gangen, wurde alsbald zum Gasthof gesandt. Wir erfuhren auch vom Vizekonsul, daß unser Schiff am 16. spät, oder am 17. früh abgehen werde, einen Tag später, als wir ange= nommen; da wir den 13. zählten, blieben uns drei Tage für Bombay. Die freundliche Einladung zum Abendessen auf Malabarhill nahmen wir mit großem Danke an.

Es wurde nun ein Gang oder vielmehr eine Fahrt in das indische Viertel angetreten. Dieses ist wie mit dem Messer von dem englischen Theil der Stadt abgeschnitten. Da war wieder Indien in seiner ganzen Eigenthümlichkeit, ein Leben und Weben, ein Rennen und Thun, daß man Europa wieder weit entrückt wußte. Auffallend häufig war der Perser mit seiner hohen schwarzen Kappe (Mitr) zu erblicken, China dagegen schien wie verschwunden. Ein Handwerksfleiß wie ein Bienen= schwarm zeigte sich überall. Da saßen auch in ihren vorne offenen Werkstätten die Schreiner, welche die zierliche Bombaymosaik anfertigten; wir versparten uns die eingehende Besichtigung auf den anderen Tag. Ein Tempel zog jetzt unsere Aufmerksamkeit auf sich. Er hatte viel Ornamentik und war außen geschmückt mit einer Reihe farbiger Statuen, die in sitzender Stellung auf Pfeilern und Konsolen angebracht waren; sie schienen

Heilige oder Derwische vorzustellen; alles sah ziemlich neu aus.
Es hieß, der Tempel sei buddhistisch, was ich dahingestellt sein
lassen muß, da Genaues nicht zu erfahren war; leider war
der Zutritt durchaus nicht zu erlangen. Weiterhin gelangten
wir zu einem großen Kund oder Tempelteich, der durch eine
Mauer von der Straße getrennt war. An dieser selbst wohnte
die ehrsame, fleißig hämmernde Kaste der Kupferschmiede, deren
Werkstätten mit ihren blinkenden Waarenvorräthen und der
coram publico betriebenen klopfenden, schabenden, polirenden,
putzenden Thätigkeit ein überaus lebensvolles interessantes Bild
darbot. Es hieß, daß gegen tausend die tamba Bearbeitende
dort zusammen beschäftigt seien. Während der Rundfahrt neigte
sich der Abend, so daß wir nach vollzogener äußerer Auf=
frischung im Gasthof alsbald nach Malabarhill zum Konsul
aufzubrechen hatten. Der Weg schlängelte sich zwischen inter=
essanten landhausartigen Bauten auf die Höhe, wo man in
die ausgedehnte, in Terrassen aufsteigende Wohnstätte des
Konsuls gelangte, in der jetzt unser liebenswürdiger Wirth
residirte. Die Stadt breitete sich im Abendnebel fast ringsum
aus; wie verstreute weiße Funken schimmerten die Gaslichter
herauf, der Leuchtthurm schwenkte einen langen Lichtstreif durch
den Abendnebel über die mächtige, leise summende Stadt hin.

Drinnen erwartete uns ein vorzüglich besetzter Tisch und
muntere lebhafte Unterhaltung mit dem Wirth und deutschen
Freunden desselben. Zum erstenmal durchbrachen wir auch
hier die auf der ganzen Reise festgehaltene Regel, geistige
Getränke zu meiden, und ließen in trefflichem rheinischem
Gewächs das Vaterland leben. Nur die Perlchen, die uns
auf die Stirne traten und trotz der wehenden Schwingfächer
immer wieder vorbrachen, erinnerten mechanisch daran, daß
wir, obzwar in heimischer Umgebung, uns unter den Tropen
befanden.

Der folgende Tag flog rasch dahin. Wir machten Fahr=

ten und Gänge durch die Stadt, namentlich auch, um die ein=
heimische Bevölkerung in ihrem Gebahren am europäischen
Sonntag zu beobachten. Derselbe hat in Bombay merkliche
Einwirkung auf das indische Leben gewonnen; überall ist doch
dieses begrenzt und eingeschnitten von der abendländischen Kul=
tur. Freilich arbeiten viele Handwerker des Sonntags wie
sonst; Handel und Wandel thun, als kümmere sie das Fremde
nicht. Indessen sind auf den Werften, in Fabriken, bei öffent=
lichen Bauten so viele indische Arbeiter beschäftigt, daß deren
Rückfluß und Unthätigkeit am Sonntag doch dem ganzen Volks=
treiben einen anderen Anstrich, als der werktägliche ist, auf=
prägen. Vom „Apollo"=Bandar oder =Hafen aus — man
sieht die Stelle auf unserer Abbildung, oben gleich neben dem
weißen Bau, welcher ein Hospital ist — die Schiffswerfte ent=
lang wandernd, erhielten wir einen Einblick in die überaus
großartigen Hafenanlagen. Da liegen mächtige Kauffahrer,
Postschiffe, Kriegsdampfer, da steht am Ufer gewaltiges Krahn=
hebewerk, da reiht sich ein Magazin an das andere mit seinen
Höfen und Plankenzäunen. Ein gewaltiges Kohlenmagazin
fiel uns besonders auf, dessen Lagerplätze wie von massigen
Mauern durchzogen waren, aufgebaut aus Klötzen von Stück=
kohlen. Ob von unseren auf der See so bewährt gefundenen
Westfälingern welche dabei wären? An das Hauptthor der
Umfriedigung gelangend, lasen wir nicht ohne Staunen die
Aufschrift des Schildes der großen Firma, welche in dem
schwarzen Artikel handelte. Sie lautete in gutem Deutsch:
„Baseler Missionsgesellschaft." Wie? Basel ein Kohlenbergw—
— Nun, nun, man mußte sichs zurechtlegen. Ohne Fonds
kann auch Mission nicht betrieben werden, und Heidenstrümpfe
sind in Ländern, wo die Strumpflosigkeit Bedürfniß wird,
ohnehin nicht abzusetzen. Merkwürdig ist, fiel mir ein, wohin
doch die in Europa den Missionsgesellschaften von treuen Ge=
müthern gelieferten Heidenstrümpfe eigentlich gelangen, da so

zu sagen das ganze Gebiet der Missionen in dem Erbgürtel liegt, in welchem die Eingeborenen ihre Strumpffreiheit auf keine Weise entbehren können. Die bezügliche Statistik ist wohl noch nicht „aufgemacht" worden.

Ueber die Ergebnisse der Missionen in Indien leben wir doch vielfach noch in irrthümlichen Anschauungen. Schopen= hauer, der, man weiß nicht recht, ob in hoher Ironie oder ernsthaft, in weltverachtendem Grimm, in der hinduistischen Askese und dem buddhistischen zur Erstarrung der Seele führen= den Nirwana das Letzte sieht, beschäftigte sich viel mit der Frage; er führt wiederholt an, daß statistisch die christliche Mission soviel wie gar keine Fortschritte in Indien gemacht. Aeußerlich ist für den Reisenden auch wenig davon zu merken. Die Wahrheit ist aber, daß eine keineswegs unbeträchtliche christliche Propaganda durchgesetzt worden ist. Die Gesammt= zahl der dem christlichen Bekenntniß gewordenen Inder beträgt jetzt nach Hunter etwa 1½ Millionen, was an sich gewiß be= deutend, wenn auch gegen die Ziffer der Bevölkerung, 254 Millionen, nicht viel zu nennen ist. Ueber eine Million der Proselyten kommen auf das katholische Bekenntniß. Dies scheint begreiflich, da so mancherlei Aeußerlichkeiten der katholischen Riten mit denen der Hindu übereinstimmen, ja mit Wahrschein= lichkeit von denselben zu uns gelangt sind, und die Form bei dem römischen Kirchenwesen doch sehr im Vordergrunde steht. Für den Protestantismus sind die bestehenden Lehrähnlichkeiten eher ein Hinderniß als eine Förderung. Die indische große Trimurti oder Dreieinigkeit, aus Brahma, Wischnu, Çiva be= stehend, zieht der ungebildete Hindu, als ihm weit verständlicher, der abendländischen dogmatischen vor, auch ist seine Phantasie mit den zahlreichen Avataren oder Fleischwerdungen Wischnus be= friedigend beschäftigt. Der gebildete Hindu andererseits, so be= richtet Hunter wörtlich, „denkt, daß Dreieinigkeiten und Fleisch= werdungen zu einer Stufe der Verstandes=Entwicklung gehören,

die er hinter sich habe." Bedeutend ist das Kontingent zur
christlichen Hindugemeinde, welches das nationale Unglück der
sich so oft wiederholenden Hungersnöthe stellt, indem die Re=
gierung mit den zahlreichen Waisen, welche aus halbausgestor=
benen Dörfern ihrer Fürsorge unbedingt zufallen, in der That
nichts anderes anfangen kann, auch bei gänzlicher religiöser
Neutralität, als sie den großartigen christlichen Waisenanstalten
zuweisen.

Eine segensreiche Einwirkung, die unabhängig vom Be=
kenntniß bleibt, üben die Missionen darin aus, daß sie Er=
ziehung und Bildung verbreiten, vermöge ihrer tüchtigen
Schulen auch an außerordentlich Viele, welche der Hindu=
religion angehörig bleiben. So gelangt aber ein stetiger
Strom von humanen, bessernden, erhebenden Anschauungen in
das große Land, so daß in der ganzen Bevölkerung ein
geistiges Glimmen und Erglühen vor sich geht, welches die
Gemüther den Keimen wahrer edler Menschlichkeit, dem inneren
Ziele des Christenthums, öffnet und befreiend auf die Volks=
seele einwirkt und zwar sowohl bei Hindu als Mohamedanern
und Buddhisten (auf Ceylon). Dieser innere Vorgang tritt
uns im Gespräch, in der Lektüre, in der Presse überall entgegen
und läßt erkennen, daß Englisch=Indien in eine großartige
Entwicklungsbewegung einzutreten im Begriff steht oder schon
eingetreten ist, deren Bedeutung täglich zunimmt. Den Wellen=
schlag derselben spürt soeben England, ja Europa, wegen der
schon während unserer Anwesenheit lebhaft verhandelten Ge=
richtsbarkeitsfrage, die in der Jlbert=Bill im englischen Parla=
ment die Parteien gegen einander führt. Unverkennbar ist die
neue Bewegung seit der Niederwerfung des Aufstandes vor
fünfundzwanzig Jahren erst in Fluß gekommen. Die Revolution,
die sich damals wild und gewaltsam nach außen kundthat, ist
seitdem in einen innerlichen Prozeß umgeschlagen, der weit
größere Folgen haben könnte, als der wildfanatische Ausbruch

der alten Denkform damals, eben weil er die letztere um=
gestaltet.

An diesen Vorgang im inneren Leben Indiens haben die
Missionen durch ihre Schulen mitgewirkt, allerdings nur mittel=
bar. Ihre unmittelbare Einwirkung, diejenige auf dem re=
ligiösen Gebiet, sieht dagegen für den Beobachter weniger er=
freulich aus. Da macht sich in Wort und Schrift jene Selbst=
gefälligkeit geltend, welche breit auftreten kann, da sie die
Macht hinter sich hat, innerlich aber im Formelwesen stecken
geblieben ist. Die Missionäre haben einige ganz brauchbare
Bücher über Indien geschrieben. Wenn sie aber darin auf das
eigene Thema kommen, wo z. B. die Inder immer so wohl=
gemuth als „Heiden" titulirt werden, so sieht man, daß sie
ihre große Aufgabe nur handwerksmäßig auffassen. Der Inder
ist nicht heidnisch, sondern tief religiös; religiös bei wahrer
innerer Frömmigkeit, auch größter Opferfähigkeit, wie wir oben
gesehen, freilich auch bis zu leerem Formelwesen oder zu blindem
Fanatismus. Wer aber will dafür den ersten Stein auf sie
werfen? Denken wir doch an Marpingen, Lourdes und andere,
noch viele viele andere Stellen. Ihre Religiosität macht sich
in ihrem Denken und Schreiben erkennbar. Ein Volk, dessen
Dichter eine Sakuntala schufen, dessen Dichtung und Phylo=
sophie überhaupt schon wunderbare Blüthen trieb, als bei uns
noch die Kultur ganz in der Tiefe stand, hat von vornherein
Anspruch auf Anerkennung seines Seelenlebens. Ein deutscher
Prediger, er hieß Herder, hat ihm dieselbe nicht versagt.
In seiner Vorrede zu Georg Forsters Sakuntala=Uebersetzung
lesen wir doch: (Ihre) „Begriffe der Religion, zumal in den
Wohnungen des Parabieses, sind (wer darf's leugnen?) selbst
parabiesisch."

Der Missionär Sherring führt übrigens eine merkwürdige
Aeußerung eines gebildeten Inders an, welche ich glaube er=
wähnen zu müssen. Es handelte sich in dem Gespräch um die

Mittel, den soi-disant Götenkultus zu beseitigen. „Wir brauchten", sagte der Inder endlich, „einen Luther unter uns! — — Welcher geiftige Hochblick, welch unerwartetes Urtheil verräth sich hier, welches Verständniß der Aufgabe! Ich kann mir die Szene der Unterredung vorstellen, und meine, der Sprecher hat bei seiner Aeußerung den Angeredeten nicht an= gesehen. Einen Martin Luther brauchen sie, „einen eigenen, indischen, keinen importirten, weder aus London, noch aus Basel", so mochte eine ungesprochen gebliebene Parenthese ge= lautet haben. Von innen heraus, aus der eigenen Volksseele hat die Wandlung stattzufinden, sind die Ideen zu läutern, ift die Form zu suchen, in welchem die dick überwucherten Keime zu Gutem und Großem, die im Volke schlummern, ans Licht geführt werden können. Einen Luther, der mit dem Kasten= wesen aufzuräumen versteht, der die Priesterwirthschaft wegfegt und dem so ausgesprochenen Religionsbedürfniß des Volkes mit gereinigten und veredelten Ideen entgegenkommt. Ob die in Bengalen aufblühende Gesellschaft „Brahmo=Samadsch" (d. i. Brahma=Versammlung) welche sehr freisinnige, aber indische Grundsätze pflegt und verbreitet, die Reform in Fluß bringen wird, ift sehr die Frage, da sie einstweilen gegen die starre Zwingburg der Kastenregel noch nicht vorzu= gehen wagt.

Es liegt auch gewiß in Englands wahrem Interesse, eine innere reformirende Bewegung Gestalt gewinnen zu sehen. Ein mächtiger Bundesgenosse einer solchen ift bisher noch ganz außer Mitwirkung geblieben, ein großer, über eine ungeheure Armee gebietender Bundesgenosse — es ift das weibliche Element. Würden die indischen Frauen erst einmal aus der jammervollen Geisterbeschränkung, zu welcher sie verdammt sind, herausgeführt an die freie Luft des eigenen Denkens, würden sie, die Erzieherinnen des künftigen Geschlechts, erst einmal aufhören, durch tägliche Beichte und Kniebeugung vor den Erb=

priestern deren Stellung immer aufs neue zu befestigen, so würde eine neue Aera für Indien begonnen haben.

Beachtenswerth ist, daß die Chrysalide bereits an ihre Hülle pocht. Die indische Frau beginnt an den Riegeln zu rütteln, welche sie von der Welt abschließen. Sie wird inne, daß ihr Geschlecht nicht immer wie heute im geistigen Joch gegangen sei. Mit Spannung lauscht sie den neuerdings von den Blättern gebrachten Erzählungen von ausgezeichneten indischen Frauencharakteren. Sie bewundert die Durgavati, Königin von Gurrah, welche den Muth besaß, selbst gegen den gewaltigen Akbar die Rechte ihres Kindes zu vertheidigen, dafür selbst in die Schlacht zog, nach schwerem Kampfe besiegt ward und sich dann, wie ein Römer, den Tod gab.

Noch mehr. Eine junge schöne Inderin, Roma Bai mit Namen, hat studirt und setzt jetzt die Pandits in Erstaunen durch ihre Gelehrsamkeit, wie dadurch, daß sie mit dem Herkömmlichen gebrochen hat. Sie hat die geistige Sklaverei der indischen Frau erkannt, und reist nun mit ihrem Bruder umher, Vorlesungen zu halten über die Emanzipation ihrer eingeschlossenen Schwestern. Ein hinduistischer Zeitungskorrespondent berichtet davon Folgendes: „Sie (die Geschwister) wurden überall mit Enthusiasmus von den Hindu aufgenommen, die entzückt waren, ihren heiligen Sanskrit von Frauenlippen zu vernehmen. Es deuchte ihnen, als sei Saraswati (die Göttin der Beredsamkeit) zu ihnen herniedergestiegen. Statt in einem heißen engen Zimmer saßen wir auf einer breiten offenen Terrasse unter freiem Himmel, den vorüberfließenden Ganges zu unseren Füßen. Die Zusammenkunft fand um halb fünf Nachmittags statt, als die Terrasse im Schatten der westwärts gelegenen Häuser und Bäume lag. Am östlichen Ende der Terrasse war ein kleiner Marmortisch aufgestellt, ein Wasserglas mit Blumen darauf, einige Stühle ringsum gestellt. Dort stand Roma, das Antlitz gegen Westen gewendet, und sprach zu ihren Zuhörern. Zu ihrer Rechten strömte der Ganges, bedeckt mit langen breitsegeligen Booten von einer Form, die vielleicht zwei Jahrtausende alt ist. Wenig oder nichts in der Umgebung erinnerte sie oder ihre Zuhörerschaft an europäische Civilisation. (!) Der klare blaue Himmel und der breite Strom, welcher, die Mauern von Benares bespülend, heranfloß, beherrschten alles andere. Es war ein Ort, welchen Bubbha gewählt haben könnte, um zu denen, die ihm folgten, zu sprechen."

Leider bricht meine Quelle hier ab. Gerne hätte man von dem Inhalt von Roma's Rede gehört. Hunter sah die junge Dame, welche zur Zeit unserer Reise 22 Jahre alt war. Er bezeichnet sie als schlank und von mädchenhaftem Aussehen, blond, mit lichtgrauen Augen. Sie war verlobt mit einem bengalischen Sachwalter in Kalkutta.*

* In der jüngsten Zeit brachte die Frankfurter Zeitung folgende, sich an das Gesagte wie unmittelbar anschließende Korrespondenz: Indien macht in der Frauenemanzipation gewaltige, fast zu große Fortschritte. Es ist oder scheint noch nicht so lange her, seit die letzte Sutti-Feier stattfand und die trost- und hoffnungslose Hinduwittwe auf demselben Scheiterhaufen den freiwilligen Tod suchte, der die Leiche ihres Gatten verzehrte. Nun ist gar in Indien ein Zeitungsorgan gegründet worden, welches nicht nur die Verminderung der Hochzeitskosten befürwortet, sondern sogar Inserate aufnimmt von Hinduwittwen, die zum zweiten — oder dritten — male in den heiligen Stand der Ehe zu treten wünschen. Ein Inserat rührt von einer zwölfjährigen Wittwe her, deren Vater für seine Tochter die Hand eines Bengali-Gentleman wünscht. Doch ist das Annoncen= fieber keineswegs auf das schwächere Geschlecht beschränkt. Die Männer sind ebenso gern bereit, vermittelst der Annoncen in den indischen „Matrimonial News" ihre bessere Hälfte zu suchen. Da ist u. A. ein Beamter des Baudepartements, der seine „schönen Züge und hübsche Gesichtsfarbe" als Hauptlockspeise annoncirt, und ein Bengali=Gentleman, ein Associé in einem Handelshause, wünscht

Die Begeisterung des indischen Korrespondenten für das Sanskritsprechen der Roma Bai ist übrigens an sich ebenfalls ein Kennzeichen von einer vollzogenen Wandlung in den indischen Anschauungen. Sagt doch in dem „Lehmkarren" der Lustigmacher Maitreya, offenbar in Uebereinstimmung mit dem Publikum noch:

> Ein Frauenzimmer, welches Sanskrit spricht,
> Das schnüffelt grade wie die junge Kuh,
> Durch deren Nase man soeben erst
> Den Strick gezogen hat.
>
> (Uebers. v. Fritze*).

Wie man bemerkt, regt sich das Geistige in Indien und es möchte die Zeit nahe sein, wo es aufs Neue zum Erblühen kommt. — Doch zurück zum Materiellen, wovon mich das fromme Kohlenmagazin abgelenkt hatte.

Die vom Hafen her in die Inderstadt reichenden Straßen zeigen die merkwürdigste Schattirung in ihrem Verlauf. Sie bringen wie Bohrer, wenn der Vergleich erlaubt ist, ein mit der europäischen Arbeitsweise in die einheimische. Da draußen in der Welt lernt man verstehen, daß Entfernung als solche auf dem großen Weltgürtel Ozean nur unwesentlich in Betracht kommt, seit der Dampf den Steven durch die Wellen treibt und die Erde ihr elektrisches Nervensystem erhalten hat; der Verkehr mit Fristen, an die man gewöhnt ist, tritt als Bindeglied zwischen die Emporien der verschiedenen Civilisationen ein und rückt sie an einander. In diesem Sinne

zum Behufe der Ehe die Bekanntschaft einer „gebildeten und schönen Dame" zu machen. Der nächste Schritt wird die Gründung eines Heirathsbureaus „mit strengster Verschwiegenheit" sein. Und da behauptet man noch, die Hindus seien der westländischen Civilisation nicht fähig!

* Mricchakatika ꝛc. metrisch übersetzt von L. Fritze, Chemnitz, Schmeitzner 1879.

liegt Bombay auf der Schwelle Europas und betreibt deshalb
seine Arbeit auf dem Schwellenrande auf europäische Art.
Ich meine nicht den wirklichen europäischen Fabrikenbetrieb,
wie er uns z. B. in der Fleming'schen Baumwollspinnerei
entgegentrat, die wir mit dem Zug vorgestern passirt hatten,
wo man durch die großen Fenster des Maschinenhauses die
1000pferdige Dampfmaschine ihr riesiges Rad herumschwingen
sah; das ist fremde Kolonie, nicht Indien. Ich meine viel=
mehr die handwerkliche Arbeit der Bevölkerung. Dicht am
Hafen haben sich Werkstätten aufgethan, in denen die Ein=
geborenen arbeiten, mit eisernen europäischen Hülfsmaschinen,
als da sind Drehbänke, Hobelmaschinen, Bohrmaschinen u. s. w.,
offenbar bei Ausbesserungsarbeiten für die Schiffe äußerst
nützlich, ja unentbehrlich. Betrieben werden die Maschinen,
beiläufig bemerkt, durch deutsche Gasmotoren. Da rasseln die
Räder, da spritzt das Oel, da schnurren und klappen die
Treibriemen, da poltert der Niethammer. Weiter in die
Stadt hinein werden dieser Hülfsmittel der „Civilisation"
weniger und weniger, sie erscheinen neben und unter dem
schlichten unvollkommenen Geräth der Eingeborenen. Endlich,
wo das Stadt=Innere erreicht wird, herrscht die indische Form
allein.

Für den Freund der Anthropologie hat dieses Crescendo
des Eindringens machinaler Künste, welches für unseren Ver=
kehr mit jenen Ländern ja so unendlich wichtig ist, einen weh=
müthigen Beiklang. Groß und bedeutend, wie unsere verstandes=
scharfe Meisterung und Leitung der Naturkräfte ist, bedeutet sie
auch zugleich eine Entfernung, Entfremdung von der allgütigen
Mutter Natur, während die schlichten urthümlichen Methoden
der Landeskinder ihr noch so freundlich nahe geblieben sind.
Bei uns arbeitet der eiserne seelenloose Knecht, bei ihnen der
ganze Mensch mit seiner Kraft, seinem Geschick, seinem ganzen
Wesen. Lebhaft steht noch zur Stunde eine indische Drechsler=

werkstatt vor meinen Augen, vor der wir, von dem Anblick gefesselt, unseren Gang nach dem Stadt=Innern unterbrachen. Der Meister im großen weißen Turban war eben beschäftigt, einen jener prächtig geformten Pfosten zu bearbeiten, welche in reicher farbiger Stilisirung das „stilvolle" echt indische Bett tragen. Die Arbeit mit dem Drehmeißel ging eben zu Ende. Jetzt wurde der Lack aufgetragen und abgeschliffen. Dies geschah auf der Drehbank, wie schon früher beschrieben, indem eine große Lackstange gegen das in Bewegung erhaltene Drehstück gepreßt und darauf die abgegebene Farbenschicht mit Palm= blattschnitzeln abgeschliffen wurde. Drei kräftige Bursche zogen hin und her an dem Riemen, mittelst dessen dem Arbeitsstück eine hin= und hergehende Drehung ertheilt wurde, etwa wie man sie dem Quirl zwischen den Handflächen gibt. Gegenüber dem Meister zogen zwei an dem Riemen, neben ihm einer der Gehülfen. Mit der linken Hand führte der geschickte Mann das mit Palmblatt umwickelte Schleifholz, mit der Rechten half er noch an dem Riemen ziehen. Es nahm sich pompös aus, diese energischen kraftvollen Bewegungen, mit welchen taktgemäß die muskulösen jungen Männer in ihrer malerischen Halbgewandung den Zugriemen führten, während der Meister wie in klugem Stolz sein Werkzeug handhabte und uns ge= legentlich mit einem selbstbewußten Blick streifte. Zwei vor= trefflich gearbeitete fertige Stücke, die an der Vorderwand lehnten, zeigten, was hier geleistet werden sollte und konnte. „Kherrad!" triumphirte Dschebby zu mir hin mit leuchtenden Augen; er kannte mein Interesse von Kalkutta und Benares her. Ein „bahut 'tsohaa" (sehr gut) meinerseits stimmte ihm anerkennend zu. Auch die Nachbarn freuten sich über das Geschick des fleißigen Meisters und nicht wenig über die demselben von den Sahiblogs gezollte Anerkennung.

Am Nachmittag besuchten wir den vielfach uns gerühmten zoologischen Garten der Stadt. Er ist groß und hübsch an=

gelegt, auch reich an gut untergebrachten und gehaltenen Bestien. Wir suchten nicht diese, sondern die Menschen. Es war ein buntes Getreibe und stellenweise Gedränge. Am meisten fielen die Perser mit ihren hohen schwarzen Mitren auf. Sie waren fein in ihre Landestracht gekleidet und beob= achteten eine vornehme Zurückhaltung und Gemessenheit, ihre Tracht ist steif und unkleidsam; langer weißer Rock, von schwarzem Ledergürtel gehalten, weiße Beinkleider — kamen doch die Hosen durch die Perser zu den alten Griechen und Römern — schwarze, vorn stark aufgebogene und zugespitzte Schuhe. Auf das bewegliche Treiben der Hindu sahen sie fast verächtlich herab. Die Perser sollen im westlichen Indien eine ähnliche Rolle spielen wie die Armenier im östlichen, die des Besitzenden und Dominirenden; sie schienen die europäische Sonntagsfeier als das Vornehme, Hochfeine für sich adoptirt zu haben.

Unser Vorsatz, am folgenden Tage die Fahrt nach Eleph= anta und seinen berühmten Höhlentempeln anzutreten, wurde leider durch die Unruhe der See vereitelt, so daß wir dieses Schaustück Bombay's, das einzige, welches aus alter Zeit stammt, nicht zu sehen bekamen. Dafür wurden die Industrie= studien um so eingehender fortgesetzt. Die uns am meisten bekannte Bombayer Industrie ist diejenige der zierlichen Mo= saik, mit welcher dekorirt so viele Kästchen, Buchdeckel, Karten= tästchen und andere Dinge zu uns auf den Markt gelangen. Ihre silberig schimmernden Sternchen, Rauten, Dreieckchen, Leistchen haben ja ungemein viel Freunde bei uns gefunden. In Bombay sieht man die Technik in zahlreichen Werkstätten treiben. Dieselbe ist persischen Ursprungs und vor etwas über hundert Jahren von Schiras über Sindh nach Bombay (auch Baroda) gelangt. Ihre Muster sind rein geometrisch; dieselben sind streng konservativ festgehalten worden, nicht ein Tüttelchen hat der Inder daran geändert, so daß die persischen und

indischen Ausführungen im Stil nicht zu unterscheiden sind.
Die einzelnen Muster sollen ganz bestimmte Namen führen,
wie zu erwarten ist, da sie sich fortwährend wiederholen. Das
Handbuch von Birdwood*, welches ich auf der Reise mitführte,
gibt eine Reihe derselben an, nach ihm Elliot James in seinen
„Indian Industries"**. Die Namen scheinen — sie sind
halbpersischer Herkunft — zu bedeuten Perlenreihe, Röschen=
reihe, halbe Röschenreihe, Raute, Dreieck u. s. w. Indessen
habe ich bei nachträglichen brieflichen Erkundigungen in Bombay
erfahren, daß mehrere offenbare Irrthümer unterlaufen sind,
indem verschiedene der von Birdwood angeführten Namen solche
für Zuckerwerk, gewisse Konfektsorten sind. Die Materialien
sind ganz beschränkt an Zahl: Bein, Hirschhorn (die grünen
Felder), Ebenholz, Sandelholz, indisch Rothholz (Sappan) und
dann Zinn oder eigentlich eine Legirung von Blei und Zinn.
Aus denselben werden Stäbchen gezogen wie Draht oder aus=
gewalzt, was das Zinn betrifft, und dann in Bündel von
sternförmigem oder anderem Querschnitt=Muster zusammengeleimt
mit trefflichem Leim aus Ahmedabad (anderer hält schlecht).
Von den so entstandenen Bündelstäben werden dann Plättchen
abgesägt wie Wurstscheibchen und neben einander auf die zu
verzierende Fläche geklebt, nachher alles ebengeschliffen und
polirt. Man sieht, die Methode ist nicht schwierig. Die
orthodoxe Festhaltung am alten Muster ist wohl nicht einmal
zu tadeln. Jedenfalls hat sie vor Entartung bewahrt. Eine
gewisse Orthodoxie der Formen ist auch für das Kunstgewerbe
überhaupt ersprießlich, wenn die Muster vorbildlich schön und
gut sind. Das Neue kommt wie von selbst allmählich hinzu,
wird von genialen Erfindern geschaffen oder im Umwandlungs=
prozeß von Kunst zu Kunst zugeführt. Neues machen wollen

---

* George C. M. Birdwood, the industrial arts of India, London,
Chapman & Hall.
** London, Allen & Co. 1880.

ist im Durchschnittsfall weniger erfolgreich als das gute Ver=
werthen des alten Musters. Die indischen Industrien führen
hierfür fast überall den Beweis. Neue Regungen in der per=
sischen Mosaikkunst zeigen sich übrigens neuerdings in Trit=
schinapoli in Südindien, wo mehr auf große weiße (Bein=)
Flächen, die mit Mosaik beränbert oder sonst dekorirt sind,
hingearbeitet wird.

Unter den besuchten Werkstätten möchte ich noch eine für
Goldstickerei hervorheben. Sie war vollauf beschäftigt, der
große Arbeitssaal, in den wir eintraten, ganz mit meistens
jugendlichem Personal, bis zu achtjährigen Kindern herab
besetzt. Das Geräth in solch einem Saal ist ungemein ein=
fach. Rahmen aus Bambusrohr, 2 bis 3 Meter lang, auf
Böcken liegend, an diesen sitzen — an jedem Rahmen drei
bis vier — Sticker sehr einfach auf dem Boden. Prächtige
Goldstickereien wurden gemacht. Die Methode des Stickens
ist dieselbe wie bei uns. Ein beliebter Artikel sind kleine
Mützchen, dem Cerevismützchen des deutschen Studenten ähnlich.
Sie heißen geradezu Bombay=Kappen (Mumbee-topi) und
werden als Mittelstück des Turbans, gelegentlich auch wohl
allein getragen.

Einen Auftrag hatte ich Dschebby früh ertheilt und diesen
auf der ganzen Reise wiederholt daran erinnert, es war, mir
ein Paar der priesterlichen Feuerreibhölzer (Arani im Sanskrit
genannt) zu beschaffen, die ich gerne meinen bereits gesammelten
polynesischen Feuerreibhölzern beigefügt hätte. Zu meinem Be=
fremden kannte Dschebby die Hölzer nicht; auch gelang es
nirgend, solche zu bekommen. So mußte ich denn in Bombay noch
selbst einen halbverzweifelten Versuch machen und begab mich
zu dem Ende mit dem Diener nach dem Tempel an dem
großen heiligen Teich, den ich früher erwähnte. Der sich
bietende Anblick war recht interessant. Die Gottheit, deren
Reliefbild an der Wand einer offenen Halle angebracht war,

wurde mir jetzt auch dem Namen nach bekannt. Es war die Stadtgöttin, Mumbabevi (Göttin von Bombay), also eine indische Athene Polias, welcher geschäftsmäßig Verehrung dargebracht wurde. Die indischen Tempelbesucher blickten den fremden Eindringling zwar finster an und wollten mich auch nicht zu dem Götterbild herantreten lassen. Mit Dschebby's Hülfe gelang es aber doch, wenigstens tief hinein in den Hof zu bringen. Wir fanden daselbst einen alten Brahminen unter einem heiligen Banianenbaum damit beschäftigt, Opferlämpchen und Kerzchen in Menge dort zu entzünden und anzubringen. Diese wurden von ihm theils auf vorspringende Knorren des Stammes gesetzt, theils in die Rindenrisse geklemmt, theils an Zweige gehängt. Eines der Opferlichtchen zündete er am anderen an, streute Weihrauch und andere Spezereien auf, daß es zum Himmel dampfte. Meine Hoffnung betrog mich; er meinte zwar, die Feuerhölzer zu kennen, Klares war aber nicht aus ihm herauszubringen, trotz Winken mit Rupien. Er habe jetzt keine Zeit, meinte er, er müsse an dem Baume opfern, wie wir doch sähen, und so mußte ich denn unverrichteter Sache wieder abziehen. Ich erwähne den Fall aus zwei Gründen, einmal, weil Reisende die Hölzer öfter gesehen haben und sodann, weil Schliemann auf das „Hakenkreuz", welches er mit Burnouf als Zeichen für die Feuerhölzer annimmt, einen besonderen Werth legt. Dieses Hakenkreuz 卐, welches auf zahlreichen Stücken der Schliemann'schen trojanischen Funde vorkommt, habe ich in den Ornamentirungen der Tempelgebäude vergeblich gesucht, auch seinen Namen „Swastika" bei Priestern und Laien, die ich fragte, nicht verstehen sehen. Die Swastika und die Sauvastika mögen vorkommen, sind aber hiernach beide nicht so landläufig, wie Schliemann annimmt; sie haben ja überdies nach Max Müller eine andere Bedeutung als die von den Feuerhölzern, nämlich die des Sonnenrades.

Der letzte Tag, der in halber Unruhe wegen der nahe
bevorstehenden Abfahrt unseres Dampfers verlief, wurde zur
Vervollständigung unserer kunstgewerblichen Einkäufe ver=
wendet. Reizende kleine Silbergefäße aus Kaschmir, die man
nach dem Gewicht kauft, sodann oxybirte und emaillirte Kupfer=
sachen aus Dschodpur, Sialkot und Dschaipur wurden nach
langem Handeln erstanden. Vieles konnte billig, d. i. preis=
würdig erworben werden, in anderen Fällen mußten wir
frühere Säumniß bereuen. Man hatte uns zum Oefteren
unterwegs Bombay als den vorzüglichsten Kaufplatz empfohlen.
Unsere Erfahrung zeigte aber, daß man am besten thut, bei
der großen Verschiedenheit der Industrien, von Stadt zu Stadt,
namentlich da sofort zu kaufen, wo beim Handwerker selbst
Gutes zu finden ist, indem der Handel zwar Vorräthe in die
großen Emporien bringt, aber doch auch, der Preise wegen,
gern geringeres Gut den Magazinen zuführt.

Als wir Nachmittags über den Markt zogen, noch dies
und das zu finden, kam Dschebby triumphirend mit einem
hochgeschwungenen Papier an. Es war eine Sanskritfibel,
die ich ihm mir zu beschaffen aufgegeben hatte. Sie wurde
noch auf dem Schiff später studirt und war merkwürdig genug.
Anhebend mit einer Anrufung des Ganeßa, wie sehr viele
indische Bücher, gibt sie eine kurze knappe Anleitung zum
Verständniß der Buchstaben, deren Verbindungen und An=
wendungen. Dann folgen Lesestücke. Das reichhaltige Alphabet
und seine klassische Benutzung muß auch dem indischen Schul=
jungen schwer werden. Denn am Schluß ist eine „Klage" in
eine Strophe gefaßt, anfangend: „Schwere, schwere Lektionen,
warum raubt ihr uns die Muße . . ." Haben wir also
Mitleid mit ihm. Beim öfteren Hin= und Herbetrachten des
grau und schlecht gedruckten Heftchens fiel mir die Ungleich=
mäßigkeit der Lettern auf; manchmal war dasselbe Zeichen klein,
manchmal groß. Sollte es vielleicht nicht mit beweglichen

Lettern gedruckt fein? ' In der That, es stellte sich als im
Holzschnitt hergestellt heraus. Rasch wurden unsere anderen
unterwegs erworbenen Drucke hervorgesucht, und siehe da —
auch sie waren sämmtlich, obwohl weit feinere Holzschnittdrucke.
Kein Zweifel demnach, daß diese Methode sehr häufig ange=
wandt wird. Ja noch mehr. Der oben erwähnte Fahrplan
wurde hervorgeholt und mit der Lupe untersucht: es ergab sich,
daß zwar die Tabelle mit Lettern, die große Ueberschrift in
Urdu, Sanskrit und Persisch aber jedesmal in Holzschnitt her=
gestellt war, daß somit die Engländer selbst dort gelegentlich
dem indischen Muster nach verfahren. So fänden wir denn in
Indien die Druckweise der ersten Guttenberg'schen Zeit noch im
Schwang! Erklärlich ist dies am Ende wohl bei einem kleinen
Bücherbedarf, aber auch in anderer Beziehung lehrreich. Denn
außer den 48 einfachen Zeichen der Sanskritschrift sind noch
gegen 350 Verbindungen (sogen. Ligaturen) erforderlich, was
für Setzkasten und Setzer keine kleinen Schwierigkeiten macht.
Mit erhöhtem Respekt sind deshalb Leistungen im Letternfach
wie diejenige der deutschen Faktorei von Drugulin (in Leipzig),
welche Sanskrit in drei Schriftgrößen führt, anzusehen. Aber es
verdient die Sache auch in unseren Anschauungen über die Er=
findung der Buchdruckerkunst in Betracht gezogen zu werden.
Zeigte sich doch, daß ein für dieselbe ganz wesentlicher Faktor die
Kleinheit der Zahl an Zeichen gewesen ist, aus welchen wir
unsere Schrift bilden. Man darf übrigens des erwähnten
Umstandes wegen nicht annehmen, daß Indien selbst illiterarisch
wäre. Zeitungen in indischer Sprache und Schrift, diesmal
mit beweglichen Lettern gedruckt, erscheinen mehr als 230. Im
Jahre 1878 wurden außerdem, um ein Beispiel anzuführen,
etwa 5000 Bücher in Indien veröffentlicht, wovon 500 Ueber=
setzungen, 4500 aber indische Originalwerke waren, ein Zeichen,
daß Indien innerlich aufwärts geht.

Um 3 Uhr Morgens am 17. August lichtete unser

Dampfer „India" die Anker. Als wir in aller Frühe nach Osten zurückschauten, war ein schwerer Nebelschleier vor das Land gesunken; kühl kam der Südwestwind uns entgegen, die grauen Wellen vor unserem Bug aufftauend. Der Vorhang vor dem Lande der Sonne, dessen Wunder wie ein phantastisches Schauspiel an uns vorübergezogen, war gefallen.

Der Gegensatz war fast schmerzlich schneidend. Dort im Osten flimmerten noch vor dem Auge wie in den Nachbildern des Physikers die Städte, die Paläste, die Tempel mit ihrem wunderbaren Leben. Die Figuren des phantasievollen geendigten Schauspiels flirrten noch durcheinander für den hinter den Nebel bringenden Erinnerungsblick. Sie drängten sich im heißen Sonnenschein, Alte und Junge, geschäftig Eilende und würdig Ruhende, hier in bunten reichen Fabeltrachten, dort in ärmlichen, dort wieder die braune nackte Haut zeigend, dazwischen der lebendig quecksilberige Dschebby, das Gestaltengewirre wie eine Eidechse durchschlüpfend, geschäftig, vermittelnd. Ein buntes Leben — doch nein! Wir sind auf dem stoßenden, stampfenden Schiff, das gegen den Monsun anringt und auf das die kalten Wellenspitzen gelegentlich hinaufklatschen. Das Stück ist zu Ende! Nach Hause!

Anhang.

Ceylon.

Zweimal habe ich auf kurze Zeit die Insel Ceylon, diesen Edel=
stein in der englischen Krone, „die Perle in Indiens Braue",
sehen können; das erste mal auf der Fahrt von Australien nach
Europa, das zweite mal auf der Reise in umgekehrter Richtung,
beides im Jahre 1880. Jedesmal ging demnach dem Besuch
eine lange Seereise voraus, deren Beendigung an dem schönen
Punkt doppelt Erquickung war. Ist es doch merkwürdig, wie
selbst die alten eingefleischten Seeleute, welche das Salzwasser
als ihr eigentliches Element ansehen und für uns „Landratten"
als solche immer ein gewisses Bedauern in sich tragen, nach
längerer Meerfahrt das Land jedesmal mit Freudigkeit begrüßen,
wie die jüngsten. Haben doch alle Messungen und Ortsbe=
rechnungen gestimmt, ist man ja doch auf eine Viertelsmeile
richtig ausgekommen, hat man doch die Kurszeit perfekt inne
gehalten (auf dem Postdampfer meine ich) und ist es doch —
wenigstens zur Abwechslung — ganz hübsch, auf völlig festem
Boden zu wandeln, im breiten Bett ungeschaukelt zu schlafen.
Kurz alles freut sich, wenn mit dem Glas am Auge der erste

Streifen der Terrafirma, welcher der Hafen angehört, sichtbar wird. Und diesesmal nun die herrliche Tropeninsel! — Ausgesprochenen Wünschen gerne entsprechend lasse ich hier eine Schilderung meiner leider zeitlich so sehr beschränkten Landungen als Anhang zur Querfahrt durch Indien folgen.

Ich hatte mich in Melbourne am 18. Februar auf dem „Pi. und O=Dampfer"* Assam eingeschifft. Um drei Uhr Nachmittags ging es ab vom Landungswerft. Das Abfahren dauerte aber nicht besonders lange. Nicht eine halbe Stunde waren wir südlich gedampft, immer noch in dem fast kreisförmigen Meeresbecken Port Philipp, als die Assam auf dem Grunde saß, ein kleiner Schrecken. Der Lootse hatte uns übrigens ganz sänftlich in den Schlick gesetzt, so daß nur ein allmähliches Festquetschen, nicht ein Ruck stattfand. Wäre letzteres geschehen, wäre Fels unten gewesen, so hätte das Schiff einen Leck und die Reise wohl ein sehr vorzeitiges Ende gefunden. Alle Reisenden waren noch auf Deck, dem Lande und der reizenden Melbourner Vorstadt St. Kilda die letzten Grüße zuzuwinken. Man sah sich ein bischen bestürzt an; denn zuerst wußte man doch nicht ganz genau, daß der Kiel auf so weichem Bett lag. Der Kapitän, ein alter grauer Seemann, — er schien den Siebzigern nahe oder darin — gab Kommandos, Matrosen rannten die Luken hinunter. Die Maschine schlug rückwärts, das Steuer wurde ganz ausgewendet. Aber die Schraube paltschte nur im Wasser, daß es hoch aufbrodelte und rauschte, und braunen Mudd heraufbrachte; los kamen wir aber nicht. Umgestellt wurde das Steuer, neues Gerausche; wieder herum das Steuer, alles ohne Erfolg. Kleine Pause; dann flatterten vier bunte

---

* Peninsualer and Oriental Line wird üblicher Weise abgekürzt zu „P. and O-Line", davon P. & O. Steamer.

Signalflaggen an einer Leine untereinander befestigt am hinteren
Mast empor, und dann neue vier, nachdem die ersten herab-
genommen. Der Schlepper aus dem Melbourner Hafen sei
bestellt, hieß es. Der kam denn auch, aber natürlich nach
einer halben Stunde erst. Zwei schwere Schlepptrossen (Taue)
wurden nunmehr an- und zwischengespannt am Stern der
Assam und nun setzte der plumpe schwere Hafenschlepper allen
Dampf an, uns rückwärts zu ziehen, unsere Schraube that auch
wieder ihr Mögliches mit Paltschen und Rauschen, und siehe
— ah, endlich — da fing der Koloß an, loszukommen und
schlüpfte schließlich ab von dem weichen Schlammlager, das ihn
hatte festkitten wollen an Australiens Küste. Das Wetter war
glücklicherweise sehr schön, die See ganz ruhig geblieben, so daß
wir unbeschädigt abkamen, wie der dicke rothbärtige Schiffszimmermann, der aus dem Raum herauf stieg, gemeldet hatte.
Hereingeholt wurden die Schlepptrossen und nun gings, in
weitem Bogen die Untiefe umfahrend, nach Süden, gleich darauf mit ganzer Kraft der Maschine. Die Ausfahrt aus Port
Philipp wurde bald erreicht und durcheilt, nachdem wir noch
einen letzten Postsack an der Uferstation aufgenommen; mit
herabdämmerndem Abend — einem schönen Februarsommerabend
— waren wir auf hoher See im Rollen der aus den antarkti-
schen Breiten heraufschwellenden Wogen des Ozeans.

Das Schiff, dessen Innenschau man sich inzwischen zuge-
wandt, hatte so etwas Bekanntes, Anheimelndes in Formen
und Maßen an sich. Hast du nicht das, oder ganz Aehnliches
schon gesehen, lange vor Augen gehabt? Richtig! auf den
matten Scheiben der Eingangsthür zur großen Kajüte stehen
ja die Bremer Schlüssel eingeschliffen, die alten, trauten! Es
war ein deutsches Schiff — gewesen, ein Bremer Lloyd-Dampfer,
der „Moltke." Während der letzten Auswanderungsebbe hatte
die P.- und O.-Kompanie das schöne Schiff dem Lloyd abge-
kauft, von „Eetsch Eetsch Meyer" (H. H. Meyer) sagte mir

der Kapitän, das Cetsch betonend (so redete ich mir ein), als wollte er seinem Triumpf Ausdruck geben, daß sie und nicht wir nun den schönen Moltke hätten.

Drinnen in der Kajüte war alles beim Alten belassen. Ein wohlgetroffenes Bildniß des Feldmarschalls schaute vom Mittelfeld herein — ich werde mich hüten, den nachgerade doch etwas verbrauchten Witz vom großen Schweiger anzubringen — deutsche Landschaften wie in Gouache=Manier in Oel gemalt, schmückten die Wandfelder zwischen den Kabinenthüren, kurz, man war wie daheim. Nein, denn jetzt kam der Oberstewart wegen der Kabinenverhandlung. Ich erlangte eine treffliche große für mich allein, welche Andere verschmäht hatten, auf Deck, die ehemalige Postkabine, welche frei geworden war, da die „reisende Post" auf der australischen P.= und O.=Linie abgeschafft worden. Nahebei war freilich die Metzg, wo allabendlich der Schiffs= metzger den Hammel für die Mutton-chops für das kom= mende Frühstück kunstgerecht abzog. Man war ja aber nicht gehalten, dabei zu bleiben, und der alte Kapitän hielt streng auf Reinlichkeit. Nachts konnte ich durch die weit offene Thür die kühle Frische hereinlassen. Ich habe ein ebenso gutes Schiffsquartier für heiße Zeit nirgends gefunden.

Der schon am ersten Abend in westlichen übergeführte Kurs wurde nach drei Tagen nordwestlich und dann nördlich genommen, da die Assam im Hafen von Adelaide anzulegen hatte. Zur Linken ließen wir in nicht gar breitem Kanal die Känguru=Insel, welche sich mehrere deutsche Meilen lang nach Westen hinstreckte. Sie ist typisch für einen großen Theil der Südküste Australiens, nämlich so zu sagen unbewohnbar. Man sieht deutlich Baumwuchs, hier waldig, dort verstreut sich bis auf die weich gerundete Höhe hinaufziehen, grüne Flächen da= zwischen; auch meint man Wohnstätten zu erblicken. Wenn es keine Täuschung ist, so sind es verlassene. Vor Jahren wurde die Besiedelung durch Europäer mit tüchtigen Mitteln versucht, mußte aber wieder aufgegeben werden, da nicht zur Genüge Wasser vorhanden war. So liegt denn dort in der schönsten gemäßigten Breite (etwa derjenigen von Mittelitalien) eine schöne grüne Insel, so groß wie ein kleines Fürstenthum, aber unbewohnt und unbewohnbar.

Am 22., einem Sonntag, näherten wir uns Nachmittags dem Hafenplatz von Abelaide, Glenelgh genannt, der noch etwa eine halbe deutsche Meile südlich vor Abelaide an die Küste der Bucht von Abelaide geschoben ist. Das Ufer zur Rechten trug deutlich überall die Zeichen der Kultur, Getreidefelder, Bäume, Wege, Wiesen, auch einzelne Häuser; mit Spannung sahen wir der Landung, die allerdings nur auf ganz kurze Zeit bemessen war, entgegen. Anlegen würden wir aber nicht, das Wasser sei nicht tief genug, hieß es. Schon seit einer Stunde waren auch auf dem Vorderschiff die Laskaren unter dem Befehl des Schiffszimmermanns beschäftigt, von den beiden großen Ankern denjenigen auf Steuerbord (rechts) klar zu machen. Das Ungethüm, welches 7 oder 8 Tonnen wiegen sollte, wurde mit Hülfe der Dampfwinde und zweier jener wie Kornhalme vornüber gebogenen Krahne, die man Davids nennt, außer Bord gehoben und dann in senkrechter Lage aufgehängt, die Schaufeln oder Flunken nach oben. Vom Stockende geht die Ankerkette, von welcher jedes einzelne der ovalen Glieder so groß ist, wie ein Theebrett, in eine der rohrförmigen Lei= tungen (Klüsen) hinein, welche wie Augen vorn am Schiffs= koloß herausstarren, und welche die Griechen gewiß auch als Augen des schwimmenden Ungeheuers ummalt haben würden. Behende führen die schlanken braunen Laskaren, barfüßig hin= und herschlüpfend, kletternd, springend, alles aus unter dem Befehl des Zimmermanns, der mit seinem rothen, W-förmig gezogenen Backenbart aussieht wie ein alter Oberst; ein alter Löwe, den Meerkatzen umspielen. Seine buschigen Augen= brauen sind ergraut, über seinen Schädel zieht ein breiter kahler

Streif von der Stirn bis zum Nacken. Er paßt merkwürdig zu unserem ernsten Kapitän. Nie lächelt er, wie es scheint aus Gewohnheit; wohl aus derselben Ursache beißt er von Zeit zu Zeit die Lippen zusammen, wie zu ganz besonderem Entschluß, auch wenn gar nichts los ist, und zieht die Brauen herab, als sage er zu sich: Nun — es muß sein!

Der Anker wird nun so weit gesenkt, daß sein oberer Haltering in eine Gesperrvorrichtung eingehängt werden kann. Diese läßt sich mittelst eines leichten Hebels auslösen, ja ein Gewicht strebt, letzteren in diesem Sinne umzuschlagen; allein der grimmige Schiffszimmermann hat ihn mit einem dünnen festen Strang, drei viermal herum, sicher angebunden. Nunmehr werden die Ketten, welche den Anker noch mit den Davids verbinden, abgelöst, und die riesige Masse ist fertig, jeden Augenblick zum Sturz losgelassen zu werden.

Meine Aufmerksamkeit schwankte von diesen, mich wegen des kribbelnden Menschengeschicks an dem Kolossalstück interessirenden Vorbereitungen zum Ufer, hin und her. Man konnte jetzt mit dem Glas schon die Straße zwischen Glenelgh und Adelaide überblicken; sie zog sich fast schnurgerade zwischen Feldern, Wiesen und Anpflanzungen dahin. Welch' eine gelbe Rauchsäule stieg denn dort plötzlich auf? Gewiß ein großes Feuer! Sehen Sie, nahe bei der Straße! Jetzt steigt's hinauf, säulengerade, 100 Fuß, nein 200 Fuß oder mehr! Jetzt rückt es ja fort, ein Thurm von — nein nicht Rauch, es ist Staub, Sand, eine ungeheure Sandtrombe. Sie marschirte dahin, wirbelnd, wehend, wankend. Nach einigen Minuten sank sie nieder und fiel zusammen, gewiß ein paar Hufen Feldes halbfußhoch mit Sand überschüttend. Der Zufall hatte gefügt, daß wir gerade die Landplage von Südaustralien, die Staub- oder Sandtrombe zu sehen bekommen hatten, welche in der trockenen Zeit ihr Unwesen auf schwach oder halb angebauten Feldern und noch nicht angewachsenen

17*

Aeckern treibt, wie eine Stunde später Dr. v. Schomburgk mir erklärte.

Die Uferbauten von Glenelgh waren jetzt deutlich sichtbar geworden, ebenso die weit ins Wasser hinausreichende Pfahl= brücke, der Pier, auf welchem man mit dem Glas ein Ge= wimmel von Sonntagsspaziergängern bemerken konnte. Mit halber Kraft fuhr das Schiff. Rrrrhhhem! hörte ich hinter mir den Kapitän in seiner merkwürdigen Weise räuspern, als eben der Oberbootsmann auf die Klappe hinausgetreten war zum Lothen. Der Kapitän hatte so seine eigene Art, sich zu räuspern. Man glaubte anfangs immer, er wolle etwas sagen, vielleicht etwas sehr Unmuthiges; wenn man sich aber zu ihm hinwandte, bemerkte man, daß es nichts war; oder hatte er vielleicht ein Selbstgespräch in ein Räuspern übergeleitet, als er gemerkt, daß er unwillkürlich laut geworden? — Das Loth= brett ist eine von der Schanzkleidung nach außen niedergeklappte Platte, ein kleiner Balkon. Auf ihm steht der Bootsmann, von der Brust bis unters Knie durch breite Gurte, die hinter ihm an die Rehling festgesträngt sind, gehalten, so daß er ganz sicher über der Tiefe steht. Mit der Rechten schwingt er pendelnd die Lothleine, an deren Ende das fußlange, etwa zwei Zoll dicke Bleiloth hängt; in der Linken hält er den zum Ring gewickelten Rest der Leine. Der Kapitän ist auf die Kommandobrücke gestiegen. Jetzt kommandirt er zum Lothen. Die Pendelschwünge längs des Schiffs nehmen schnell zu; jetzt, mit energischem Rundschwung geschleudert, beschreibt das Loth einen senkrechten Kreis, und wird, an dessen unterstem Punkte angekommen, losgelassen, so daß es weit nach vorne schießt und da ins Wasser saust, die freigelassene Leine nach sich ziehend. Dieses Nachvorne=Schleudern geschieht, wie man alsbald be= merkt, damit das Loth ungefähr vor dem Bootsmann den Grund erreicht, da das Schiff während der kurzen Fallzeit ja vorwärts schießt. In die Leine sind bunte Zeichen, Faden und

Viertelfaden angebend, eingelnotet. „And a quarter eight!“
hört man jetzt den Bootsmann singend melden. Wirklich sin=
gend; ich muß es in Noten geben:

And a quar - ter eight!

Das sonderbare Voranstellen der Bruchtheile ist amüsant;
es scheint englischer Seebrauch zu sein; ich nahm ihn später
wiederholt wahr. Wenn nur ganze Faden zu melden waren,
so gab er sie mit einer halben Note an; die vorge=
schlagenen Viertel und Halben schienen ihm mehr Spaß
zu machen; sie wirkten übrigens ganz ähnlich, wie das
„Abertissemang“ in unseren militärischen Kommandos. Als es
„and a half six“ war, scholl es „Stop he...er!“ von
der Kommandobrücke; die Maschine hielt, das Schiff schoß mit
verlangsamtem Gang weiter. Jedes Auswerfen des Lothes
ergibt weniger und weniger. Deutlich sieht man jetzt den
weißlichen Grund, vielleicht Fels unten im Wasser. Rückwärts
nun die Maschine. Rhem, hem machte der Kapitän. Sehen
Sie jetzt den Zimmermann. Er ist mit gerunzelter Stirn zu
dem oben erwähnten Hebel am Ankergesperre getreten und hat
die feste Bindeleine, die denselben hielt, durch eine dünne Hanf=
schnur ersetzt. In der Rechten sein aufgeschlagenes Messer,
sieht er sich halb, wie mißtrauisch, nach dem Kapitän um.
Hem rhhem! macht dieser. Jetzt sind's wieder 6¹/₂ Faden Tiefe
geworden, indem wir doch wieder zurück ins tiefere Wasser ge=
gangen sind. Lautlos stehen dicht gedrängt die Passagiere.
Da auf einmal schallt es von der Brücke: „Let him go
the ancho..or!“ mit einer Stimme, so grölend und
grimmig klingend, als habe jemand den Kapitän schänd=
lich verdrossen. Ritsch! hat der Rothbart die Hebelschnur zer=
schnitten; herum schnappt der Hebel, und im Nu plumpt das
Ankerungethüm ins Wasser. Prrrrr...rr rollt die gewaltige

Ankerkette ab aus der Klüse heraus, zum Theil oben über Deck gehend, über eine, in schwerem Gestell ruhende Rolle aus dem Kettenkasten kommend. Dort sind zugleich Sperrklinken angebracht, mit denen man die Kette hemmen kann. Die Las=karen halten die Klinken erhoben, mit Spannung, mit angehal=tenem Athem auf das Kommando lauschend; in reger, mäus=chenstiller Neugier sehen wir Passagiere zu. „Fünfundvierzig Faden" (Kette sind ab) meldet der Schiffszimmermann mit grimmigem Seitenblick. „Stop" räuspert's von oben; die Sperrklinken fallen und bald hat das Schiff, dessen Maschine schon einige Zeit stille steht, ruckend und ruckend den Anker festgezogen. Ja es kehrt alsbald um, von der inzwischen auf=gekommenen Fluth nach Norden gedrängt, und schwenkt nun, vom Steuer geleitet, langsam in einem Halbkreis um den Anker=punkt herum, bis sein Hintersteven ganz nach Norden gewendet ist, und der Koloß, sein Backbord dem Ufer zugekehrt, zur Ruhe kommt.

Alles wird nun auf Deck wieder Leben und Bewegung. Die Schiffstreppe ist heruntergelassen worden, und an diese paddelt sehr bald der kleine Dampfer heran, welcher die Post und die landlustigen Reisenden holen wird. Ein Herr mit Postabzeichen kommt die Treppe heraufgesprungen gerade auf mich zu, redet mich mit meinem Namen an und bringt mir eine Einladung des Herrn v. Schomburgk und des Konsuls Treuer, in Nummer so und so dort in der Werftstraße mit ihnen zu speisen. Aber woher kennen Sie mich? — Weg war er.

Das Dampferchen brachte uns bald hinüber durch die im kalten Südwind tanzenden und überschlagenden Wellen, welche Einzelne der Passanten mittelst kleiner „Ueberstürzungen" ge=hörig mit dem Salzwasser in Berührung brachten. Die ein=ladenden Herren harrten meiner auf der Pfahlbrücke und bald saßen wir in munterem Austausch der Erlebnisse in der Nummer x bei Tisch. Dr. v. S., der mit seinem Bruder bekanntlich

große und ergebnißreiche Forschungsreisen im Orinokogebiet
gemacht, ist Direktor des Adelaider botanischen und öffentlichen
Gartens, der eine Zierde der Stadt und der Stolz der Kolonie
ist. Ich hatte Herrn v. S. schon in Sydney kennen gelernt,
so hatten wir eine Menge Anknüpfungspunkte. Er brachte mir
auch interessante früher versprochene Schriften. Lebhaft betheiligte
sich der Konsul an allem. Rasch verging unsere Urlaubsstunde.

Der Wind hatte inzwischen nicht nachgelassen und es dahin gebracht, daß die Wellen in der Bucht ein tolles Gegaukele
aufführten und unseren kleinen Dampfer von allen Seiten
einer Wogenwäsche unterwarfen, welche für diejenigen nur be-
lustigend war, welche nicht mitgetroffen worden. Es gab viel
Neckerei und Gelächter. Unsere Assam machte sich indessen absolut nichts aus den ihr verächtlich dünkenden Wellen, wohl
aber eine Lichterbark, welche noch die letzten Waarenstücke für
Adelaide aufzunehmen hatte, nachdem sie selbst entladen worden.

Es war ein wahres Schauspiel, welchem wir von Deck
aus zusahen. Die stoßenden unregelmäßigen Wellen warfen
die breite, weitbauchige, schwere Bark herauf und hinunter,
bald vorn, bald hinten, bald im Ganzen. Zwei kraftstrotzende
englische Hafenmatrosen waren unten, der eine auf dem Halbdeck,
der andere im Raum des dickwandig und klobig gebauten
Fahrzeugs. Was sie unten an Stämmigkeit und Herkuleskraft,
immer mit breitsperrigem Stehen das Schaukeln balancirend,
leisteten, das thaten oben die schlanken braunen kleinen Laskaren in katzenartiger Behendigkeit. Keine halbe Sekunde war
Ruhe weder bei denen unten noch denen oben, welche letzteren
in ihren grauen leichten Hosen, hellblauem Kattunkittel, ein
buntes Taschentuch als Gürtel darumgeschlungen, den aus
rothem Tuch gewundenen Pugri auf dem Kopf, prächtig farbig
aussahen. Viele Ballen und Fässer sind bereits unten weg-
gestaut. Noch müssen jetzt endlich sechs schwere Marmorplatten vom Schiff in den Lichter geschafft werden. Rhem, hem, hem

macht der Kapitän, der Eile hat, über die Rehling schauend. Die Marmorplatten sind in starke Holzrahmen gespannt, um sie vor Stoß und Last zu schützen. Am Wippbaum hängt jetzt einer der Steine, aber nicht weit genug ab, um in die Luke des Lichters, trotz deren Weite, senkrecht herabgelassen werden zu können. Eine Talje (Flaschenzug) wirft der stämmige Engländer hinauf auf den Stein; auf diesen ist inzwischen ein Laskare am Seil hinuntergeklettert; fest ist der Flaschenzug oben am Stein, fest auch unten auf dem Lichter. Der Riese unten zieht, der Kleine oben leitet, während 6 bis 8 Fuß hoch und tief der Lichter schwankt. Mit wunderbarem Geschick wird von dem rasselnden Dampfhaspel aus und durch die Gewaltigen unten der Stein so geleitet, daß er beim Aufschwingen der Bark von dem Boden gefaßt und dann blitzschnell vom Haspel losgelassen wird. Unten hatte man vorher eine weiche Unterlage aus einem halben Dutzend grober dicker Bastmatten untergebreitet. Bei einem der Steine mißlang es indessen doch. Die Platte bekam einen Eckstoß bei einer besonders verzwickten Hinaufbewegung des Lichters und zerbrach mit strahlenförmigem Bruch.

Solchen Auslaudungen sollten unsere Exporteure in Binnendeutschland nur einmal beiwohnen, um zu begreifen, wie vorsichtig man packen sollte, wenn Waaren in einen Hafen versandt werden, wo das Schiff nicht an die Landungsbrücke oder ans Werft gehen kann, sondern mittelst Lichterschiffes entladen werden muß.

Hem, rrhhem machte der Kapitän, als die Platte brach. Die Talje wurde nun rasch gelöst; an einem Haltetau kletterte der letzte Laskare, die Beine horizontal gegen unser Schiff stemmend, in die Höhe. Gleich darauf wurde sein Kletterseil welches den Lichter noch hielt, losgemacht, so daß letzterer frei wurde. Nun winkte der Kapitän einen Schlepper heran, der einige vierzig Faden entfernt wartend dagelegen und mitgeschnaubt hatte. Denn man hat sich den ganzen Vorgang, bei welchem der Dampfstrahn entsetzlich raffelte, der Wind sauste, die Kommando= und andere Rufe durcheinander schollen, von dem brausenden Grundton begleitet zu denken, welchen der abblasende Dampf aus unserem hochgespannten Dampfkessel dazu orgelte. Während der Schlepper mit langsamem Schaufel= radschlag heranschwankte, hatte der obere der beiden Stäm= migen drunten eine Viertelminute Zeit, die er, immer im hef= tigsten Schaukeln des Fahrzeugs, benutzte, um aus einem eisernen Tender, dessen Deckel er abhob, mit einer großen blau bemalten Obertasse Wasser zu schöpfen und einen tiefen Trunk zu thun. Die Tasse barg er darauf zwischen zwei Balken. Dann war auch schon der Schlepper heran, der ihm das Tau zuwarf, die sich durch die Luft ringelnde Leine voran. Aufgefangen die Leine, eingeholt das nasse schwere Tau und es festge= schlungen an den dicken Pfosten (Bollern), die aus der Schiffs= wand vorragen, das alles ging mit prächtig anzusehender Kraft und Geschicklichkeit vor sich. Dann zog der Schlepper an und die Bark begann abzugehen. Dadurch wurde endlich unserem Schiff das Fahrwasser frei gemacht. Das Auslaßventil unseres Kessels schnappte zu. Der schon halb angezogene Anker ging vollends herauf und die Schraube setzte sich in Bewegung. Die Ebbe sog das Wasser mit Rheinstromgeschwindigkeit aus der Bucht nach Süden, so daß wir wie ein Bahnzug so schnell dahin jagten. Auf dem Vorderschiff begann man das Chaos zu entwirren; wir begaben uns nach unserem Kajütendeck; der Normalzustand trat wieder ein. Bei einem unbeschreiblich prachtvollen Sonnenuntergang, der die verschwindenden, Abschied nehmenden Häuser von Glenelgh tiefrosig färbte, schoß unsere schwarze Assam=Moltke nach Süd=Südwest.

Der Frühmorgen auf dem Postdampfer in den warmen Zonen hat auch sein sehr Eigenthümliches. Der ganze männ= liche Theil der Reisegesellschaft ist auf Deck, wo er das alleinige

Recht hat bis zur Achtuhrglocke. D. h. den Damen ist das
Erscheinen nicht gerade verboten; wenn sie aber kommen, was
gelegentlich doch einmal zur Ausnahme geschieht, so dürfen sie
es nicht dreadfully shocking finden, sämmtliche Herren
in Paësschamas und kühlig barfuß ihren Morgenspaziergang
auf dem frischgescheuerten Deck machen zu sehen, deckauf, deckab;
in kleinen Gruppen verschwinden sie dann wohl, um zum er=
quickenden Morgenbad zu schreiten, erscheinen aber nachher
wieder, um nur eifriger den Morgenmarsch aufzunehmen. Unser
Kapitän erschien auch am andern Morgen im Paësschama, den
er nur vervollständigt hatte durch ein Paar niedrige Stiefel.
Mit diesen konnte er durch das Wassergeschwemme, welches aus
dem Deckspülungsschlauch stets wie ein kleiner Bach fließt, hin=
durchgehen, um überall zum Rechten zu sehen. Seine Gummi=
stiefel hatten enorm weite Schäfte, in denen seine dürren Beine
wie vereinsamt standen. Nur wenn seine weiten Hosen durch
den Morgenwind wie Flaggen zur Seite getrieben wurden,
konnte man ausmachen, an welchem Bord seiner Stiefelschäfte
er sich eigentlich aufhielt. Rhmhem machte er auch morgens
in aller Frühe schon. Der gute wackere Kapitän W.; wir
mochten ihn sehr bald alle gern, obgleich er nur wenig sprach
und nur indirekt den Reisenden gefällig war, dies aber immer
unaufgefordert. Oft saß er halbe Stunden lang in irgend einem der
Reisestühle, deren fast jeder Passagier der großen Kajüte einen
mitbringt (in der Frühe beim Scheuern eine förmliche Stuhl=
burg bildend) und sah vor sich hin oder in die leere Weite.
Was mochte sein mit ihm? Weiterhin erfuhr ich's von unseren
zwei deutschen Damen, die immer alle Schiffsgeheimnisse her=
ausbrachten, ich weiß nicht wie. Er war vor etwa acht Jahren
aus dem Dienst getreten und hatte von der kleinen Rente seiner
Ersparnisse gelebt, die er bei der Glasgower Bank angelegt.
Nun hatte aber dieses Institut, welches so fest schien wie die
Londonbrücke, im Vorjahre schrecklich fallirt, und dabei hatte

unser braver Kapitän einfach alles verloren, was er erspart
gehabt in langem Dienst. Mit 71 Jahren war er dann
wieder bei der P.= und O.=Kompanie eingetreten, die Seinigen
wieder allein daheim lassend, und fuhr nun die Assam, und
die Mirzapur und die Mongolia, was es sein mochte. Da
konnte er wohl wortarm breinschauen! Und seinem grimmigen
Zimmermann, dem war es ebenso gegangen, wenn auch in
kleinerem Maßstab — — so spinnen sich auch auf dem Meer
die Schicksale ab, einmal schlicht der Faden, ein andermal rauh
und knotig.

Nach und nach erweiterte sich der Bekanntenkreis auf dem
Schiff. Die Bekanntschaften machten sich bei Tisch. Wir hatten
eine riesige Tafel, 137 Fahrgäste erster Kajüte. Da hatte ich
durch Zufall meinen Platz nahe bei den erwähnten liebens=
würdigen Damen bekommen, denen man von ferne ansah,
daß sie wohl Deutsche wären, auch daran, daß sie mit den
Engländerinnen wenig Berührung hatten. Es war eine Frau
v. S., die Gattin eines Stabsoffiziers aus München, und mit
ihr ihre Schwester, Fräulein Blanche M. Sie kamen aus
Australien vom Besuch der Großmama, die tief im Lande auf
einer Farm in Neusüdwales angenehm wohnte. Frau v. S.
hatte ihr eilf Monate altes Söhnchen mit, eine aufmerksame
Wärterin dabei. Gelegentlich wurde diese durch unseren Punkha=
Wala abgelöst, denjenigen nämlich, der die Punkha gerade
über unseren Tisch zu ziehen hatte. Die Punkha-Walas auf
der Assam waren junge Laskaren, 14, 15 Jahre alt. Unserer
war ein besonders hübscher Bursche, immer ganz weiß gekleidet,
aber den rothen Bund um die Mitte und Roth im Turban.
Zähne hatte er, so weiß wie Elfenbein und spielte mit dem
Kleinen allerliebst. Wenn die Punkha=Walas anzutreten hatten
zu den Mahlzeiten — die Zugruthen gingen durch Oeffnungen in
den Deckfenstern (Sky-lights) aufs Deck hinaus — so brachten
sie obligatorischer Weise jeder einen ganz kleinen dicken Teppich

mit, auf welchen sie sich mit ihren schmalen braunen Füßen
zu stellen hatten, weil sonst der herabrieselnde Schweiß zwei
große Fußspuren auf dem sauberen Deck zurücklassen würde,
nicht lieblich dem Anblick.

Früher schon als ich, hatte ein Deutscher aus Paris,
Herr L., die Bekanntschaft der beiden Damen gemacht. Wo
kam er her? Er war in Albany, dem südlichen Hafen von
Westaustralien, wo wir noch gelandet, aufs Schiff gekommen.
Sein Haus hatte das australische und polynesische Perlengeschäft
in der Hand, b. h. führte die dort gefischten Perlen auf den
europäischen Markt. Herr L. kam soeben aus der Haifischbucht
(Sharkbay) an der westaustralischen Küste und brachte die
Ergebnisse eines mehrmonatlichen Perlfischzuges aus der ge=
nannten Bay mit, welche an den räuberischen Gesellen, von
denen sie ihren Namen trägt, überreich ist. Auch der herrliche
Hafen von Sydney ist gefüllt von diesem bösartigen Raubzeug.
Herrn L's. Jagdbeute füllte einige wenige kleine Schachteln,
nicht mehr, war aber doch, wie er versicherte, völlig lohnend
gewesen. Als Fischer hatten ihm fast nur Australneger gedient.
welche in dem Geschäft rasch eine große Geschicklichkeit er=
worben hatten.

Als wir Kap Luihn, die südwestlichste Spitze von Australien,
hinter uns hatten, wurde der Schiffskurs nahezu nordwestlich
genommen. Der allmählich stiller gewordene Wind hörte nach
und nach fast ganz auf und erstarb schließlich vollständig. Die
See wurde glatt, wie man sagt, wie ein Spiegel. Allzu=
buchstäblich darf man das nicht nehmen. Kleine weiche
Wellenbewegungen bleiben immer noch darin. Von einem
Schwanken des Schiffes ist aber absolut nicht mehr die Rede.
Die Hitze nahm inzwischen Tag für Tag zu. Ich litt be=
trächtlich darunter, da ein Mißgeschick mich eines Theils meines
Gepäckes beraubt hatte, indem der Sydneyer Agent der P. und
O.=Gesellschaft dasselbe unrichtig expedirt hatte. So hatte ich

denn zwar leichte, aber immer noch für die Tropen viel zu schwere Kleidung auf mir herumzutragen.

Die Reisegesellschaft befand sich bei dem köstlichen Wetter natürlich vortrefflich. Gleich nach dem Frühstück fand man das Sonnensegel über das ganze Hinterdeck ausgespannt, und zwar ein doppeltes, die beiden Lagen einen halben Fuß oder etwas mehr auseinander, um eine stehende Luftschicht da= zwischen zu halten. Auf dem Vorderdeck war hingegen das Zeltdach nur einfach. Seitlich vom Sonnensegel herab waren ebenfalls Schutztücher gespannt bis aufs Deck herab, damit ja kein Sonnenstrahl durchkonnte. Wenn die Offiziere die mit= tägliche Sonnenbeobachtung zu machen hatten, wurde für kurze Zeit ein Theil der Beschirmung herausgeschnürt. Wenn aber der Abend herabsank, wurde der seitliche Schutz ganz weg= genommen, damit die Kühle über das Deck streichen könne. Das Klavier war auf Deck in Permanenz erklärt, freilich fest= geschnallt für alle Fälle, oder richtiger, mit Strängen, welche durch die Traggriffe drei= bis viermal durchgezogen waren, ordentlich seemännisch pall gemacht. Da wurde dann gespielt und gesungen, auch von unseren deutschen Damen gelegentlich. Fräulein Blanche sang sehr hübsch zu der Schwester geschickter Begleitung. Die galanten Herren trugen sentimentale Lieder vor, die englischen Damen dergleichen, woran sie bekanntlich sehr viel Vergnügen finden, mit welchem das Talent nicht immer auf gleicher Höhe steht. Wie oft wurde nicht die Lorelei der englischen Seeleute, die „Nancy Lee" durchgepaukt:

„A sailors wife the sailors star should be,
His star should be, his sta .. ar should be!"

Bezüglich der „stars" war die Reise vor allem zur Nachtzeit höchst interessant, indem der meist klare Nachthimmel einen herrlichen Ueberblick über das Sternenzelt gestattete. Ich fand den englischen Seemann auf unserem Schiff lange nicht so stark in puncto „Sterne", als das Lied von der „Nancy

Lee" eigentlich voraussetzt. Nur ein einziger der Schiffs-Offiziere
war am Himmel bewandert; den anderen blieb er unklar,
wenn er noch so hell war. Bei dem betreffenden Examen
scheint auf Himmelskunde nicht viel gegeben zu werden. Ich
stand bei den herrlichen Nächten viel auf aus meiner an=
genehmen Postkabine, das Fortrücken des Sternenmantels, der
über das Meer gespannt war, zu beobachten. Ist das An=
tares? fragte mich einmal der wachthabende Offizier an der
Brücke aus. Nein, es ist Regulus, antwortete ich. Woher
wissen Sie das? (Der Antares kommt in den Tabellen des
Berechnungshandbuches vor, daher ist darin sein Name oft
genannt.) Nun, weil Regulus im Löwen steht und den haben
Sie dort vor sich; Antares sehen Sie da drüben im Skorpion,
dort den rothen Stern; er heißt ja auch das Herz des
Skorpions! Ah so! Jener Offizier, der Bescheid wußte in den
Sternen, lenkte manchmal des Nachts das Schiff nach der
durch die Sterne gegebenen Richtung, statt auf die berechnete
Kompaßrichtung zu halten, was seine Kollegen achselzuckend
höchst sonderbar fanden.

Eine Frage lernte ich mir aber bei diesen verschiedenen
Beobachtungen beantworten, diejenige nämlich, woher den
Griechen ihre wunderbare Kunde des Himmels, dieses er=
staunliche Interesse für Astronomie, kam, welches sie bis in
die populärste Dichtung hineintrugen. Es lag im Mangel,
im Nichtvorhandensein des Kompasses. Sie bedurften auf
ihren ihr halbes Leben ausmachenden Seefahrten der Sterne
als Leiter, als Richtungspunkte; mein Antaresfrager da oben
brauchte sie nicht, er hatte ja seine Magnetnadel vor sich.
Ihre Abweichungen von Grad zu Grad standen im Buch.
So brauchte er die Sterne nicht und vernachlässigte sie. Der
Grieche aber hatte nichts Anderes, konnte sich nächtlicher Weile
nur nach den Sternen richten und maß der Himmelskunde
deshalb den höchsten Werth bei.

In der Zeit, wo wir uns dem Aequator näherten und denselben passirten, that ich mir eine besondere astroskopische Güte. Ich blieb nämlich die ganze Nacht auf oder erhob mich nach kurzen Pausen von Sonnenuntergang 6 Uhr bis Sonnenaufgang 6 Uhr, um einmal binnen zwölf Stunden den ganzen Sternenhimmel überschaut zu haben. Man kann das bei uns ja nicht haben, da die Südsterne verdeckt stehen. Aber unter dem Aequator sieht man Abends 6 Uhr die eine Hälfte des Firmamentes, beide Pole im Meereshorizont, und bis zum andern Morgen hat sich die Weltschale um einen ganzen Halbkreis gedreht; man sieht also dann die andere Hälfte, welche in meinem Falle die reine milde Nacht hindurch am Osten heraufgestiegen war, bis sie die weite graue Wogenfläche überspannte; der Mond, der ja in den südlichen Breiten beim Zu= und Abnehmen die umgekehrte Form wie bei uns hat, machte die Reise in der Form eines Schiffleins, der mittleren der beiden Formen, einen großen Theil der Nacht hindurch mit. Der große Bär oder Wagen, von dem Homer sagt, er sei das einzige Sternbild, welches nicht in den Okeanos tauche,* stieg herauf und lenkte wieder hinab; die Hinterräder, deren Linie nach dem Pol geht, tauchten zuerst auf, die beiden Sterne gleichzeitig über den Horizont heraufsteigend, wie einem großen Weltuhrzeiger angehörig, weshalb die englischen Astronomen sie auch die Zeiger nennen. Mit Unrecht hat Humboldt in den „Ansichten der Natur" diese eigenthümliche Zeigerstellung jenen beiden Sternen im südlichen Kreuz, welche den großen Kreuzarm bezeichnen, als einen sternbildlichen Vorzug zugeschrieben. Sie haben einen solchen nur insofern, als sie rechts herum wie der Uhrzeiger wandern, während die Zeigersterne im Bären links herum gehen. Das

* Zu Homer's Zeiten lag der Pol dem großen Bären viel näher als heute. Die Präzession der Tag= und Nachtgleichen hat seitdem die Sache wesentlich geändert.

südliche Kreuz begleiteten die beiden dunklen sternleeren oder
=armen Flecke, die Kohlensäcke, und nicht weit von ihnen
die blaßschimmernden, eigenartigen maghellanischen Wolken,
dann aber auch das sternenreiche Schiff Argo, welches den
Griechen wie auf dem Meer zu schwimmen schien, indem es
für sie gerade nur über den Horizont herauflam. Orion stieg
und verschwand, ebenso der Skorpion, dessen vordere Sternchen
wie die zerplatzenden Schwärmer einer Rakete blitzten, beide
nahezu den Zenith durchwandernd; der ganze Thierkreis
durchzog das Gewölbe des Himmelssaales, die uralte chal=
däische Weisheit in Lichtpunktgebilden wiederspiegelnd, ein
wunderbares, großartiges Schauspiel.

*   *
*

Volle drei Wochen nach der Ausfahrt hieß es gegen
Mittag, daß Ceylon sichtbar werde. Gemischt zu blassem Ge=
wölk erhob sich am Horizont ein kegelförmiger Berg. Es sei
Adams Pik, wurde gesagt und mit Begeisterung vernommen.
Ob es richtig war, ist mir später etwas zweifelhaft geworden,
da dieser Berg nicht der höchste der ceylonischen Bergkegel ist;*
indessen die ätna=artige reine Kegelform, welche er darbot,
schien für die Richtigkeit zu zeugen. Jedenfalls entspricht es
dem Sensationsbedürfniß der Herannahenden, den berühmten
Berg in ihm zu erblicken. Nach der moslemitischen Sage hat
der Schöpfer das erste Menschenpaar nach dessen Vertreibung
aus dem Paradiese getrennt und Adam auf Ceylon, fast
auch ein Paradies, niedergesenkt, wo der Vater des Menschen=
geschlechtes zuerst seinen Fuß auf den deshalb geheiligten Berg=
gipfel setzte. Noch heut zeigt man die Fußspur im Felsen.
Bald hob sich auch die Küste herauf, walbig, mit reich
bewipfelten Höhen, und als das Glas den feinen Nebel der

_____
* Der Piburutalagala hat 8 296 Fuß, Adams Pik nur 7 853
und ist thatsächlich der fünfte auf der Höhenleiter.

Ferne zu durchbringen vermochte, sah man, daß die Palmen
bis dicht ans Meer traten, ja, daß die weißen Kämme der
brandenden Wogen an ihre Stämme heranschlugen. Die
wunderbare Schönheit des Kokospalmenwaldes sah ich damals
zum erstenmal. Gespannt hatte ich im Vorjahre auf der Fahrt
durch den stillen Ozean des Anblickes geharrt, den versprochener=
maßen die Sandwichs=Inseln darbieten sollten, insbesondere
die Insel Oahu, auf welcher Honolulu liegt, wo wir anlegen
mußten. Ich war sehr enttäuscht worden. Dort standen zwar
Palmen, aber sie waren angepflanzt, auf Feldern reihenweise,
steif kerzengerade, und um das Feldviereck lag ringsum Acker,
alles gerablinig. Hier aber war es die volle üppige
Natur. Im wunderbarsten Gewirr, in den malerischsten
Linien neigten sich, schnitten sich die Stämme, erhoben
sich die üppigen Kronen, drängten sich niedrige und hohe her=
auf auf vorspringende Kuppen und Klippen, umrauscht von
dem schäumenden Anschlag der nimmer Ruhe findenden
Brandung.

Wir fuhren nun ziemlich nahe der westlichen Küste der
Insel entlang und schwenkten dann im Bogen nach Osten in
die Bucht von Point=de=Galles hinein, nachdem der Lootse aufs
Schiff genommen worden. Ein leichter Wind war auf=
gekommen, so daß es wunderbar brandete und wogte. Die
Einfahrt ist klippenreich, weshalb Bojen und andere Schiff=
fahrtszeichen reichlich angebracht sind, dabei auch Glockenbojen,
welche beim Schaukeln und Schwanken des schwimmenden
Kegels von selbst läuten, so daß sie auch bei Dämmerung und
im Dunkel bemerkbar sind. Ihr Glockenanschlag hatte etwas
Geisterhaftes, als ob Unsichtbare dem Schiff das Zeichen gäben.

In der Bucht hatten wir jetzt die sich in zwei Halbkreisen
ans Meer ziehende Stadt Point=de=Galles vor uns, vorne die
Hafenbauten, Schuppen, Landebrücken, Mauern, weiter zurück
eine aus Palmwipfeln auf einer Bodenerhebung hervorragende

Kirche mit kleinen hellen Kuppeln. Anlegen konnten wir nicht, sondern warfen auf der Rhede Anker, wo das Schiff alsbald von europäischen sowohl, als von indischen Booten um=schwärmt war.

Das indische Boot, welches uns in verschiedenen Formen schon draußen begegnet war, wo in den heftig bewegten kleinen Wogen Fischer in dem so gebrechlich scheinenden winzigen Fahrzeug ihr Gewerbe ausübten, hat verschiedene Formen, deren Grundtypus aber stets derselbe ist, derjenige nämlich, daß ein Ausleger das leichte schmale Schifflein schwimmend erhält, d. h. vor dem Umschlagen sichert. Parallel dem Bootskörper, welcher meistens aus einem gehöhlten Baum=stamm, versehen mit seitlichen Aufsatzbrettern, besteht, ist ein schwimmender Balken durch Stangen mit dem Schifflein in fester Verbindung gehalten. Den Schwankungen des letzteren nach dem Ausleger hin widerstrebt der Auftrieb, welcher den Ausleger schwimmend erhält, Schwankungen in der entgegen=gesetzten Richtung das Gewicht des Auslegers, der ja durch den Bootskörper aus dem Wasser gehoben werden müßte, wollte derselbe sich stark zur Seite neigen. Der Schwimm=balken ist vorn wie hinten zugespitzt, so daß er der Fahrt keinen nennenswerthen Widerstand leistet. Kattamaran (wie die Engländer schreiben) oder Katamarang nennt man das merkwürdige Fahrzeug.* Peschel in seiner „Völkerkunde" rechnet dasselbe zu den vorzüglichsten Erfindungen der Ma=layen, welche mittelst desselben sich befähigt haben, große weite Meeresflächen zu befahren, ja höchst wahrscheinlich den

---

* Hindustanisch lautet das Wort Katamaram oder vulgär Katamaran und bedeutet nebenbei auch Floß. Nach Forbes stammt es aus dem Tamulischen und hat die ursprüngliche Be=deutung „verbundene Baumstämme". Somit ist der Katamarang aus dem Floß entstanden und bezeichnet eine Entwickelungsstufe, welche zu dem für sich, ohne Ausleger schwimmenden Schiffe führt.

ganzen Archipel des stillen Ozeans allmählich zu entdecken und zu besiedeln. Bekanntlich ist der Katamarang im ganzen stillen Ozean verbreitet. Bei Honolulu sah ich die ersten; sie unterschieden sich kaum von den hier zu sehenden. Unter den verschiedenen Abänderungen, die man bei Ceylon findet, sind auch doppelte, d. h. solche, bei welchen das Boot beiderseits einen Ausleger hat, und wieder andere, bei welchen der Aus= leger durch ein zweites, dem ersten gleiches Boot ersetzt ist. Solche sah ich später auch bei Java fern von der Küste mit bauchigem Segel bespannt, dahinfahren.

Händler mit allerhand Merkwürdigkeiten erklommen nun stürmisch die herabgelassene Schiffstreppe. Ich erstand mir ein für 5 Rupien angebotenes, einen Fuß langes Modell eines Ka= tamarang für eine Rupie, habe es auch glücklich unversehrt heimgebracht. Dann begann der Zudrang der Waschmänner (Waschfrauen giebt es in Indien nicht, oder doch nur höchst selten). Man kann ihnen die Wäsche schon anvertrauen, nament= lich wenn sie empfohlen sind. Meine Wahl fiel auf einen schlanken braunen „Dhobi" mit dem besonderen Kennzeichen einer Zahn= lücke, und zwar namentlich, weil er eine Empfehlung vom Kapitän Mensing vom Albatroß vorbrachte. Anvertrauen kann man den Kerlen die Wäsche wohl. Aber wie wird sie, und welche Klagen hat das bei der lieben Hausfrau daheim zur Folge. Man muß sie aber auch arbeiten sehen! An einem schrägen Brett im Wasser stehen sie und schwingen das zu waschende feine Leinenhemd, welches sie walzenförmig zusammengedreht, und hauen damit auf das schräge Brett reine Keulenschläge. Das Verfahren erinnerte mich an das Doktorenrezept im Gil Blas, nach welchem mit dem Knittel auf das Krankenbett ge= schlagen wird: trifft's die Krankheit, so wird der Mann gesund, trifft's den Mann, so stirbt dieser. So ging es auch hier. Trifft's den Schmutz, so geht der heraus, trifft's das Hemb, dann abe Hemb und abe künftiger Hausfriede.

Bis zum Klarwerden zur Fahrt ans Land war es doch halb
fünf geworden. Während allerseits von den Reisenden Boote verschiedener Art genommen wurden, laprizirte ich mich, in einem
Katamarang ans Land zu fahren, um das Ding genauer kennen zu
lernen. Zuerst wurde mein Koffer querüber auf die Bordbretter
gestellt und dann stieg ich ein, gleich hinter dem Mast und hatte
mich da auf die Bank zu setzen. Das ging so einigermaßen. Aber
wo die Füße lassen? Das Ding war so schmal, daß ich die
Knie nicht nebeneinander halten, die Unterschenkel nicht nebeneinander stellen konnte, sondern entweder halb seitlich, oder mit
überschlagenen Beinen sitzen mußte. Und unter solchen „beschränkten Verhältnissen" fahren diese braunen Waghälse aufs
Meer hinaus! Nun, ich kam an der Landungsbrücke glücklich
an, wo ich mit unseren deutschen Damen und Herrn L. wieder
zusammentraf.

Hinein ging es durch ein dumpfes Festungsthor, das von
portugiesischer Zeit her nebst den übrigen Fortbefestigungen noch
vorhanden ist. Drinnen waren freundliche Baumpflanzungen
und hübsche Straßen; ein Wägelchen mit drei Quersitzen unter
flachem Dach, zwei Sitze wie üblich und einer hinten hinaus,
brachte uns flugs zum Hotel de l'Europe, wo wir sehr gut
unterkamen. Bald saßen wir in großer Gesellschaft an der
früchtereichen und übrigens auch sehr gut besetzten Tafel unter
einer kolossalen rothen Punkha, die ein ernster Schwarzbart im
rothen hohen Turban im Schwunge hielt.

Nach Tisch nahmen wir genannten Viere zusammen einen
der beschriebenen leichten Wagen, vorher aber einen ortskundigen
Diener anwerbend. Er setzte sich auf dem Wagentritt, sich an
den Stangen, die das Dach trugen, festhaltend. Muhammed
hieß er, so erfuhr ich auf mein Befragen, und war Mohammedaner. Wir benutzten die kurze uns noch bleibende Abend-
stunde zu einer Rundfahrt durch den südlichen Stadttheil.
Der Menschenstrom, dem wir auf der großen Straße theils be-

gegneten, theils folgten, war merkwürdig interessant. Die eigent=
lichen Singhalesen mit ihrer sauberen Frisur, die durch einen
Kamm oder mehrere festgehalten wird, gingen fast ausnahms=
los mit ganz nacktem Oberkörper, um Hüften und Beine nur
einen buntfarbigen Sarong geschlagen. Viele trugen einen
chinesischen Regen= und Sonnenschirm, dessen Dach bekanntlich
aus öl= und lackgetränktem Papier besteht. Das Bloßtragen
des Thorax hat eine merkwürdig schöne Haltung, sowie volle
Entwickelung desselben zur Folge gehabt. Die Frauen tragen
einen leichten Ueberwurf, welcher den Oberkörper verhüllt,
außerdem auch den erwähnten Sarong. Chinesen, Malayen,
Mohammedaner, alle in ihren besonderen Trachten gingen und
kamen dazwischen.

Wir langten in dem südlichen Stadttheil an, welcher un=
mittelbar an den Palmenwald anstößt, ja zur Hälfte und
mehr geradezu unter den Palmen liegt. Das Malerische dieser
Wohnplätze ist geradezu unbeschreiblich. Hoch hinauf, dreimal
so hoch und oft weit mehr als die Häuser, schießen die Kokos=
palmen empor, dazwischen die Areka= und dann namentlich die
„Palmyra"=Palmen, aus deren Fasern, Blättern, Blüthen,
Stammtheilen, kleinen Nüssen ꝛc. die Singhalesen 1001 Dinge
herstellen, (vielleicht sind es auch einige weniger) an Matten,
Fächern, Schirmen, Kästchen, Körben, Gefäßen, Leitern, Spiel=
zeugen, Seilen, Küchengeräthen und Gott weiß, was noch
allem. Junge Palmen und dann blätterreiche Bananenbäume
bilden das Unterholz, wenn man es so nennen darf. Die
Straßen sind ebenso wie die Häuser mit Palmwipfeln überdacht.

Muhammed führte uns nun, nachdem wir uns kaum
halbsatt gesehen, in das chinesische Viertel. Hier, wie an
so vielen Stellen im Orient, haben die schlauen Leute aus
dem Reich der Mitte sich wieder mit merkwürdiger Zähigkeit
an= und festgesetzt und scheinen gut vorwärts zu kommen. Es
wimmelte von blauschwarzen Blusenmännern und =Weibern.

Einzelne Häuser hatten den vornehmen Karakter, wie die in
Pinang später gesehenen (vergl. S. 9); unser Muhammed schien
einen kolossalen Respekt vor dem Reichthum Einzelner zu haben.
Das rasch herabsinkende Dunkel nöthigte uns zurückzufahren
zum Gasthof.

Dort gab es auf der großen Veranda, nachdem die Lichter
angezündet worden, einen förmlichen Bazar, welchen Moham=
medaner, Inder, Singhalesen, Malayen auf den Steinplatten
vor den in Schaukelstühlen rastenden Fremdlingen veranstalteten.
Edelsteine wurden in Menge ausgeboten; ist doch Ceylon eine
Fundgrube, namentlich für Saphire, dann auch Rubine und
Spinelle, Chrysoberylle, sodann die allerliebsten kleinen „Mond=
steine" (Adulare) und gewisse Granatarten; heißt doch eine Stadt
dort die Edelsteinstadt (Ratnapura). Herrliche Perlen packten
die Händler aus ihren weißen Bündeln. Dann waren dort köst=
liche indische Seidenstoffe, wollene Schaltücher aus Kaschmir,
gestickte Damenroben; hier wieder indische Silber= und Gold=
waaren in reicher Auswahl. Billigere Schmuckgegenstände
waren die prächtig ausgeführten Schildpattsachen, die in vor=
züglicher Stilisirung von den Singhalesen ausgeführt werden.
Kurz es war ein Markt, so eigenartig, so mannigfaltig, vielfach
so reich und interessant, wie er selten zu finden ist.

Auf den anderen Morgen ward eine Fahrt nach Wat=
Walla, einem sehr beliebten Ausflugziel für Reisende, welche
sich nur kurz aufhalten können, verabredet. Um acht Uhr in
der Frühe regnete es aber in Strömen mit nur kleinen Pausen.
Ich ging deshalb schirmbewaffnet auf eigene Faust hinaus, bis
sich der Himmel aufgeklärt haben würde. Am Strand waren
die Fischer trotz dem Regen sehr thätig, um hinauszukommen.
Die Fischerkaste soll die stärkste sein auf der Insel; das
Kastenwesen hat sich in der That auf Ceylon noch erhalten.
Zwar sind die eigentlichen Singhalesen nach dem Sturze
des Buddhismus auf dem indischen Festlande größtentheils

Buddhisten geblieben, haben aber vorher schon besessene in=
dische Lebensformen in etwas herabgestimmter Strenge dennoch
beibehalten, darunter auch das Fleischverbot, welches übrigens
von Buddha auch festgehalten wurde. Die Fischer haben des=
halb für die Ernährung in erster Linie zu sorgen. Merk=
würdig war mir, daß sie hier auch noch in einer Art von
Gewissensklemme der Fische wegen lebten, wie mir schon von
anderer Seite mitgetheilt worden war. Sie sollen, den Vor=
schriften ihrer Religion nach, keine Thiere tödten, also auch
keine Fische, brauchen aber zu ihrer Gewissensberuhigung die
wunderbare Ausrede, daß sie ja die Fische nicht tödten, sondern
sie bloß aus dem Wasser nehmen!

Noch eine andere Sonderbarkeit ist von der Fischerkaste
Ceylons zu melden, daß sie nämlich auch die besten und ge=
suchtesten Zimmerleute stellt.

Am Strand entlang gehend, bemerkte ich einen braunen
Mann, der, mit den Füßen in den heranwaschenden kleinen
Wellen stehend, mit Spinnen beschäftigt war. Er drehte seine
Spindel mit den Fingern an, und ließ sie herabtänzeln bis
nahe aufs Wasser, zog sie dann herauf und wickelte das Ge=
spinnst auf. Auf mein Anrufen kam er aufs Trockene zu mir.
Er verspann auffallender Weise englisches Vorgarn, von dem
er einen Vorrath auf ein Holzreischen gewickelt, zu seinem
Garn, bestimmt zum Verarbeiten in Spitzen, wie ich allmählich
herausbrachte. Er verkaufte mir die Spindel und das den
Spinnrocken vertretende Reischen für meine daheim angelegte
Spindelsammlung.

Unsere Fahrt nach Wak = Walla nahmen wir gegen eilf
Uhr bei herrlich gewordenem Wetter auf. Es ging die Straße
unter dem Schatten der Palmen dahin. Als der Häuser
weniger wurden, begegnete uns eine Truppe Tänzer, drei
Männer und ein Frauenzimmer, phantastisch angethan, zwei
Musikanten dabei. Sie gaben uns auf der Straße eine

Handwerker auf Ceylon.

mimiſch = choreographiſche Vorſtellung, die mit wenig Grazie
durchgeſtampft wurde; der Backſchiſch fiel nicht groß aus.
Jetzt kamen wir an einer Küferwerkſtätte vorüber, welche volle
Gelegenheit bot, zu ſehen, wie bequem man es ſich dort macht,
um es in der Hitze auszuhalten. Die nebenſtehende Ab=
bildung, die ich ſpäter zu erwerben Gelegenheit fand, zeigt,
daß es an Ventilation der Hautporen den Leuten nicht fehlte.
Unſere einfachen geſunden deutſchen Begleiterinnen verhinderten
uns nicht, den Wagen halten zu laſſen, um das Schauſpiel
anſehen zu können.

Muhammed verſprach uns nunmehr etwas Beſonderes,
nämlich einen Buddhatempel, was uns nicht wenig in Spannung
verſetzte. Hier iſt er, hieß es bald. Was? dieſes kleine Ge=
bäude? Ja, entſchuldigte er ſich, der große Tempel liegt dort
oben auf der Höhe, das iſt über eine halbe Stunde zu fahren.
Nun, beſichtigen wir denn den kleinen Tempel. Kaum aus=
geſtiegen, wurden wir umbrängt von einer Schaar Kinder,
Knaben und Mädchen, Knaben bis zu 8 oder 9 Jahren, die
Mädchen jünger bis zu 4 etwa herauf, aber alle pudel=, ſplinter=
faſelnackt, ſo braun wie Schokolade die Einen, etwas heller bis
zur Brodrindenfarbe die Anderen. Es war ein ergötzlicher
Anblick, alle Hände erhoben, um einen Backſchiſch zu erlangen.
Ich ſtand, als ich einige Kupfermünzen hervorgenommen hatte,
dicht umbrängt von dem kleinen Volk, das mich mit unwider=
ſtehlich bittenden Geſichterchen anbettelte und an mir empor=
zuklettern verſuchte, als ob es mich ſchon längſt kännte. Nach
Austheilung meiner Gaben und Ermahnungen, friedlich zu ſein,
die auch halfen, ging der ganze Zug nun mit uns zu dem
kleinen Tempel. Der bot nun freilich äußerſt wenig. In dem
viereckigen Raum, den wir betraten, war rechts an der einzig
möblirten Wand ein Tiſch, welcher die ganze Zimmerbreite
einnahm, und darauf ſtand ein Glaſſchrank, ebenfalls die Haus=
breite einnehmend, in welchem allerlei Krimskrams zuſammen=

getragen war. In der Mitte ein bronzenes Buddha=Bild, etwa 3 Fuß hoch, daneben mehrere kleinere; Buddha war sitzend dargestellt, eine spitze Mütze auf dem Kopf, was, wenn ich nicht irre, eine namentlich in China beliebte Form ist. Ein Mädchen von etwa 12 Jahren zeigte uns alles, ließ mich auch ein kleines Buddhabild herausnehmen und näher betrachten. Es war dünne Bronze mit abgeblaßter Vergoldung. Irgend= wie erhaben Wirkendes war nicht an der ganzen Aufstellung zu finden. Es kann mir deshalb wohl verziehen werden, daß mir die komische Anekdote von Schopenhauer einfiel, wie dieser seine alte Haushälterin ausschilt, daß sie den Buddha hatte fallen lassen: Sie dumme Person, wie konnte Sie den Zwei= geborenen herunterwerfen? Ach, antwortete die Alte, was wird der viel sein? der sitzt ja bo, wie en Schnaider! — Das Einzige, was geschah, um die Prosa nicht geradezu alles be= herrschen zu lassen, war, daß uns der Backschisch als Preis für Blumen abgefordert wurde, welche dann als Opfergaben vor dem großen Buddhabild auf den Tisch gestreut wurden. So herabgezettelt war hier des großen Religionsstifters Nachfolge, daß kaum noch formelle Aeußerlichkeiten übrig geblieben waren.

Unser Weg führte jetzt in den sogenannten Zimmetgarten, ein eingefriedigtes größeres Stück Land in dem Walde, der an sich wie ein Garten anmuthete. Von seinem Hauptprodukt, der Zimmetstaude, rührten Spazierstöcke her, die zu billigem Preise an dem Hause im Zimmetgarten verkauft wurden. Im Hinter= gebäude war eine Schule, welche wir zu besichtigen ersucht wurden. Etwa sechzehn Knaben, von 13 bis zu 5 Jahren hinunter, wurden dort in den Elementen unterrichtet. Sie lernten lesen aus einer singhalesischen Fibel, von welcher Frau v. S. dem Lehrer ein Exemplar ablaufte. Die Kinder wurden examinirt und sangen uns auch etwas vor. Das Lesen der singhalesischen Sätze in der Fibel ging an sich schon in fast singendem Ton vor sich. Wir mußten uns im Fremdenbuch

verewigen und wurden höflichst gebeten, in eine Sammelbüchse
einen Beitrag zur Unterhaltung der Schule gleiten zu lassen,
was gern geschah.

Die Engländer legen beim Aussprechen des Namens von
Ceylon den Ton auf die letzte Silbe, nicht auf die erste wie
wir; das haben sie jedenfalls von den Portugiesen übernommen,
welche Çeilăo (sprich: Çeilang) sagten, wohl kaum eine Ent=
stellung von Singhala, und dieses eine Abkürzung von Sing=
halaya? d. i. Löwenland, Löwenheim, von Singh Löwe und
Alaya Stätte, Heim? Auch die Namen Lanka brauchen noch
heute die Singhalesen, die Löwenheimer oder Löwenentstammten
selbst, sowie auch die Inder vom Festland. Taprobane sagten
die Griechen und Römer nach dem Sanskritnamen Tamraparni;
welche Fülle von Namen, zu denen überdies noch siamesische
und birmesische, tamilische und noch andere kommen. Der
siamesische Name Tewalanka möchte noch am ersten derjenige
sein, aus welchem die Portugiesen ihr Çeilăo herausverstanden
und gemacht haben. Löwen sind trotz dem Namen der Be=
wohner jedenfalls heute nicht auf Ceylon, wohl aber noch viele
Elephanten, obwohl auch deren Jagd jetzt von der Regierung
sehr eng eingeschränkt worden ist, da der englische Sport den
König der Wälder zu vernichten im Zug war. Wir bekamen
auch keinen zahmen Jlf zu sehen, wohl aber schlängelte sich
langsam quer über unseren Fahrweg ein Leguan, eine Riesen=
eidechse von etwa 4 ½ Fuß Länge. Sie fürchtete offenbar mehr
den Menschen als umgekehrt.

In Wak=Walla, wo wir eine Restauration vorfanden und
vornahmen, hat man eine herrliche Aussicht auf ein frucht=
bares und in Bäumen und Kräutern wunderbar üppiges Thal,
Reisfelder im Hintergrund. Vor dem Hause uns am Tisch
niederlassend wurden wir sogleich von Händlern angegangen,
ihnen ihre herrlichen Saphire abzukaufen. Die vorher schon
in „Gall" empfangene Warnung vor den Schlingeln war un=

nöthig gewesen. Denn neben der Eingangsthür des Wirths=
hauses war auf schwarzer Blechtafel in großer Schrift zu lesen,
daß die von den Burschen angebotenen Steine alle falsch
seien. Sie waren hübsch geschliffen, verriethen sich aber leicht
als aus Glas bestehend. Spaßhaft war das Handeln,
d. h. Fordern von 100 Rupien für etwa ein Dutzend der
prachtvollst aussehenden Steine bis herab auf eine Rupie, die
ein leichtsinniger eben angekommener Fremder zum Scherz bot,
worauf er momentan, mit „Da haben Sie sie!" die aus Splittern
von blauen Sodawasserflaschen geschliffenen Edelsteine vor sich
liegen hatte.

Wir nahmen einen mehr nordwärts ziehenden Weg auf
der Rückfahrt. Er führte uns durch einen herrlichen, gerabezu
entzückend schönen Palmenwald. An einer Stelle, nahe bei
einigen Hütten, hielten uns junge braune Menschen auf, uns
Kokosmilch aus Kokosnüssen anzubieten. Wir wollen ganz
frische haben! Soll ich welche vom Baum holen? Und sogleich
begann ein fast überschlanker geschmeidiger junger Mensch eine
schöne geneigt stehende Palme hinaufzusteigen. Er hatte an
den Aenkeln seine Füße durch einen aus Kokosfasern gedrehten
Strick verbunden und marschirte, sich mit den Händen oben
haltend, in kleinen Schrittchen den Stamm hinauf. Das
Titelbild stellt die Klettermanier dar. Es dauerte uns zu
lange, bis er oben war; er ließ auch bald nach, als er be=
merkte, daß wir ihm nicht mehr folgten. Einer seiner Gefährten
entschälte inzwischen mit erstaunlicher Schnelligkeit eine Nuß
nach der anderen. Er bediente sich dazu, wie die folgende Ab=
bildung zeigt, eines in einen alten Baumstumpf gesteckten festen
Stabes, der oben zugespitzt war. Gegen diesen stieß er die
mit beiden Händen gefaßte Nuß und brachte so mit Leichtigkeit
den Bast herunter. Ein dritter schlug die Nuß auf, so daß
man die frische Milch direkt aus dem Naturbecher trinken
konnte. Sie mundete in der That ganz vortrefflich. Der

Kokosspieß, wie ich den Stock nennen möchte, führt dort den Namen nariyal-kurani. Nariyal ist Kokosnuß. Der Spieß muß ein ganz besonders zu dem beschriebenen Zweck geeignetes Instrument genannt werden. Das Merkwürdigste ist, daß er in der ganzen polynesischen Inselwelt verbreitet ist, die Erfahrung also gleichsam naturgemäß zu ihm geleitet haben muß.

Nicht lange, so erreichten wir das Meeresufer, wo der

Kokosnußbrecher.

Palmenwald fast überall bis in die Salzfluth ging und die Brandung in wildem Schäumen an die hohen schlanken Stämme schlug, an einer Stelle so heftig und hoch hinauf, daß es schien, als sollte der Weg überfluthet werden und Fräulein Blanche erschrocken aufschrie. Fast der ganze Weg bis zur Stadt zurück gewährte uns das großartige Brandungsschauspiel. Auch hier war wieder das Malerische in der Biegung und Neigung der Stämme wundervoll. Die Bäume schienen sich zu neigen und

zu wiegen in Linienbewegung. Sagt doch auch, wie Muham=
med wußte, ein singhalesisches Sprichwort, daß eine gerade
Palme so selten sei, wie ein weißer Rabe.

Bei meinem zweiten Besuch, einige Monate später, machte
ich, halb im Zweifel, ob es lohnend sein werde, den Weg nach
dem großen Buddhatempel, wiederum begleitet von dem kleinen
Muhammed, der mich schon vom Boot aus wiedererkannt und
freudig begrüßt hatte. Diesesmal wurden meine Erwartungen
nicht nur belohnt, sondern übertroffen. Der letzte Theil des
Weges mußte zu Fuß, mehrere vielstufige Treppen hinauf, die
zur Tempelhöhe führten, zurückgelegt werden. Es war ein
eingehegtes, in Gartenumgebung einsam auf der Höhe liegendes
Gebäude. Den Priestern, welche eines mönchischen Aussehens
nicht entbehrten, mußte ein wenig zugeredet werden, uns ein=
zulassen. Einer ging den obersten Priester zu fragen, während
wir in einem vorderen Tempelraum die auf Palmblattstreifen
geschriebenen oder richtiger geritzten heiligen Bücher ansehen
durften. Sie waren in den weichen runden Formen der
singhalesischen Schrift, die eine umgeformte Sanskritschrift sein
soll, wunderschön geschrieben. Es seien die Gesetzbücher des
Buddha, hieß es. Einige alte Geräthe, Lampen, Gefäße aus
Bronze beschäftigten uns noch, als der eine der Mönche zurück=
kehrte und uns zum Buddhabild geleiten zu wollen zusagte.

Wir betraten den anliegenden Raum. Da war denn das
Bild. Eine liegende farbige Statue von etwa fünffacher Lebens=
größe, wie es schien in Holz, theilweise auch aus Elfenbein
geschnitzt, mit reicher feiner Lackarbeit inkrustrirt. Buddha war
liegend dargestellt, in leichter, fast graziös zu nennender Stel=
lung, das Haupt leicht auf die Rechte und diese auf den Ellen=
bogen gestützt, die Linke auf den Schenkel gelegt. Der Kopf
war über das Maß hinaus groß gehalten, das Weiße im
Auge durch blinkende Silberplatten dargestellt, die über hand=
groß sein mochten, der Augenstern mit Lackfarbe, wie es schien,

darauf gemalt. Die im Allgemeinen röthlich=gelb, roth und grün behandelte Kleidung war aufs feinste im Ornament durch= geführt; die bloßen Füße und die ganze Haut gelbbräunlich, nicht eigentlich braun gehalten.

Der Raum, in welchem das 27 Fuß lange Riesenbild lag, war so eng, daß vor dem etwa 3 Fuß sich vom Boden er= hebenden Sockel nur etwa 4 oder 5 Fuß Platz bis zur Rück= wand blieb. Wände und Decke, sowie der Sockel, waren voll= ständig bemalt und zwar mit einer durchgeführten Architektur. Zum näheren Studium wurde uns leider keine Zeit gelassen.

Die Riesenhaftigkeit einzelner Buddhabilder hat etwas Eigenthümliches. Bekanntlich gibt es in China und auch in Japan ebenfalls Buddhastatuen von enormer, die hier gesehene noch weit hinter sich lassender Größe. Gerade in der Riesen= haftigkeit scheint etwas Sinnbildliches zu stecken, wie aus Folgendem abgeleitet werden könnte. In der Stadt Gaya in der sogenannten unteren Gangesprovinz, soll, wie mein Reise= führer berichtet, der Sage nach einst ein Asura, ein Dämon, mit Namen Gaya gelebt haben, der durch seine Bußübungen eine solche Heiligkeit erlangt hatte, daß seine bloße Berührung schon erlösend zu wirken vermochte. Die Götter beunruhigte dies (ein öfter den frommen Asketikern gegenüber vorkommender Zug) und sie fragten Brahma deshalb um seinen Rath, der ihnen anempfahl, sich vor allem der Beihülfe Wischnu's zu versichern. Dies geschah. Mit Gewalt konnte man indessen dem Dämon nicht beikommen. So nahm man denn Zuflucht zur List. Es wurde verabredet, ihn zu veranlassen, bei einer Andacht sich auf den Boden niederzuwerfen. Das gelang, und in diesem Moment der Wehrlosigkeit setzte sich Wischnu auf ihn und hielt ihn am Boden fest. Ein großer Fels wurde nunmehr auf seinen Kopf gelegt und Wischnu setzte dann noch seinen Fuß so fest oben darauf, daß der Niedergeworfene für die Ewigkeit festgehalten war. Der Dämon war von so

kolossaler Größe, daß sein Leib die ganze Stadt Gaya be=
deckte und sein Nabel in Dschabschapur lag.

Die Erzählung klingt recht wirr und monströs. Der in=
dische Dr. Rabschendralala Mitra aber erklärt sie für eine
Allegorie und zwar für eine Darstellung der einstigen Ver=
breitung des Bubdhismus und seiner Niederwerfung durch den
Brahmanismus, und dies hat die größte Wahrscheinlichkeit,
indem Gaya thatsächlich einer der Hauptsitze des Bubdhismus
war, ebenso die im Niederfallen des Ueberlisteten bedeckte Stadt
Dschabschapur. Auch von anderen Stellen werden Sagen mit=
getheilt, welche in ähnlichem Sinne eine auflösende Deutung
finden. Der überall nach Formen ringende indische Geist hat
ja auch in den Bubdhismus selbst, den Lehren des Meisters
schnurstracks entgegen handelnd, eine Formen= und Bilderwelt
eingeführt, die den Geist der edel angelegten bubdhistischen Lehre
erstickt hat, am meisten durch Aufstellung von Bildern des bilder=
feindlichen Meisters selber. Der Gigantismus derselben möchte
wohl bestimmt gewesen sein, oder noch sein, die Ausbreitung der
Lehre zu versinnlichen.

Am Abend verließen wir die nur in stärkeren Brandungen
aufrauschende Außenrhede auf einem anderen großen Post=
dampfer, um nach Aden und Suez weiterzufahren. Durch die
Dämmerung klangen seltsam gespenstisch die Bojenglocken. Wer
jetzt Ceylon mit einer der größeren Dampferlinien besucht, wird
nicht mehr an das freundliche Point=de=Galles gefahren, sondern
landet in Colombo, wo inzwischen durch langjährige, großartige
Bauten ein weit besserer Hafen fertig gestellt worden ist, als
ihn die, heute wohl sehr vereinsamte Palmenstadt zu bieten
vermochte.

Ende.

Fort in Agra, der Prachthof un

n=i=Amm. (Siehe S. 170.)

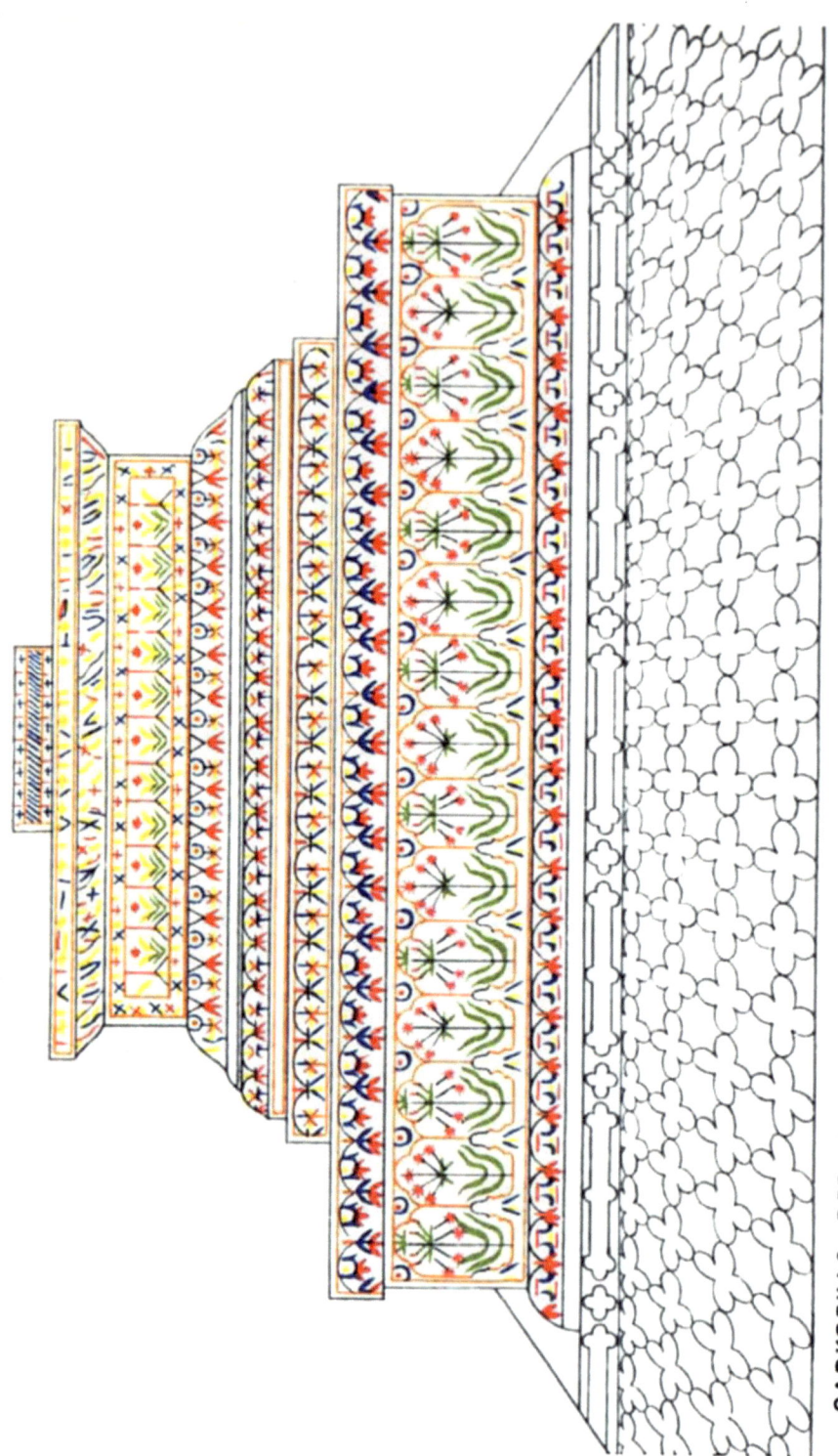

SARKOPHAG DER SULTANIN MUMTADSCH MAHAL. Faksimile nach einer indischen Zeichnung